동양의 철학과 현대 기술의 조화

성명학과 생성형AI의 융합

성명학과 생성형AI의 융합

초판 1쇄 인쇄 | 2024년 11월 03일
초판 1쇄 발행 | 2024년 11월 05일

지 은 이 | 예지연 · 정민욱
펴 낸 이 | 안영란

펴 낸 곳 | 도서출판 다지음
등록번호 | 제 420-2022-000001
등록일자 | 2022년 2월 3일

주 소 | (25643) 강원도 강릉시 왕산면 안소재길 84-11
대표전화 | 1644-0178
팩 스 | (032)867-0342
이 메 일 | yejiyeon7@hanmail.net

편집 · 디자인 | 박나라

ⓒ **성명학과 생성형AI의 융합** 2024, Printed in Seoul. Korea
　　ISBN 979-11-978096-6-8
　　값 25,000원

• 잘못된 책은 바꾸어 드립니다.

성명학과

동양의 철학과 현대 기술의 조화

생성형AI의 융합

예지연 · 정민욱 공저

(사단법인) 다지음한글구성성명학회

❀ 다지음

차례

책을 펴기에 앞서 ... 08

추천사
이원부 (동국대학교 핀테크 경영대학원 학장) ... 11
김인수 (삼정KPMG컨설팅 대표) ... 13
박세일 (전) IBM 코리아 상무) ... 15
이근주 (제로페이 대표 · 한국핀테크산업협회 회장) ... 17

제1부 AI와 성명학의 융합

동양의 철학과 현대 기술의 조화 ... 22
김정은이름 때문에 경제적 파탄이 ... 25
박지원국회의원의 아호를 지어주면서 ... 29
생성형 AI와 한글구성성명학 ... 33
결혼한 김연아가 걱정되는 이유는? ... 38
BTS가 해체된 것도 ... 41
AI와 성명학 융합의 기술 ... 44
한글의 빛, 세종대왕의 지혜 ... 48
BTS를 세계적으로 키워낸 방시혁 ... 51

이재명의 이름과 운명 … 55

이름이 왜 중요한가! … 60

자살로 생을 마친 최진실 … 63

제2부 생성형 챗GPT와 세계인의 이름

'아마존' 플랫폼을 설계한 정민욱 대표 … 68

김연아한테 우승을 빼앗긴 아사다마오 … 70

흑인이지만 대통령이 된 이름 … 73

평창 어르신 대상 AI강좌로 격차 해소 … 77

스티브잡스가 애플이 떠난 이유 … 80

마돈나는 왜 젊은 영계만 좋아하는가! … 83

AI교수가 사이버 강단에 오른다 … 87

마이클잭슨의 안타까운 죽음 … 89

덩샤오핑이 세 번 결혼한 이유는? … 92

10분 안에 프리젠테이션 만드는 생성형 AI … 95

세스 스캔들에 휘말리는 이유는 … 99

성추문의 주인공이 왜 되었는가? … 102

GPT프롬프트 가이드의 10가지 꿀팁 … 105

소설가로 이름을 날린 것도 이름 때문 … 107

인기 절정에 오른 순간 멀어져간 알랭들롱 … 110

제3부 유명인 이름과 MBTI와의 상관관계

인간과 AI의 소통에 새로운 장 열려 ··· 114

MBTI의 성격유형과 이름의 상관관계 ··· 118

세계인들이 이름에 놀라는 이유는? ··· 121

AI 개인 비서 활용 방법 ··· 124

푸틴이 전쟁을 왜 일으키는가? ··· 127

아베의 죽음도 이름으로 알 수 있을까? ··· 131

작은 제안 실천에 옮겨 글로벌 IT기업으로 급성장 ··· 135

임영웅의 이름과 mbti 성격유형 ··· 139

축구선수 손흥민의 mbti ··· 144

왜 구성성명학인가? ··· 149

정치 초년생 한동훈의 mbti? ··· 154

영화 같은 인생을 살다간 스티브잡스 ··· 162

챗GPT · 클로드AI의 협업, 기업의 미래 혁신 이끈다 ··· 165

김명신과 개명한 김건희 이름은? ··· 169

희대의 모략가 허경영의 mbti는? ··· 175

70여 개국 네트워크로 한글성명학을 세계로 펼치다 ··· 180

제4부 하나님이 최초의 작명가시다

탈중앙화 자율 조직 교회 운영 시스템 ··· 186

최초의 작명가가 하나님이시다 ··· 197

한국교회의 병폐를 AI목사가 개혁 ··· 203

복음전파의 꿈이 AI를 통해 이루어지다 ··· 207

성서의 이름들을 연구한 이유는? ··· 211

성서의 이름에는 하나님의 섭리가 ··· 220

이름을 통한 정명석교주의 실체는 ··· 228

신천지는 하나님이 쓰시는 사단의 도구다 ··· 233

이름에는 하나님의 뜻과 계획이 ··· 238

성서에 등장한 이름의 뜻을 살펴보면 ··· 245

복 받기위해 기도할 거면 차라리 개명을! ··· 250

이름(稱) 속에 담긴 의미는? ··· 254

참람 된 이름들이란? ··· 263

목사들이 지어준 이름 때문에 ··· 275

신앙생활에는 개명이 도움을 ··· 284

책을 끝내면서···290

부록

다지음에서 아호지어준 정치인 전부 당선되다!···294

K-한글성명학 해외지사모집···296

(주)다지음 가맹지사 모집···300

예지연 (안디바)의 도서들···301

책을 펴기에 앞서

　세종대왕이 깊은 밤, 고요한 궁궐의 서재에 앉아 붓을 잡았다. 그의 눈은 멀리 어둠 속을 응시하고 있었지만, 머릿속에서는 오직 하나의 생각만이 떠올랐다. 그는 백성들이 더 쉽게 자신의 생각과 말을 글로 표현할 수 있는 방법을 찾고 있었다. 복잡한 한자는 그들이 이해하고 사용하기에 너무 어려웠다. 그래서 세종은 자연스레 사람들의 입 모양을 본떠, 소리를 그대로 글자로 나타낼 수 있는 문자를 만들기로 결심했다. 그 결과, 세계에서 유일무이한 소리글자, 한글이 탄생했다.
　시간이 흘러 수백 년이 지난 지금, 한글은 그 당시에 상상할 수 없던 새로운 세상과 만났다. 컴퓨터가 자리 잡고, 인터넷이 세상을 연결하는 디지털 시대가 열렸다. 한글은 그 독창적인 구조 덕분에 새로운 시대에 매우 잘 어울리는 문자 체계가 되었다. 간단한 음운을 조합하는 원리 덕분에, 디지털 기기에서 입력하고 변환하기에 그만큼 편리한 글자는 드물었다. 이제 사람들은 손끝으로 쉽게 타이핑하며 한글을 전 세계 어디서나 사용할 수 있게 되었다.

한글의 진정한 디지털 혁명은 그 자체로도 놀라웠지만, 더 중요한 것은 인공지능과 같은 첨단 기술과 함께 사용되면서 그 잠재력이 무한해졌다. 문자 그 이상의 의미를 지니게 된 한글은 단순한 의사소통의 도구를 넘어, 정보와 데이터를 기록하고 관리하는데 필수적인 역할을 하게 되었다. 숫자와 기호를 자유롭게 받아들이는 능력 덕분에, 한글은 컴퓨터 코드와도 쉽게 연결되었고, 인공지능의 언어 학습에도 효율적으로 사용되었다.

따라서 한글은 소리 문자이기 때문에 인명이나 사물은 물론 어느 나라에서든 불리는 모든 소리의 파동 에너지를 분석해 물체의 길흉을 파악할 수 있다. 이는 우주 만물이 물질적 요소와 에너지적 요소를 지니고 있기 때문이다. 그래서 한글은 음파나 에너지와 같은 개념으로 접근할 수 있어 매우 흥미롭다. 이름이나 상호는 특정한 소리에서 발생하는 에너지를 분석하고 이를 통해 사람의 성격이나 운세를 예측할 수 있다는 점에서 한글의 사용을 더욱 폭넓게 확장시켜 나아갈 수 있다.

특히 특유의 소리와 색깔로 에너지적인 파동을 인식하게 되는데 그 소리의 흐름을 가장 가까이에서 나타내는 것이 있다면 그것이 우리가 늘 부르는 이름에 파동의 기운이 숨어 있다.

필자가 아주 오래 전 미국을 갔을 때, 그곳에서 미국, 프랑스, 멕시코, 태국 등 다양한 나라 사람들의 이름을 상담한 적이 있었다. 그때 느꼈던 것은 정말로 자신의 이름대로 살아나는 사실이었다. 각 나라 사람들의 이름을 상담하면서 그들의 타고난 성격과 배우자와의 관계 그리고 금전 운 등을 이야기해주면, 모두가 어떻게 내 이름만으로 그렇게 정확히 알 수 있냐며 놀라워했다. 그래서 한글을 세계에 가장 쉽게 알릴 수 있는 방법이 이름이라 생각했다.

그래선지 몰라도 문자로 세상을 바꾼 세종대왕이 어떻게 보면

AI 인공지능 시대에 가장 추앙받을 인물이란 생각이 들었다.

당시 역사적으로 최만리를 비롯한 양반들이 훈민정음 반포에 극심한 반대를 했다는 사실이 문헌에 나타나 있다. 그랬기 때문에 세종대왕이 한글을 통해 지위고하를 막론하고 서로 통할 수 있는 세상을 꿈꿨다면, 반면에 양반들은 한글을 통해 위계와 차별을 공고히 하려 했다. 그러나 이 동상이몽 덕분에 오늘날 우리가 생각하고 느끼는 바를 글로 표현할 수 있는 한글이 반포 되었다는 점에서 매우 다행스러운 일이다.

따라서 한글은 세종의 민주적인 기획의 산물로, 모든 나라의 구성원이 서로 통할 수 있는 세상을 희망했던 그 의도만으로도 매우 감동적인 역사적 사실이다. 한글의 문자로서의 탁월성, 즉 말소리를 정확하게 적을 수 있는 문자와 배우기 쉬운 문자로서의 장점은 그래서 매우 무궁무진하다. '껄껄, 깔깔' 웃는 소리, '졸졸' 물 흐르는 소리, 아줌마들이 '와글와글' 떠드는 소리 등 세상의 모든 소리를 표현할 수 있는 한글이야말로 우리의 머릿속 생각들을 글자로 전부 표현할 수 있는 놀라운 기적이다.

그래서 K-팝, K-드라마 등 한류 열풍이 전 세계적으로 확산되고 있는 현 시점에서 세계인들의 이름을 최첨단의 기술 생성형 AI를 통해 동양의 문화(성명학)을 알리는 일이야 말로 획기적인 변혁이라 생각한다.

무엇보다 세종이 남긴 눈부신 한글이라는 유산을 활용해 각 개인의 운세나 사업의 향방을 '성명학'이라는 새로운 트렌드로 세계 속의 대중문화로 확산시켜 나아갈 계획을 세우다보니 벌써부터 흥분되는 마음이다.

추천사

이원부
동국대학교 핀테크 경영대학원학장

　가끔 누군가가 인생에 대해 물으면, 우리는 종종 자동차에 비유합니다. 자동차는 운전자가 있어야 비로소 제 역할을 하듯이, 우리의 몸 역시 누군가에 의해 이끌려야만 비로소 의미가 있습니다. 따라서 이 몸을 자동차에 비유할 때, 그것을 운전하는 운전자가 누구인지 아는 것이 중요합니다. 대개의 경우, 자기 자신의 정체성을 모르는 사람은 영혼이 없는 송장과 같다고 합니다. 하지만 우리는 도대체 어떤 존재가 이 몸을 끌고 다니는지에 대해 명확한 답을 하지 못합니다. 그리하여 우리의 몸은 마치 죽은 송장처럼 여겨질 수 있습니다. 그러나 송장이 듣고 보고 말하지 못하는 것과 달리, 우리는 생각하고 의사소통할 수 있습니다. 이 생각이 우리 몸을 이끄는 운전자인데, 그 존재에는 어떤 이름도 없습니다. 하지만 그것은 나무나 돌과 같은 무정물과는 다른 존재입니다. 이것이 바로 불교의 8만 대장경의 핵심이기도 합니다.
　그러므로 우리가 보고 듣고 말하는 소리에는 파동의 에너지가 있습니다. 따라서 이 지구상에서는 어디에서나 '소리'라는 것이 존재하며, 이는 음악과 같은 여러 장르를 통해 전달됩니다. 사물이나 이름에서 불리워지는 '소리'를 통해 우리는 세상과 소통하고 있습니다. 이러한 이유로 우리가 사는 세상에서 '소리'는 가장 중요한 정보 전달 수단입니다.

정민호 대표를 통해 한글구성성명학을 알게 된지 얼마 되지 않았지만, 파동의 원리에 대한 과학적인 근거는 어느 정도 인정하고 있습니다. 그래서 최첨단의 AI와 블록체인, 암호화폐와 같은 현대 기술만을 접했던 정 대표가 자신의 이름을 스스로 바꾼 모습을 보고 매우 의아했습니다. 과연 어떤 성명학이기에 새로운 플랫폼을 개발해 AI와 성명학을 융합한 새로운 패러다임을 만들고 있는 것인지 궁금했습니다.

또한 성명학자이면서 목회학 박사인 예지연 회장이 기독재단을 설립하고 생성형 AI와 성명학을 융합해 블록체인 기술을 접목한 플랫폼을 개발하고 있다고 하니 더욱 흥미롭습니다. 한글성명학은 한글의 자음과 모음을 분석하여 음양오행과 결합시켜 이름의 기운과 운세를 해석하는 독창적인 학문입니다. 생성형 AI가 이 복잡한 분석과 해석 작업을 자동화하여 더욱 정교한 분석을 가능하게 한다는 점이 매력적입니다.

마지막으로, DAO(Decentralized Autonomous Organization) 교회를 계획하고 있다는 점도 주목할 만합니다. 이는 블록체인과 신앙의 융합을 통해 전통적인 교회 시스템의 한계를 극복하고, 더욱 투명하고 참여적인 교회 모델을 제시하려는 노력입니다. 신앙생활과 교회 공동체를 발전시킬 새로운 방향성을 제시하고자 하는 이들의 비전은 깊은 감명을 줍니다.

저 역시 핀테크와 블록체인 분야의 전문가로, 경영학 박사학위를 미국 신시내티 대학교에서 받았지만, 정민호 대표가 기독재단의 꿈을 키우는 경영 마인드에 깊은 찬사를 보냅니다. 이 책이 독자들에게 새로운 통찰과 영감을 주길 바랍니다.

추천사

김인수
삼정KPMG컨설팅 대표

'산이 높아도 길손이 다니는 곳은 있고, 강물이 깊어도 배로 건너는 사람이 있다'는 서유기의 말처럼, 어떠한 장애물도 우리의 지혜와 노력을 가로막을 수 없습니다. 세상에는 우물 안 개구리처럼 좁은 시야에 갇혀 있는 이들도 있지만, 작은 불빛들이 모여 큰 빛을 만들어내는 법입니다. 저는 약 30년 동안 금융업계에서 경력을 쌓으며 대체 투자와 자산 관리를 주력으로 해왔고, 삼정KPMG에서 CFO로 활동하며 다양한 자금 관리 환경을 구축해왔습니다. 그 과정에서 AI, 블록체인 등 최신 기술을 접하며 현대 금융 산업의 발전을 목격해왔습니다.

그런데 어느 날, 뜬금없이 '생성형 AI와 한글성명학의 융합'이란 책을 공저로 출간한다는 정민욱 대표의 연락을 받았습니다. 성명학이라는 단어가 익숙하지 않았던 저에게 그가 설명한 '한글성명학'과 AI의 융합은 매우 흥미로웠습니다. 생성형 AI에 방대한 성명학 데이터를 입력하여 자음과 모음의 패턴을 분석하고, 오행 이론과의 관계를 자동으로 해석하는 시스템은 그 자체로 혁신적이었습니다. 사용자가 이름을 입력하면, AI가 실시간으로 그 이름의 기운과 오행의 조화를 분석해 맞춤형 해석을 제공하는 이 기술은 한글과 미래 기술의 융합을 완벽히 실현한 것이었습니다.

정민욱 대표는 이 시스템이 단순한 이름 분석을 넘어서, 사람들의 운명을 긍정적으로 바꿀 수 있는 힘이 있다고 확신했습니다. 타고난 사주는 우리가 바꿀 수 없는 영역이지만, 이름은 우리의 선택으로 변화시킬 수 있는 옷과 같다고 말입니다. 그가 육십 중반에 자신의 이름을 정민욱으로 개명한 이유도 이와 같았습니다. 그가 말한 성명학의 패턴 분석이 얼마나 정확했으면 개명을 결심했는지, 그 자신이 이를 몸소 실천한 모습에서 깊은 인상을 받았습니다.

저는 이 책을 통해 많은 사람들이 더 나은 이름과 더 나은 운명을 찾을 수 있기를 바랍니다. 현대 사회가 어렵고 험난할지라도, 정민욱 대표가 개발한 이 기술이 작은 빛이 되어 우리의 앞길을 밝히는 훌륭한 등불이 될 것이라 확신합니다.

추천사

박세열
전) IBM 코리아 상무

　4차 산업 혁명 시대를 이끌어온 기술 전문가로서, 첨단 기술의 힘을 누구보다 깊이 이해해왔습니다. 특히 블록체인 기술의 발전과 실용화에 기여하며 IBM 코리아에서 다양한 산업 분야에 혁신을 불러일으켰고 그 과정에서 데이터를 투명하고 안전하게 관리할 수 있는 블록체인의 잠재력을 입증해 왔습니다. 그런데 도대체 어떤 성명학이기에 삼십 여년 이상을 AI와 불록체인 등의 최첨단 기술만을 접했던 정민호 대표 입에서 '성명학'이란 단어가 나오는지 그것이 궁금했습니다. 또한 이런 저에게 다소 생소하게 느껴졌던 분야라 '성명학'이란 말이 왠지 낯설게 느껴졌습니다.
　그러나 한글성명학과 AI의 융합이라는 놀라운 발상에 대한 이야기를 정민호 대표로부터 듣고 나니, 그 기술적 가능성에 깊은 인상을 받았습니다. 그는 예지연회장이 연구한 한글 성명학을 생성형 AI에 방대한 데이터를 학습시켜, 이름의 자음과 모음의 패턴과 오행 이론을 자동으로 분석하는 혁신적인 시스템을 개발했다고 합니다. 이 시스템은 사용자가 직접 입력한 이름을 바탕으로 실시간으로 사주와 기운의 조화를 분석해 맞춤형 해석을 제공한다고 합니다. 이 과정에서 우리는 이름이 단순한 식별 수단이 아니라, 타고난 사주와 조화를 이루어 인생에 긍정적인 영향을 미칠 수 있는 중요한 요소임을 다시 한 번 깨닫게 됩니다.

정민욱 대표 역시 이름이 인생에 미치는 영향을 깊이 인식하고 자신의 이름을 정민호에서 직접 정민욱으로 개명하기까지 했습니다. 그가 한글성명학의 정확도가 얼마나 패턴에 의해 입증 되었으면 육십 중반의 나이에 개명을 했을까 싶어 그동안 무심했던 이름에 대해 관심이 생겼습니다. 이를 통해 그는 이름이 단순한 글자의 조합을 넘어, 사람의 운명에 깊은 영향을 미칠 수 있다는 확신을 갖게 되었으며, 이제 많은 이들이 그 혜택을 누리길 바라고 있습니다. 누구나 좋은 이름의 개명을 통해 요즘처럼 살기 어려운 험난한 세상에서 많은 사람들이 행복했으면 하는 바람입니다.

따라서 이 책이야말로 AI 기술과 성명학의 융합을 통해, 수천 년간 이어져 온 지혜와 최첨단 기술이 어떻게 만나 우리 삶을 더욱 풍요롭게 할 수 있는지를 명확히 보여줍니다. 현대인의 복잡하고 어려운 삶 속에서, 이 책이 많은 이들에게 새로운 인생의 길을 제시하는 중요한 나침반이 되길 진심으로 바랍니다.

추천사

이근주
제로페이 대표 · 한국핀테크 산업협회 회장

 2024년 8월의 한창 더위가 절정에 이르던 날, 아시아의 주요 핀테크 국가들이 한자리에 모였다. 이번 컨퍼런스는 비즈니스 협력 기회를 모색하기 위한 자리였으며, 국내외 핀테크 기업, 투자자, 유관 기관 관계자 등 100명 이상이 참석한 대규모 행사였다. 행사장은 활기차고, 참가자들 사이에서는 아시아 주요 핀테크 국가들 간의 협력을 통해 비즈니스 협력 기회를 확대하자는 의지가 강하게 전달되었다. 핀테크 산업은 이미 아시아 경제에 막대한 영향을 미치고 있었고, 앞으로의 협력이 더욱더 중요한 과제가 되고 있다.
 한국핀테크산업협회 회장으로서의 나는 그때 마련된 컨퍼런스가 얼마나 중요한지를 절감하고 있었다. 아시아 지역의 핀테크 산업 발전과 협력 방안을 모색하는데 있어 우리는 많은 도전에 직면해 있었다. 그렇지만 그만큼 많은 기회가 우리 앞에 열려 있음을 암시했다. 각국이 힘을 모은다면, 핀테크 산업은 더욱 발전하고, 새로운 가능성과 기회들이 열릴 것이라는 기대감이 나를 사로잡았다. 나는 이 중요한 무대에서 각국의 대표들과 논의하며 미래를 설계하는데 큰 역할을 맡게 되어 더욱 큰 책임감을 느꼈다.

그런데 그 중에서도 내게 가장 인상적이었던 것은 얼마 전, 정민욱 대표의 발상이었다. 그는 '성명학과 생성형 AI의 융합'을 구상하면서 그 속에서 새로운 비즈니스 기회를 엿보고 있었다. 그의 파트너인 성명학자이자 목회학 박사인 예지연 회장과 그의 구상은 그야말로 절묘하게 합치되므로 정대표의 든든한 파트너가 되었다. 두 사람은 지금 기독교 재단을 기반으로 사업을 준비하고 있었고 재단을 설립하는 과정에서 AI목사와 탈중앙 글로벌(DAO) 예배를 기획하고 있다고 했다. 이들이 내놓은 '성명학과 생성형 AI의 융합'과 DAO, WEB 3.0 탈중앙 예배 시스템은 그야말로 한 번에 두 마리 토끼를 잡는 획기적인 발상이고 혁신적인 개혁이었다.

그런데 더 나아가, 정 대표는 곧 도래 될 양자 컴퓨팅이 성명학과 어떻게 결합할 수 있을지를 고민하고 있었다. 양자 컴퓨터는 큐비트를 사용하여 기존 컴퓨터로는 상상할 수 없는 속도로 복잡한 연산을 처리할 수 있는 기술이다. 이를 한글 성명학에 적용하면 성명 분석의 방식에 있어 혁명적인 변화가 일어날 수 있었다. 정 대표는 성명학과 AI 융합에 양자 컴퓨팅까지 결합하여 미래를 대비하고 있었다. 그는 곧 출간 예정인 책 'AI와 성명학의 융합'에서 이 모든 생각을 담아낼 계획이었다.

정민욱 대표의 혜안은 남다른 것이었고, 나는 그가 펼쳐갈 비전과 구상이 차례차례 실현되길 기원하면서 그의 앞날에 감탄하지 않을 수 없었다. 그는 언제나 한 발 앞서 미래를 준비하고 있었다. 핀테크와 성명학과 AI와 양자 컴퓨팅이 서로 얽혀 만들어낼 새로운 시대가 그리 멀지 않다는 확신이 들었다.

모쪼록 정민욱대표와 예지연회장의 사업적인 기획안이 4차산업 혁명에 획기적인 발판이 되어 혁신의 씨앗을 심는 새로운 장이 되길 기원하고 있다.

AI와 성명학의 융합

동양의 철학과 현대 기술의 조화

　동양의 철학은 사주명리를 기반으로 인간의 삶과 자연, 천지의 운행을 통해 인간 본성과 자연의 가치를 추구하고 조화로운 삶을 강조하는 전통문화의 요소 중 하나로 자리 잡고 있다. 이 철학은 인간의 운명과 성격과 인생의 행운을 천지자연의 이치와 음양오행의 원리에 따라 분석하는 자연철학이기도 하다. 사주명리는 태어난 연월일시를 기반으로 인간과 우주의 복합적인 요소를 해석하여 개인의 운명을 예측하고, 이를 통해 삶의 방향성을 제시한다. 그래서 여전히 많은 사람들에게 신뢰를 얻고 있고, 사회에서 그 가치가 인정받는 이유가 사주명리의 높은 적중률 때문이다.
　이런 전통적인 접근이 현대 기술과 결합하면 더욱 흥미로운 결과를 만들어낸다. 현대 기술, 특히 인공지능(AI)과 빅데이터는 양의 정보를 처리하고 분석하는 충분한 능력을 갖추고 있다. 이러한 기술은 동양의 문화적인 성명학을 새로운 방식으로 해석하는데 큰 도움을 준다. 예를 들어, 성명학의 핵심인 음양오행은 인공지능(AI)이나 머신러닝 모델에서 사용하는 개념으로, 자연어 처리(NLP) 즉 사람의 말이나 글과 같은 자연어를 AI가 처리하는 기술이다. 문장을 분석하고 단어의 의미를 파악하고 사람과의 의사소통을 원활하게 하기 위해 여러 알고리즘과 다양한 모델을 활용한다.

무엇보다 머신러닝 모델은 컴퓨터가 명시적으로 프로그래밍 되지 않고 데이터를 기반으로 학습하여 의사 결정을 내리거나 예측하는 알고리즘이다. 이 모델은 데이터에서 패턴을 찾아 미래의 결과를 예측하여 분류 작업을 수행하는데 사용된다. 머신러닝 모델은 크게 지도 학습, 비지도 학습, 강화 학습으로 나뉘고, 각 방식은 데이터의 특성에 맞춰 다양한 형태로 활용된다.

한편, 빅 데이터는 대중의 사주 정보를 분석하여 후반화된 패턴이나 통계를 도출하는데 도움을 줄 수 있다. 특정 사주 구성이나 오행의 조합이 사람들의 직업 선택에 어떤 영향을 미치는지에 대한 데이터를 수집하고 분석함으로써 AI와 성명학의 결합이 이루어진다. 이로써 AI가 성명학의 수리적 분석을 자동화하고, 인간의 언어를 이해하고 해석할 수 있는 능력을 갖추게 된다.

지금까지는 앱 스토어에서 스마트폰이나 PC를 통해 누구나 쉽게 사신의 사주나 성명학을 다운로드할 수 있었다. 이리한 플랫폼은 어플을 통해 사주 분석 결과를 즉각적으로 제공받게 하지만, 이는 단순히 미래를 예측하는 도구로만 기능해왔다. 따라서 과도하게 의존하게 되면 개인의 자유 의지와 자율성이 침해될 위험이 있다.

그러나 AI와 구성성명학이 융합되면, 인공지능의 분석 능력과 성명학의 철학적 요소가 결합되어 더욱 개인화된 운세서비스와 이름 추천이 가능해진다. 구성성명학은 이름을 통해 사람의 운명이나 성격을 해석하는 학문으로, 이름의 음양오행, 발음, 한글의 자. 모음의 뜻 등을 분석하여 좋은 에너지를 찾고자 하는데 있다. 여기에 챗GPT의 자연어 처리 및 데이터 분석 기능이 더해지면 더욱 놀라운 결과가 도출되리라 확신한다.

　무엇보다 챗GPT에 구성성명학의 방대한 수리배합의 데이터를 입력해 놓으므로 여기에 여러 알고리즘을 사용하게 되면 정교한 이름 분석이 나올 뿐만 아니라 이를 통해 당사자의 성품이나 운명적 소인을 빠르게 예측할 수 있다. 또한 사용자가 원하는 특성에 맞는 이름을 제안하거나 현재 이름의 길흉을 세부적으로 분석하여 사용자의 생년월일에 맞는 최적의 맞춤형 이름을 짓도록 권장한다. 그동안 작명소마다 같은 이름이라도 해석의 길흉이 다르게 나오는 폐단 때문에 이름에 대한 불신이 많았던 사람들에게 있어 AI와 성명학의 융합은 언제 어디서나 생년월일과 이름만 입력하면 한결같은 해석이 나오게 되므로 흉한 이름일 경우 안심하고 개명 할 수 있다.

　이렇듯 현대기술이 강화된 인공지능과 과학적인 패턴으로 구성된 구성성명학과의 결합은 인간의 삶의 질을 향상시키는데 일등공신이 된다. 따라서 동양의 문화와 현대 기술의 조화는 인간과 자연, 그리고 기술과 상생할 수 있는 가교 에 중추적인 역할이 될 것이다.

김정은이름 때문에 경제적 파탄이

　김정은은 북한의 최고 지도자로, 2011년 12월 아버지 김정일의 사망 이후 권력을 승계했다. 김정은은 1983년 출생으로, 김일성-김정일-김정은으로 이어지는 북한의 3대 세습 체제를 완성한 인물이다. 그는 권력을 잡은 이후 경제와 군사력 강화에 중점을 두고 정책을 펼쳤다. 특히 핵무기 개발과 미사일 발사를 통해 국제 사회에서 주목받았으며, 이를 통해 북한의 군사력을 크게 강화했다. 그러므로 김정은이란 이름풀이를 통해 이러한 독재 권력자의 심리분석을 세세하게 밝혀보도록 하겠다.

　　83년생
　　042　366　638
　　김　　정　　은
　　931　455　547

　김정은은 북한의 세 번째 권력 세습자로, 김정일과 고용희 사이에서 태어나 스위스에서 유학생활을 한 인물이다. 그는 장남 김정남을 제치고 권력의 자리에 올랐고, 이를 가능하게 한 것은 그의 이름 속에 숨겨진 숫자들, 즉 '은'에서의 3.8과 4.7이라는 특성 덕분이었다.

김정은의 이름 속에서 흔히 볼 수 있는 3.4가 7.8과 마주치는 배합은 그에게 통치자의 에너지를 부여하고 있었다. 2018년, 그는 남북정상회담에서 문재인 대통령과 함께 판문점 선언을 발표하며 비핵화와 종전을 약속했다. 이를 통해 남북관계와 북미관계를 새로운 국면으로 이끌며 한동안 주목을 받았다. 그러나 그가 보여준 외교적 접근은 정권의 변화에 따라 국제적으로 긴장을 고조시키기도 했고, 여러 차례 유엔의 제재를 받았다.

김정은의 통치 아래에서 북한은 경제적 어려움을 겪고 있지만, 그는 여전히 주체사상과 자주 노선을 바탕으로 독재 정치의 강화를 꾀하고 있다. 지도자로서의 카리스마와 권위적인 태도를 유지하면서도, 미디어에서는 보다 인간적인 이미지를 부각시키려는 노력을 기울였다. 그러나 평화를 위한 노력과는 정반대의 행동을 보이는 그에게, 윤석열 정부가 들어서자 전쟁을 공공연하게 선포하기에 이른다. 그는 2024년 새해 벽두부터 한국을 '주적'으로 규정하며 첫 미사일을 발사하고, 도발의 본격화를 선언했다. 해안포의 무더기 발사와 미사일 폭격이 이어지며, 그는 총선 직전까지 군사 도발을 시도하여 세계, 특히 미국의 관심을 끌기 위한 총력전을 벌이고 있다.

이러한 행동에서 김정은의 성격은 이름 속에 숨겨진 기운으로 잘 드러난다. 그의 이름에 나타나는 0.4.2와 3의 식신은 그의 사고방식을 엿볼 수 있는 단서다. 1.2의 세력은 그의 사고를 나타내고, 3.4의 에너지가 그에게 큰 영향을 미친다. 그러나 이름 속에 3.4의 기운이 많으면 주변 사람들과의 관계에서 부정적인 면이 나타나고, 자기중심적인 성향이 드러나 체면 손상을 극도로 싫어하게 된다. 이러한 성향 때문에 그는 종종 감정을 억제하지 못하고, 과민한 성격으로 변덕스럽다는 평가를 받기도 한다.

이름에 편중된 재성인 6.6.6과 5.5.5는 경제의 난항을 예고하는 수리로, 그는 경제 개발을 강조하며 건설 사업과 중공업의 현대화를 추구하지만, 과다한 5.6의 기운으로 인해 북한의 경제난은 계속될 수밖에 없다. 김정은은 2019년에 제2차 북미정상회담과 여러 외교적 회담을 진행했지만, 결정적인 성과는 거두지 못했다. 2020년에는 한반도의 폭우와 코로나19가 겹치며 경제 개발이 실패하게 되었고, 이는 그가 추진하던 개혁과 개방의 의지를 더욱 약화시켰다.

이처럼 대내외적으로 위기가 도래하자, 김정은은 자신의 개혁과 개방의 모습을 숨기고 더욱 폐쇄적인 방향으로 나아가고 있다. 그는 유학생활을 했던 젊은 시절의 기대와는 달리 북한 주민들을 더욱 옥죄기 위해 반동사상 문화 배격법과 청년교양보장법 등을 제정하고, 외부 문화를 거부하는 모습을 보인다.

김정은의 성격을 분석해보면, 9.0과 1.2, 3.4에 집중되어 있음을 알 수 있다. 성에서의 9.0이 3.4를 극복하며, 겉으로는 뛰어난 문장과 언변을 자랑하지만 계획과 결과는 항상 일치하지 않는 모순을 드러낸다. 학문에 능통하지만 지속력이 부족해 전공이 없는 경우가 많으며, 금전적인 욕심으로 인해 실패의 위험이 크다.

이러한 성격적 특징이 그의 권력에도 영향을 미쳤다. '김'의 0.4.2 덕분에 권력이 살아나지만, '정은'의 중첩된 흉한 수리로 인해 북한의 경제 상황은 갈수록 악화될 것으로 보인다. 그는 과도한 경제적 욕구로 인해 북한의 폐쇄적인 삶을 더욱 심각하게 만드는 원인이 되고 있다. 특히 이름 전체가 5.6으로 무리지어 있을 때 경제적 파탄이 예고되며, 이는 북한의 경제와 밀접하게 연결되어 있어 김정은의 건강 악화로 이어질 가능성도 크다.

결국, 김정은의 성격과 이름 속에 숨겨진 에너지는 그의 통치와 북한의 미래에 중대한 영향을 미치고 있으며, 그가 어떤 선택을 하든지 간에 북한의 상황은 더욱 어려워질 것으로 예측된다. 이러한 복잡한 관계 속에서 김정은은 자신의 운명과도 같은 이름의 무게를 실감하게 될 것이다.

박지원 국회의원 아호를 지어주면서

299 43 5757
박   지   원
544 78 0202

　박지원은 1942년 전라남도 진도에서 태어난 대한민국의 국회의원이다. 1992년 제14대 국회의원으로 정치에 입문한 그는 현재까지 5선 의원으로 활동하고 있으며, 김대중 정부에서 문화 관광부 장관을 역임했고, 2020년부터 2022년까지 국가정보원장을 맡으며 국정원과 정보단체의 참여를 강화하는데 기여했다. 그는 지금 민주당 소속으로 전남 해남, 완도, 진도를 대표하고 있다.
　그의 정치적 여정은 마치 칼과 같다. 주부가 쓸 때는 맛있는 음식을 만드는 도구로 사용되지만, 강도가 쥐면 사람을 해치는 무기로 돌변한다. 박지원의 정치적 입장 역시, 그의 존재와 발언에 따라 다르게 해석된다. 김대중 시절, 정치인들이 국민의 혈세를 북한에 무분별하게 쏟아붓고 있다는 비난이 쏟아지자, 그는 대북 햇볕정책을 옹호하며 이의를 제기했다. 그의 발언은 오늘날에도 여전히 큰 반향을 일으키고 있다.

그의 지성과 판단력은 이름 속에 깊이 담겨 있다. 성에서 명석한 두뇌를 상징하는 4.4와 이름 중심의 4.3이 잘 어우러져 있다. 그래서인지 그의 명철한 판단력은 '정치 9단', '족집게', '꾀돌이'와 같은 별명으로 불리며, 언론에서도 그의 정치적 역량을 인정하고 있다. 그는 국내 정치인들 중에서도 가장 노련한 수완가로 평가받고 있다.

박지원의 인성, 즉 학문적 기질인 9.9는 그를 더욱 빛나게 해주고, 주관이 뚜렷한 그의 성격을 뒷받침한다. 또한, 권력의 특성을 유지하는 데 도움을 주는 관성(명예, 권력) 7.8이 그의 두뇌와 맞물려, 그를 남다른 언변가로 만들고 있다.

이 또한 성에서 명석한 두뇌를 나타내는 4.4와 이름 중심의 4.3이 이를 잘 반영해 주고 있다. 따라서 '정치 9단, 족집게, 꾀돌이' 같은 별명이 나돌 정도로 그의 명철한 판단력은 언론도 인정하고 있고, 국내 정치가들 중에서도 가장 노련한 수완가로 평가되고 있다.

이는 인성(학문)인 9.9가 중첩되어 내 세력인 2를 생해주므로 주관이 뚜렷하고 중첩된 관성(명예, 권력) 7.8을 상관(두뇌) 4가 이를 극제하므로 숨은 관성(명예)이 살아나고 그러한 관성이 5.7.5.7로 물 흘러가듯 상생시켜주어 권력의 자리에서 오랫동안 입지를 굳건하게 지킬 수 있었다고 볼 수 있다.

또한 지지에서 발현되는 관성(명예) 7.8을 상관(두뇌) 4가 극제하므로 더욱 더 이러한 권력의 특성이 오래도록 유지된다고 할 수 있다. 이런 수리의 특성은 바로 남보다 뛰어난 언변가로 평가받게 하는 요인이 된다.

2016년, 박근혜 대통령이 북한의 5차 핵실험 직후 햇볕정책에 대한 책임론을 제기했을 때, 박지원은 "이명박과 박근혜 정부 동안 네 번의 북한 핵실험이 있었고, 당시 북한에 준 돈이 핵 개발 자금으로 사용됐다"는 발언으로 맞섰다. 그는 강한 반박을 통해 북핵 문제에 대한 정부의 무책임을 지적하며, 정치적 고지를 확고히 했다.

더불어민주당이 거대 야당으로 자리 잡고 있는 상황에서도 그는 국민의당 원내대표로서 싱크탱크 역할을 하며 정국을 이끌어 왔다. 80세가 넘은 지금도 그의 두뇌 회전은 여전히 빠르며, 정치적 흐름을 파악하는 능력은 탁월하다.

그의 메시지는 항상 명쾌하고, 정치적 감각은 능수능란하다. 유머와 촌철살인의 말재주로 상대방의 약점을 효과적으로 찌르며, 정치적 입지를 더욱 굳건히 다진다. 이러한 그의 성향을 잘 알고 있는 나는, 앞으로의 정치적 행보에 그 이름이 중요하다는 생각에 아호를 선물하기로 했다. 나의 마음속에는 그의 슬기로운 지혜가 국정을 바르게 이끌기를 기원하는 마음이 가득했다.

'정치란 권력의 칼을 쥐는 것.' 그 말이 떠올랐다. 바른 마음이 없는 정치인에게 권력은 강도의 칼이 되어 나라를 위험에 빠트릴 수 있다. 그래서 더욱 기도하는 마음으로 좋은 아호를 지어 올바른 정치인으로 거듭나기를 기원했다.

성경에는 '남의 눈 속의 티는 보고 내 눈 속의 있는 들보는 깨닫지 못한다.'라는 말이 있다. 사람들은 자신의 큰 허물은 인식하지 못하고, 남의 사소한 잘못만을 문제 삼는다. 진정으로 올바른 인격을 지닌 사람은 다른 사람에게는 관대하고, 자신에게는 엄격해야 한다. 타인의 과오는 용서하지만 자신의 과오는 용서하지 않는 것이 중요하다. 그렇지 않으면 재물이 명예를 만들고, 권세를 생기게 하며 양생의 근원이 된다. 그러나 그 재물로 인해 재앙과 우환을 불러올 수 있다.

또한, 논어에 '남이 알아주지 않아도 성내지 않으면, 이 또한 군자라 하지 않겠는가!'라는 말이 있다. 남이 알아주는 나의 평가는 진정한 내가 아니라, 내가 지닌 높은 지위와 권세에 대한 인식일 뿐이다. 따라서 남이 나를 어떻게 평가하든 신경 쓰지 않고, 오직 내 나름대로의 고매한 인품과 덕망을 쌓아가는 것이 중요하다.

박지원, 그의 이름은 이제 단순한 개인의 상징이 아니라, 한국 정치의 중대한 상징으로 자리 잡았다. 앞으로의 길이 기대된다.

생성형 AI와 한글구성성명학

1. 생성형 AI(Generative AI)와 한글 성명학

생성형 AI(Generative AI)는 학습된 데이터 패턴을 바탕으로 새롭고 독창적인 콘텐츠를 생성하도록 설계된 AI 모델을 의미합니다. 주로 분류나 예측에 초점을 맞춘 기존 AI와 달리 생성 AI 모델은 창의적인 프로세스를 시뮬레이션하여 완전히 새로운 결과물을 생성하는 것을 목표로 합니다. 한글 성명학은 한글의 자음과 모음을 분석하여 음양오행(陰陽五行)과 결합시켜 이름의 기운과 운세를 해석하는 독창적인 학문인데, 생성형 AI는 이 복잡한 분석과 해석 작업을 자동화하고 더욱 정교하게 할 수 있습니다.

생성형 AI와 한글성명학의 융합

· 대규모 데이터 분석: 생성형 AI는 방대한 한글 성명학 데이터를 학습하여 이름의 자음과 모음 패턴, 오행 이론과의 관계를

자동으로 분석할 수 있습니다. 이를 통해 사용자가 입력한 이름에 대해 실시간으로 맞춤형 해석을 제공할 수 있습니다.

· 개인화된 이름 추천: 생성형 AI는 사용자의 성명학적 특성과 데이터를 바탕으로 최적화된 이름을 추천해줄 수 있습니다. 이는 단순히 한두 개의 추천이 아니라, 다양한 조합을 고려한 창의적인 이름 제안도 가능하게 합니다.

· 성명학 해석 자동화: 전통 성명학에서 전문가가 분석해야 했던 부분을 생성형 AI가 자동으로 처리함으로써 성명학의 대중화가 가능해집니다. 사용자가 직접 이름을 입력하면 AI가 해당 이름의 기운, 오행과 사주의 조화를 분석하고, 상세한 해석을 제공할 수 있습니다.

활용 사례

· 이름 생성 서비스: AI를 활용해 이름 생성과 사주 맞춤형 이름 추천 서비스를 제공할 수 있습니다. 사용자가 태어난 날짜와 시간을 입력하면 AI가 그에 맞는 이상적인 이름을 추천해줍니다.

· 운세 분석: AI가 기존 성명학에서 활용하는 음양오행과 사주를 분석하여 이름의 길흉화복과 운세를 자동으로 분석해줍니다. 이를 통해 사용자는 이름이 자신의 삶에 미치는 영향을 간편하게 파악할 수 있습니다.

2. 양자 컴퓨팅(Quantum Computing)과 한글 성명학

앞으로 몇 년 안에 활용될 것으로 예상되는 양자 컴퓨터는 큐비트(Qubit)를 이용한 고성능 연산을 통해 복잡한 문제를 빠르게 해결할 수 있는 기술입니다. 이 기술은 한글 성명학의 분석에서도 획기적인 변화를 가져올 수 있습니다. 성명학은 이름의 자음과 모음, 음양오행, 천간지지 등 다양한 요소를 종합적으로 분석하는 복잡한 과정을 포함하기 때문에, 고성능 연산을 요구합니다. 양자 컴퓨팅은 이러한 복잡한 연산을 더욱 빠르고 정확하게 처리할 수 있습니다.

양자 컴퓨팅과 한글 성명학의 융합

· 복잡한 패턴 분석: 양자 컴퓨팅은 기존 컴퓨터가 처리하기 어려운 복잡한 패턴을 동시에 분석할 수 있습니다. 예를 들어, 한글 성명학에서 자음과 모음의 조합, 오행의 상생과 상극 관계, 그리고 사주와의 조화를 한 번에 계산해낼 수 있습니다.

· 다중 변수 연산: 성명학에서 고려해야 할 변수는 매우 많습니다. 예를 들어, 사주와 이름 간의 기운, 오행의 조화, 이름의 음향학적 특징 등 수많은 요소를 동시에 고려해야 합니다. 양자 컴퓨팅은 이러한 다중 변수 문제를 빠르게 처리해 성명학 분석 시간을 크게 단축시킬 수 있습니다.

· 운세 예측 정확도 향상: 양자 컴퓨터는 모든 가능한 경우의 수를 동시에 계산할 수 있기 때문에 성명학에서 이름의 길흉과 운세를 더욱 정확하게 예측할 수 있습니다. 이를 통해 사용자는

이름이 자신의 삶에 미치는 영향을 더욱 신뢰할 수 있게 됩니다.

활용 사례

· 다양한 성명학적 분석: 양자 컴퓨터를 활용해 다양한 이름의 성명학적 영향을 분석하고, 각각의 이름이 삶에 미치는 영향을 정확하게 평가할 수 있습니다. 예를 들어, 이름의 기운과 사주의 조화가 어떤 영향을 미치는지 매우 정밀하게 분석할 수 있습니다.

· 미래 예측 모델: 성명학을 통해 이름이 미래에 미칠 영향을 예측하는 데 있어, 양자 컴퓨팅의 연산 능력을 활용하면 더욱 정교한 모델을 만들 수 있습니다. 이는 단순히 과거와 현재 데이터를 기반으로 한 예측이 아니라, 수많은 변수와 상호작용을 동시에 고려한 복합적인 예측이 가능합니다.

3. 생성형 AI와 양자 컴퓨팅의 융합이 한글 성명학에 미치는 영향

생성형 AI와 양자 컴퓨팅이 한글 성명학에 동시에 적용된다면, 성명학의 복잡한 분석을 더욱 신속하고 정확하게 처리할 수 있습니다. 이 두 기술의 융합은 성명학의 전통적 방식을 혁신적으로 변모시킬 것입니다.

· AI 기반 성명학 플랫폼 강화: 생성형 AI가 이름의 생성과 해석을 실시간으로 처리하고, 양자 컴퓨팅이 이를 더 빠르고 복잡하게 분석하는 역할을 할 수 있습니다. 사용자는 이름을 입력함

과 동시에 AI가 분석한 결과를 받아볼 수 있으며, 그 속도와 정확성은 양자 컴퓨팅에 의해 극대화될 수 있습니다.

· 복잡한 이름 분석: AI가 생성하는 이름은 단순한 추천을 넘어, 양자 컴퓨팅이 지원하는 다양한 조합의 분석을 통해 사용자의 사주와 완벽하게 일치하는 최적의 이름을 제안할 수 있습니다.

· 성명학의 미래 지향적 해석: 생성형 AI가 과거 데이터를 바탕으로 미래를 예측하는 능력을 갖추고 있고, 양자 컴퓨팅이 이 예측을 더 정교하게 만드는 역할을 함으로써 성명학은 개인의 미래 운세를 더욱 구체적으로 제시할 수 있습니다.

결론적으로, 생성형 AI와 양자 컴퓨팅은 한글 성명학의 분석 과정을 자동화하고, 복잡한 변수를 처리하여 더욱 정확한 예측을 가능하게 함으로써 성명학의 현대화를 이끌어낼 것입니다. 이 두 기술의 융합은 성명학의 전통적 가치와 현대 기술의 장점을 결합한 새로운 형태의 운세 분석 서비스를 제공할 수 있을 것입니다.

결혼한 김연아가 걱정되는 이유는?

1990년생
719 385 37
김 연 아
486 032 04

김연아는 어린 시절부터 빼어난 재능으로 피겨스케이팅 계에서 이름을 떨쳤다. 수많은 관중이 그녀의 경이로운 연기와 우아한 움직임에 빠져들었고, 그녀는 단숨에 세계무대의 중심에 섰다. 김연아는 그저 피겨 선수에 그치지 않고, 대한민국의 상징적인 인물로 자리 잡았다. 그녀의 이름이 전 세계적으로 울려 퍼지면서 그녀의 성공은 마치 예정된 운명처럼 느껴졌다. 하지만, 성공 뒤에는 항상 보이지 않는 어려움이 따르는 법이다.

김연아는 2022년 10월 결혼 소식을 발표하며 많은 이들의 축복을 받았다. 그녀의 결혼 발표는 대중에게 큰 관심을 끌었고, 신문과 방송에서 연일 보도가 이어졌다. 그러나 한편으로는 그동안 그녀의 이름을 분석하면서 결혼 생활에 대해 걱정을 품었던 적이 있었다. 김연아의 이름이 가진 의미와 운세가 그녀의 결혼 생활에 어떤 영향을 미칠지에 대한 의구심을 가졌었다.

사실, 김연아의 이름은 여러 번의 이름 풀이에서 그녀의 재능과 성공을 암시했지만, 결혼에 있어서는 약간의 경고를 담고 있었다. 이름 풀이에 따르면, 성에서의 4.8과 '연아'의 3.8, 3.7이 결혼 생활에 있어 다소 험난한 길을 예고하고 있었던 것이다. 그녀의 이름에서 4.8과 3.8, 3.7이 반복될 경우, 남편에게 불운이 닥치거나 이별의 아픔을 겪을 가능성이 높다는 것이 이름 풀이에서 나타난 바였다. 때문에 그녀가 결혼을 늦게 하기를 바랐다.

그래서 그녀의 이름을 다시 한번 천천히 되짚어봤다. 성에서 나오는 7.1.9는 재물을 쌓아올리는 기운을 가졌다. 이 숫자들은 마치 김연아가 자신의 인생에서 쌓아온 명성과 부를 그대로 반영한 듯했다. 그녀는 세계 선수권 대회와 벤쿠버 동계올림픽에서 금메달을 획득하며 세계적인 피겨스케이팅 선수로 우뚝 섰다. 광고 계약과 국제적인 활동을 통해 천문학적인 수익을 올렸고, 세계인의 찬사를 받으며 '피겨 여왕'이라는 칭호를 얻게 되었다. 그러나 이름 첫 자 '연'에서의 3.8은 명예를 관장하는 숫사이면서도, 결혼에 있어서는 다소 부정적인 의미를 담고 있었다.

'연'이라는 이름의 3.8은 김연아가 명예를 통해 많은 것을 이룰 수 있는 운세였지만, 개인적인 삶, 특히 결혼 생활에서는 주의가 필요하다는 의미를 내포하고 있었다. 이는 여자의 이름에서 자주 나타나는 3.8과 3.7의 배합이 결혼 생활에 불리하다는 점에서 비롯된 것이다. '연아'의 이름을 보면, 9.0과 3.4의 상극으로 인해 자식에 대한 애로가 있을 수 있으며, 결혼 생활의 안정성이 떨어질 수 있다는 예측이 가능했다.

김연아는 그럼에도 불구하고 자신의 삶에서 대단한 성취를 이뤄냈다. 그녀는 자신의 기량을 남에게 과시하는 것을 좋아하고,

항시 주목을 받는 성향을 가지고 있었으며, 무언가를 창조하려는 본능이 강했다. 이러한 성격은 그녀가 피겨스케이팅이라는 분야에서 성공을 거두는데 큰 역할을 했다. 그러나 결혼 생활에 있어서는, 이 자존심 강한 성격이 다소 걸림돌이 될 수 있었다.

그럼에도 불구하고, 김연아의 이름에서 나타난 5.6과 9.0의 상생은 그녀가 결혼 후에도 자신의 명성을 유지하고 성공적인 인생을 살아갈 수 있음을 시사했다. 그녀의 이름은 결국 명예와 재물의 윤택함을 암시했고, 결혼 생활에서의 어려움에도 불구하고 그녀는 그 어려움을 극복할 수 있는 힘을 가지고 있었다.

이제, 김연아의 결혼 후의 인생이 어떻게 펼쳐질지는 아직 알 수 없다. 다만, 그녀가 자신의 이름이 가진 운세를 이겨내고, 남편과 함께 행복한 결혼 생활을 이어가기를 바라는 마음뿐이다. 동시에, 그녀의 인생이 앞으로도 많은 사람들에게 행복을 줄 수 있기를 기대하고 있다.

BTS가 해체된 것도

2013년(BTS)
106 708 42 898 808   14 74 65 43
방 탄 소 년 단   비 티 에 스
639 231 75 141 131   67 27 90 78

  방탄소년단(BTS)은 2013년 인디 앨범 2 COOL 4 SKOOL 로 데뷔했다. 첫 번째 해부터 신인상을 키보드로 가장 주목받는 그룹으로 알려져 있다. 그로부터 약 9년 후인 2022년 6월, 그들은 팀 활동을 방해하고 개별 활동에 집중하며 새로운 활동을 한다고 말했다. 전 세계적으로 팬덤을 형성한 BTS는 그간 한국을 대표하는 그룹으로 자리매김했고, '21세기 팝 아이콘'으로 계속해서 새로운 역사를 써 내려갔다.
  BTS의 여정을 살펴보면 그들의 성공이 단지 운(運)만이 아니었음을 알 수 있다는 점이다. 그들은 데뷔 때부터 미국 빌보드 차트를 포함하는 영국, 일본, 세계의 주요 음악 차트에서 두각을 이루는 부분에서 특히 그들의 유일무이한, 뮤직 비디오 조회수와 그리고 SNS에서의 전투적인 플레이는 그들의 인기가 어느 정도 였는지 잘 알 수 있게 하는 노력의 산물이라는 거다. BTS는 빌보드 Hot 100 차트와 빌보드 200 차트를 동시에 석권한 최초의 그룹이었으며, 두 개의 차트에서 각각의 1위의 기록은 한국 음악이 세계적으로 경쟁력이 있음을 증명하는 기록이다.

하지만 방탄소년단의 성공은 음악적인 성과에만 그치지 않았다. 세계 각지에서 활동하는 사람들을 통해 글로벌 클러스터링을 공고히 하고, UN 구성원과 LOVE MYSELF 캠페인으로 소셜 메시지를 전하면서 선한 영향력을 선사했다. 음악을 통해 자신들의 목소리를 전하는 그들의 역할에서 BTS가 인기를 끌었던 건 2014년 '상남자'가 인기를 끌면서부터였다. 이 곡으로 그들은 첫 번째 음악 방송 1위에 오르게 하고, LA에서 열린 KCON 무대에서 열광적인 반응을 미국에서 불러일으켰다. 이후 2015년 화양연화 시리즈로 첫 음악방송 1위에 오르면서 인기를 확실하게 얻었고, 2016년에는 정규 2집 WINGS로 첫 대상을 수상한 했다.

2017년부터 LOVE YOURSELF 시리즈로 빌보드 Hot 100에 오르면서 폭발적인 인기를 얻기 시작했다. 같은 해 빌보드 커뮤니티 어워드에서 '톱 소셜 아티스트'상을 수상하고 미국과 유럽 등 서구권에서도 큰 인기를 끌었다. 2020년에는 'Dynamite'로 멜론 차트에서 최장기간 1위를 차지하므로 K-POP의 위상을 높였다. 같은 해 발매한 앨범 BE와 타이틀 곡 'Life Goes On'으로 빌보드 Hot 100과 빌보드 200 순위를 석권하는 이례적인 기록을 남기면서 영어 곡으로 빌보드 1위에 오른 그룹이 되었다.

그만큼 방탄소년단의 경제적 가치는 어마 어마하다. 2020년, Dynamite로 인해 대한민국에 미치는 경제적 가치가 약 1조 7천억 원에 달한다는 분석이었다. 현대경제연구원에 따르면, BTS는 매년 한국 경제에 약 50억 달러(약 5조 7천억 원)의 경제적 이익을 창출하고 있다고 한다.

하지만 2022년 6월, 방탄소년단은 팀 활동을 잠정 중단하고 개인 활동에 집중할 것이라고 발표하므로 팬들에게 큰 충격을 주었다. 그렇지만, BTS 계열은 이를 통해 더 성장한 새로운 모습으로 다시 선 보일 것을 다짐했다.

무엇보다 BTS는 한국 대중문화의 대표주자로서 그들의 음악과 메시지를 전 세계에 전달하므로 그들의 음약여정은 이제 개별 활동을 통해 새로운 2막을 준비하고 있다. 앞으로 그들의 미래가 어떻게 펼쳐질지 아직 알 수 없지만, 그들의 음악적 재능은 이미 현대역사 속에서 전설로 남아 있다.

AI와 성명학 융합의 기술

　1970년대 말, 컴퓨터의 시대가 막을 올리던 시점에서 한글을 디지털 세상에 올리려는 시도가 시작되었다. 영어로 설계된 컴퓨터 시스템에서 한글을 입력하고 출력하는 일은 고작 몇 자의 한글을 담아내기도 버거운 상황이었다. 복잡한 자음과 모음, 조합된 글자들이 얽히는 한글의 구조는 그 당시 컴퓨터에겐 너무 어려운 과제였다.
　하지만 그때, 한글의 디지털화는 '조합형 한글'과 '완성형 한글'이라는 두 가지 방식으로 풀어지기 시작했다. 그 중에서도 1987년에 탄생한 완성형 한글 코드는 컴퓨터에 2,350자의 한글을 입력할 수 있게 만들었다. 덕분에 한글이 컴퓨터 속에서 명확하게 자리 잡기 시작했다. 이어 1990년대, 유니코드가 등장하며 한글은 전 세계 모든 문자를 통합하려는 큰 흐름 속에 합류하게 된다. 이로 인해 한글은 국제 표준이 되었고, 그 결과 오늘날 우리는 컴퓨터, 스마트폰, 그리고 다양한 디지털 기기에서 한글을 자유롭게 사용할 수 있게 되었다.
　세월이 흘러 21세기에 들어서며, 한글과 컴퓨터의 결합은 단순히 문자를 표현하는 것을 넘어서 새로운 길을 열었다. 폰트와 입력기의 발전은 한글을 예술적인 도구로 탈바꿈시켰고, 스마트폰의 확산은 자판 배열과 음성 인식을 통해 언제 어디서나 빠르고 편리하게 한글을 입력할 수 있게 했다. 그리고 이러한 디지털 혁명 속에서, 한글 성명학이 AI와 손을 잡으며 새로운 가능성을 열어젖혔다.

한글 성명학은 이름 속에 담긴 자음과 모음의 배열, 그 숫자들의 배합을 통해 개인의 운세를 해석하는 사주역학의 지혜를 기반으로 한다. 하지만 이 성명학이 AI와 결합했을 때, 그 가능성은 한층 더 커졌다. AI는 방대한 데이터베이스를 활용해 이름에서 나타나는 에너지와 그 흐름을 분석하고, 그로부터 인생의 방향성을 예측할 수 있게 됐다. 특히, 성명학의 복잡한 수리적 배합을 AI가 처리함으로써, 사람의 경험이나 감각에 의존하던 예측이 훨씬 더 정밀하고 신뢰성 있는 분석으로 변화된 것이다.

AI는 한글 성명학의 핵심인 수리적 배합을 2,500여 개의 숫자 조합으로 나누어 길흉을 저장해두고, 이를 통해 개인의 이름에서 발현되는 운명을 명쾌하게 설명해주고 있다. 예전 같으면 작명업자는 여러 해의 경험과 통찰을 통해 이름을 분석하고 운세를 해석했지만, 이제는 AI가 그 역할을 빠르고 정확하게 대신하게 되었다. 이 기술적 진보는 AI의 자연어 처리 기술과 맞물리면서 더욱 빠르게 발전하고 있다.

이 과정은 단순히 개인의 운명을 예측하는 데 그치지 않는다. 이름이 지니고 있는 수리적 에너지를 기반으로, 사업의 방향성이나 큰 결정을 내리는 데에도 적용될 수 있다. 사람의 이름이 얼마나 중요한지, 이름이 단순한 호칭 이상의 의미를 갖고 있다는 인식이 퍼져나가고, 이를 통해 사람들은 자신의 이름에서 파생되는 다양한 운명의 가능성을 더 깊이 들여다보게 되었다.

특히, 이러한 AI 기술의 발전은 K-팝, K-드라마와 같은 한국 대중문화의 세계적 확산과 맞물려, 한글 성명학에 대한 관심을 세계적으로 끌어올렸다. 외국인들이 한국의 문화를 배우고 한글을 익히는 과정에서, 이름 속에 담긴 철학과 운명의 비밀에 흥미를 가지게 되었고, 한글을 통해 그들의 이름을 해석해보는 새로운 트렌드가 등장했다. 이는 한글과 AI의 결합이 단순히 한국 내에서 머물지 않고, 글로벌한 흐름 속으로 뻗어 나아가고 있음을 의미하고 있다.

유네스코에 등재된 한글은 이제 그 위대성을 디지털 세계에서도 더욱 널리 알리고 있다. 성명학과 AI의 융합은 한글을 사용한 새로운 예측 시스템을 만들어냈고, 이를 통해 이름의 소리와 뜻이 얼마나 중요한지, 그리고 그 속에 담긴 운명이 사람들의 삶에 얼마나 큰 영향을 미치는지 전 세계에 알릴 수 있는 기회가 되었다.

성명학자로서 AI와 함께하는 이 여정은 한글의 디지털 혁명을 이끌고, 세계 각국의 유명인들의 이름을 풀어 그들의 운명을 해석하는 새로운 패러다임을 만들어가는 일이었다. 이제 한글 성명학은 과거의 전통을 디지털 시대에 맞춰 재해석하며, 한류의 물결 속에서 그 위대성이 더욱 빛나고 있다. 그리고 그 과정 속에서 이름에 담긴 수많은 비밀들이 밝혀지고, 사람들은 그들의 이름이 지니고 있는 힘을 새롭게 깨닫게 되었다.

마침내 AI와 성명학의 융합은 단순한 예측을 넘어 사람들의 삶을 바꾸는 혁신으로 자리 잡았다. 세계는 이제 이름의 소리를 통해 미래를 읽어내는 기술에 주목하기 시작했다. 무엇보다 한글은 인체의 발음기관과 우주 구성의 3대 요소인 삼재(三才: 하늘, 땅, 사람)를 본떠서 만든 언어학임과 동시에 그 누구도 부인하지 못하는 소리음이다. 그러한 소리에너지를 성명학에 접목시켜 연구 개발된 학문이 바로 구성성명학이다. 그러다보니 이름 속에 내재된 수리 배합에 의해 당사자의 운명이 상세하게 드러나는 한글성명학의 운세를 누구라도 쉽게 접근할 수 있도록 나 예지연이 'AI와 성명학' 프로그램을 개발한 이유도 여기에 있다. 따라서 이름에 내재된 에너지적 파동에 의해 운명을 분석하는 '구성성명학'이 새로운 트렌드로 한류 열풍에 발맞추어 4차 산업혁명의 교부보로 앞장 설 것이다.

한글의 빛, 세종대왕의 지혜

옛날, 조선의 땅에서 세종대왕이 통치하던 시절, 한글이라는 독창적인 문자가 탄생하게 된다. 1443년의 어느 날, 그는 백성들이 쉽게 읽고 쓸 수 있는 문자 체계를 만들기로 결심했다. '이제 더 이상 문자가 가려운 상처가 되어서는 안 된다.' 그는 백성의 고통을 덜어주기 위해, 발음 기관의 모양을 본떠 한글을 창제했다. 그 결과, 발음이 쉽게 인식될 수 있는 자음과 모음의 조합이 탄생했다. 세종대왕은 '집현전'이라는 연구 기관을 세우고, 여러 학자들을 불러 모아 다양한 학문을 연구하게 했다. 천문학과 과학, 언어학 등 여러 분야에서 성과를 거두었지만, 그중에서도 한글은 단연 최고의 업적이었다. 세종은 '모두가 쉽게 배우고 쓸 수 있어야 한다'는 철학을 바탕으로 한글을 창제해 놓고, 그것이 편안하고 조화롭게 구성되기를 바랐다.

또한 한글은 단순한 글자가 아니었다. 세종은 '문자는 소리의 특질을 반영해야 한다'는 믿음을 갖고, 자음 19자와 모음 14자로 모든 소리를 만들어낼 수 있도록 했다. 과학적이면서도 독창적인 이 음소 문자는 세상 어디에서도 볼 수 없는 특징을 지녔다. 그래서 현대의 언어학자와 과학자들은 한글의 구조를 높이 평가하면서, '이 문자는 지식의 문을 열어주는 열쇠와 같다'고 찬양하였다.

한글이 가치는 이러한 독특한 특성 덕분에, 유네스코는 세종대왕을 기리며 매년 '세종대왕 문맹퇴치상'을 수여하고 있다. 한글이 세계에서 가장 배우기 쉬운 문자라는 사실이 국제적으로 인정받은 결과다. 이로 인해 한국은 문맹률이 가장 낮은 나라가 되었고, 그로인해 한국의 문화와 정서가 자유롭게 표현될 수 있는 시대가 열렸다.

세종대왕의 재위 시절, 한글의 도입으로 많은 문헌과 유교 경전이 번역되었고, 그 결과 조선 후기에는 민간에서 영리를 목적으로 한 방간본이 성행하게 되었다. 독서 인구가 급격히 늘어났고, 춘향전과 삼국지, 초한지와 같은 소설들이 대중의 사랑을 받았다. 한글은 이제 사람들의 마음과 정서를 담아내는 소중한 도구가 되었다.

시간이 흘러 현대에 이르렀고, 한글은 이제 정보 사회의 일원으로 자리 잡았다. 컴퓨터와 소프트웨어의 발전 덕분에 한글은 더욱 쉽게 다룰 수 있는 문자로 변화하였고, 그러다보니 세계 각국에서 한국어를 배우려는 사람들이 증가하고 있다. 한국어가 교과 과정에 포함되어 유학을 결심하는 이들도 많아졌다.

따라서 이러한 과학적인 방법으로 550여 년 전에 창제된 한글이야말로 그 어느 나라에서도 유례가 없는 독창성을 지니고 있기에 그동안의 필자는 한글의 위대성을 한글성명학을 통해 알리려고 노력했고, 구성성명학의 이론을 세계에 전파하기 위해 유튜브나 책 출간을 통해 끝없이 노력해 왔다.

무엇보다 현대 과학자나 언어학자들이 한글의 과학성을 높이 사는 이유가 자음은 발음 기관의 모습을 바탕으로 이루어진 반면에 모음은 수직선이나 수평선 등의 긴 선을 이용해 디자인되어 있어 한눈에 구분이 된다는 점에서 높은 평가를 받았다.

따라서 한글이 지닌 독창적이고 과학적인 구조가 이름을 통해 각 개인의 운명과 사업의 방향성을 이끌어줄 것이기에 나는 한글의 빛을 널리 퍼뜨려, 이 새로운 문화유산을 세계인들에게 각인될 수 있도록 최선을 다해 노력할 것이다. 한글은 단순한 문자 그 이상이다. 그것은 우리의 역사와 문화, 그리고 미래를 함께 써내려가는 소중한 자산이기 때문에 더욱 그러하다.

BTS을 세계적으로 키워낸 방시혁

　방시혁은 1997년, 박진영에 의해 발탁되어 JYP엔터테인먼트의 수석프로듀서로 활동을 시작했다. 그는 2005년까지 JYP에서 수많은 히트곡을 만들어내면서 JYP에서 분리해 독립했다. 그리고 2011년 인터뷰에서 K-POP에 올인 할 생각이고, 궁극적인 목표는 SM, YG, JYP를 뛰어넘는 회사를 만드는 게 꿈이라는 포부를 밝혔다. 그의 말은 허언이 아니있다. 빙시혁은 열정과 철학을 동시에 갖춘 능력자로 그는 세상의 이치에 대해 깊은 통찰력을 갖고 있었다.
　따라서 세상에 절대적인 것은 없다. 부자(富者)와 빈자(貧者), 아름다움과 추함, 삶과 죽음 등 이 모든 것이 상대적으로 구성되어 있어 하나가 존재함으로써 나머지 하나도 변별적(辨別的)으로 존재하게 된다. 그러나 좋은 것도 극단으로 치닫게 되면 오히려 나쁜 것이 된다. 많은 것을 소유할수록 그것을 지키기 위해 전전긍긍하게 되는 것이 세상사의 이치다. 그러므로 내가 갖고 있는 것에 자만하면 오히려 꼴불견이 되어 추해지고, 내가 나의 선행을 자랑하면 그 자체가 위선이 되어 사람들한테 불신을 준다.

그러나 방시혁은 자신만의 색깔을 가진 회사를 꿈꾸었다. 그리고 시간이 지나면서 그는 K-POP 산업을 주도하는 거인으로 성장했다.

따라서 방시혁은 BTS에 의해 포브스에서 발표한 2021년 한국의 50대 부자 목록에 27억 달러의 재산으로 16위에 랭크된 인물로 그가 미국 타임지 표지 모델로 장식될 정도로 그의 사업 규모가 세계적인 기업으로 성장했다. 역대 한국 연예계 종사자 중에 수 조원대의 재산을 소유한 억만장자가 된 기업가는 방시혁이 최초다.

그래서 '방시혁'이란 이름에 엄청난 부를 거머쥘 수 있는 기운이 작용하고 있는가 싶어 분석해 보았더니 '혁'에서의 6.0.9가 바로 이를 뒷받침해주고 있었다. 또 이름 첫 자 '시'의 3.3은 재능을 나타내면서 이러한 중첩된 3.4가 재물인 5.6으로 상생시켜주고 있다.

1972년
295 33 609
방   시   혁
106 44 590

그의 탁월한 두뇌를 나타내고 있는 '시'의 3.3과 4.4는 완벽주의자라 빈틈을 보이지 않으려 노력하고 예지력이 뛰어나 미래를 내다보는 안목이 있다. 철학적인 사고로 종교나 명상에 집착하고 도(道)를 추구해 혼자 있기를 즐겨한다. 겉으로는 내성적으로 보이나 열정적인 타입으로 모든 에너지를 분출하는 타입이다. 그래선지 글로벌 시장에서 발라드로 승부하기는 어렵다고 판단하고 방탄소년단을 댄스가수로 계획하고 K-POP 한류가수로 진출시

컸다.

　이러한 그의 기획들이 적중에 BTS를 세계적인 팝가수가 성장시킬 수 있었던 것도 알고 보면 그의 선견지명을 나타내는 '시'의 3.4에서 충분히 엿볼 수 있다. 무엇보다 '방'의 2.9.5는 문서인 9가 재물 5에 의해 극을 받으면 9는 학문이고 부모며 문서다.

　따라서 문서에는 부동산 취득의 문서가 있고 혼인문서가 있다. 아직까지 그가 결혼하지 않은 것도 어떻게 보면 9가 5에 의해 극을 받고 있기 때문에 결혼이 늦어진 것이고, 서울대 미학과를 나왔지만 전공을 살리지 못하고 다른 길로 들어선 것도 이러한 이름의 수리 배합 때문이다.

　그가 수조억대의 재벌이 될 수 있었던 것도 성에서의 재물 5.6이 이름 첫 자 3.4에 의해 생을 받는데다 이름 끝 자 '혁'에서의 중첩된 문서 9.0을 5.6이 극제하므로 흉(凶)중의 길(吉)로 다시 살아난 때문이다. 그러므로 어떻게 보면 늦은 결혼이 이름 끝 자에 예고되어 있어 천만다행이라 할 수 있고, 또한 오십이 넘은 지금까지 미혼으로 있는 것 역시 이러한 이름에서 발현되는 파동의 에너지 때문이라 할 수 있다.

　또한 '시'의 중첩된 3.3은 두뇌가 발달되어 아이디어가 풍부해 창의성이 요구되는 일에 진가를 발휘하여 어디서든 호평을 받는다. 아울러 3.3은 식신(食神)이라 먹을 식(食)자로 식욕이 왕성해 미식가가 많고 요식업이나 식품 관련된 사업에 관심이 많다. 그래선지 용산 사옥에 베이커리 사업부를 만들어 거기서 만든 에그타르트가 호평을 받아 엔터사업과 함께 요식업도 성공을 이룬 셈이다.

　뿐만 아니라 3.3은 베풀기를 좋아해 선행에 앞장서므로 '사랑의 열매'에 50억을 기부했다는 소식을 전했는데 이러한 기부도 재산이 있다고 하는 것이 아니라, 이는 '방시혁'이란 이름에서 발현되는 에너지의 기운이 그의 마음을 움직이게 한 때문이라 볼 수 있다.

무엇보다 수시로 불러주는 이름에는 소리(파동)에 의해 성격이 형성되고, 그 성격에 의해 운명의 길흉이 결정된다. 뿐만 아니라 이성적인가, 감성적인가, 혹은 적극적인가, 소극적인가, 선을 베풀고자 하는 마음인가, 악을 행하고자 하는 마음인가의 성향에 따라 성공의 여부도 좌우된다.

그러므로 인간에게 있어 이름이란 인격과 운명을 감지할 수 있는 매체로써 사주를 대신해 알파와 같은 중요한 정보가 된다. 그러다 보니 유형무형을 막론하고 세상에 존재하는 모든 것에는 사물이나 지명이나 동식물에 이르기 까지 전부 그에 따른 이름이 붙게 마련이다. 그런데 이러한 이름에 파동의 에너지가 담겨있다는 사실이다.

따라서 방시혁 역시도 이름에서 발현되는 그 소리 파동에 의해 그의 마음이 베풀기 잘하는 선한 성정으로 바뀌었고, 세상에서 가장 가치 있는 일이 무엇인가를 깊이 생각하게 만들었고, 그리할 때 그것이 바로 자기가 누리는 수익의 일정 부분을 어려운 사람들과 함께 나누는 것이란 생각에서 꾸준히 선(善)을 실천한 것이라 본다. 성에서 발현되는 1.2와 9.0과 5.6과 함께 이름 첫 자 중심수의 3.4가 바로 그의 성격유형을 대변하고 있다.

3.4의 특징은 구체적인 지침이 없는 새로운 환경을 불편해하고, 검증되지 않은 것은 믿으려 하지 않고, 실질적인 효과를 볼 수 없다고 판단되면 좀처럼 받아들이지 않는다. 사실적인 경험을 중요하게 여기고 일의 진행은 대부분 꼼꼼하고 세세하게 계획한 다음에 진행한다.

자신이 맡은 일에서는 책임감이 투철하고, 일을 미루는 것을 극도로 싫어하며 어디에 구속되거나 방해를 받는 것을 꺼려하므로 혼자 있는 시간을 즐긴다.

이재명의 이름과 운명

　이재명, 그 이름은 한때 평범한 사람의 입에 오르내리는 정치인으로, 강한 추진력과 개혁 성향을 지닌 인물로 여겨졌다. 그는 사회적 불평등 해소와 복지 확대를 위해 자신의 모든 것을 쏟아내며 나아갔다. 솔직하고 직설적인 화법과 원칙주의적 성향은 때때로 논란을 불러일으켰지만, 그의 열정은 많은 국민의 지지를 얻는 원동력이 되었다. 정치에 큰 관심이 없던 나조차도 그를 보며 알게 모르게 마음속으로 응원하게 되었다.
　그런 나 자신을 되돌아보며, 독선이나 위선의 소지가 없었는지 자문하곤 했다. 글을 쓰면서도 진실을 말한다고 하면서 거짓을 꾸미고 있는 것은 아닐까? 혹은 거짓말을 하면서도 진실의 거울 뒤에 숨어서 신비스러운 존재로 남고 싶어 하지 않는가? 이런 생각들이 끊임없이 나를 괴롭혔다.
　그러면서도 현재의 내 마음이 진실인지 거짓인지 혼란스러워졌다. 가끔은 거짓말이라 할지라도 그 내면의 언어는 진실해야 한다고 믿고, 그 행위가 거짓이었지만 내 마음만은 진실했다고 외치고 싶어하는 이중성에 나 자신도 놀랐다. 그렇게 나는 어쩌다

보니 정체성이 불분명한 삶의 한 귀퉁이에서 진솔한 한마디를 듣기도 찾기도 어려운 현실을 처절하게 자각하고 있다.

이 많은 말과 글들이 나의 허기진 배를 더욱 춥고 배고프게 하고 있는 듯하여 가슴이 시리고 아프다. 내가 이렇다면 정치인들은 오죽할까? 그들은 입으로는 대의명분을 외치고 있지만, 정작 그들의 마음은 얼마나 춥고 허기질까?

성경에는 부자가 천국에 들어가는 것이 낙타가 바늘구멍으로 들어가는 것보다 어렵다는 말이 있다. 많이 가진 사람은 그만큼 많이 잃는 법이다. 그러므로 권력을 가진 자나 부자는 가난한 사람의 걱정 없어함을 부러워해야 한다. 왜냐하면 높이 뛰고 빠르게 걷는 사람은 그만큼 쉽게 지치고, 그리고 결국 넘어진다. 하지만 그렇다고 해서 세속적인 욕심을 추구하는 것이 옳지 않다는 것은 아니다. 속세에 살면서 모든 속된 욕심을 버릴 수 있어야 진정으로 속세에서 벗어날 수 있다는 생각에 이끌려, 나는 모든 것을 내려놓고 강릉첩첩산중에서 유유자작하며 살고 있다.

모든 욕망을 버리고 마음을 냉정하게 만들려고 노력하는 것이 참된 깨달음이 아니다. 오히려 열정적으로 자신의 심성을 들여다보아야 진정한 마음을 깨달을 수 있다. 따라서 모든 문제는 회피하지 말고 그 안에서 해결해야 한다. 이런 면에서 이재명 대표가 지금 당면한 문제점들을 그 문제 안에서 해결할 때, 온 국민의 따뜻한 시선을 받을 수 있을 것이라고 믿는다.

이런 생각들을 곱씹으면서 이재명이란 이름을 통해 정치인으로서 앞으로 나아갈 길을 예측해 봐야겠다 생각했다.

  64 36 296
  이 재 명
  86 58 418

그의 이름을 풀이해보면, '이'라는 성에서 상관(두뇌) 4가 재성(재물) 6을 생해주고, 지지에서도 재성(부인) 6이 관성(명예) 8을 생해준다. 성은 그가 태어나면서부터 죽을 때까지 그의 운명을 좌우하는 중요한 요소가 된다. 따라서 그의 성만 봐도 어느 정도 그의 성향을 읽어낼 수 있다.

이재명은 안동시에서 초등학교를 졸업한 후, 경기도 성남시로 이주하여 어려운 환경 속에서 성장했다. 하지만 그는 권력과 재물에 대한 열망을 가지고 있었고, 이는 검정고시를 통해 중졸·고졸 학력을 취득하여 중앙대학교 법과대학에 진학하는 원동력이 되었다. 그의 이름 '재명' 또한 5가 8을 생해주고, 3이 6을 생해주므로 이러한 기질이 성(姓)과 어우러져 더욱 강하게 나타났다고 볼 수 있다.

부모를 일찍 여의고 불우하게 살아온 사람의 슬픔을 이해하기란 쉽지 않다. 그러나 이재명은 자신의 어려운 과거를 통해 배운 교훈을 토대로 대학을 졸업하고 사법시험에 합격한 후 법조계의 길로 나아갔다. 그는 경기도 성남시 일대에서 인권변호사와 시민사회운동가로 활동하면서 그의 이름이 발현하는 기운이 얼마나 큰 영향을 미치는지를 보여주고 있다.

대개의 사람들이 좀 더 나은 삶을 위해 노력하는 방법 중 하나가 이름이다. 타고난 사주팔자와 더불어 사람들의 운명에 강력한 영향을 미치는 요소가 바로 이름이라는 믿음에 있다. 현대 사회에서는 개인의 노력으로 부를 얻을 수 있다고 생각하지만, 실상은 그러한 생각이 항상 현실을 반영하지는 않는다.

'이재명'이라는 이름은 그가 성남시장 선거에 출마해 당선되고, 재선에 성공하는 등 정치계에서 그의 입지를 더욱 강하게 만들었다. 그는 또한 경기도 도지사로도 당당히 선출되었다.

정치에서는 남의 잘못을 엄하게 꾸짖으면서 자신의 잘못에는 관대해지기 쉽다. 하지만 진정한 리더는 자신의 잘못을 인정하고 반성하는 과정을 통해 더 나은 사람이 된다.

가끔 대통령들의 이름에 대해 궁금증을 느끼다보니 역대 대통령인 이승만의 이름부터 현재의 윤석열대통령의 이름을 풀이해보았다. 흥미롭게도 '전두환'과 '노태우' 대통령을 제외하고는 대부분의 대통령 이름에서 3.4가 7.8을 극하는 일정한 수리 원리를 찾을 수 있었다.

따라서 이재명의 이름 또한 이름에서 3.4가 7.8을 극하는 강한 특성을 가지고 있어, 제20대 대통령 선거에 출마했으나 가까운 차이로 낙선했다.

이재명은 이후 계양구 국회의원에 출마해 당선되었고, 더불어민주당 당대표로도 활동하게 되었다. 그의 이름에서 예고된 것처럼, 그는 다음 대선에 대한 꿈을 키워가고 있다.

그를 바라보며 느끼는 점은, 우리가 남을 꾸짖을 때에는 허물 중에서도 좋은 점을 찾아내고, 자신을 꾸짖을 때에는 허물없는 중에서 자신의 잘못을 찾아내야 한다는 것이다. 집착과 욕망이 사람을 타락하게 만들고, 권력에 대한 집착은 세상을 어지럽힌다. 특히 정치인이 되고자 하는 사람이라면 이러한 점을 되새겨야 한다.

지난 총선을 앞두고 이재명대표에게 다지음학회에서 아호를 지어주었다. 우주 만물은 물질적인 요소와 에너지적인 요소를 가지고 있다. 따라서 이름이란 우리가 불러주는 소리로 사람의 마음을 움직이게 하는 파동의 기운을 지닌다. 이러한 한글구성성명학의 파동의 힘을 인식하고, 좋은 아호를 지어주고자 한 것이다.

결국, 인체의 생리는 우주의 원리와 맞물려 있기 때문에 아름다운 소리는 사람의 생리 활동을 촉진시키는 생명의 소리가 된다. 따라서 사람의 이름에서 운명의 길흉을 헤아리는 지혜가 필요하다. 무엇보다 이재명의 이름은 그가 앞으로 나아갈 방향과 진정한 리더로서 성장하는데 필요한 에너지가 담겨 있다.

왜 이름이 중요한가!

실패와 좌절의 뼈아픈 고통을 겪어본 사람이라면, 누구나 한 번쯤은 '내 운명을 과연 바꿀 수 있을까?'라는 질문을 스스로에게 던지게 된다. 완벽한 계획 아래 사전 답사를 철저히 하고 시작했다 하더라도, 만약 이름이 좋지 않다면 실패는 연속적으로 찾아온다. 급속히 변화하는 세상에서 삶의 질을 높이길 원하는 사람에게는 반드시 좋은 이름이 필요하다.

특히, 세계를 상대로 사업을 하거나 국제무대에서 활동하는 스포츠인, 혹은 그에 준하는 사람들은 부드러운 외국식 발음의 한글 이름을 가지고 있어야 한다. 이러한 이름은 그 사람을 나타내는 좋은 브랜드가 되며, 상응하는 재산 가치로 이어질 수 있다. 따라서 상호나 이름은 개인의 삶의 질을 한 차원 높여주는 원동력이 된다. 왜냐하면 이름은 국내에서만 사용되는 것이 아니라, 전 세계를 무대로 하여 외국인을 상대로도 사용되기 때문에 그 사람의 얼굴에 해당하는 브랜드가 되기 때문이다.

이런 점에서 상호나 이름은 한글을 국제적으로 널리 알릴 수 있는 절호의 찬스가 될 수 있다. 그러기 때문에 필자는 한글의 위대성을 구성성명학과 접목하여 세계에 널리 알릴 필요성을 느끼게 되었고, 유명인의 이름 풀이를 통해 세계를 깜짝 놀라게 하고 싶었다. 사람들의 삶의 한 부분이 되어버린 이름에서 발현되는 다양한 인종과 각 나라 사람들의 성향을 구성성명학으로 풀이하여, 성공과 명예를 불러오는 주체 세력이 바로 이름이라는 것을 확인시켜주고 싶었다.

그러므로 이름에서 불리어지는 소리는 그 속에 잠재된 기운이 파동을 일으켜 인간의 운명에 적잖은 영향을 미친다. "망해라! 망해라!"라고 불리면 망하고, "잘 된다! 잘 된다!"고 하면 잘된다. 평생 불리어지는 이름이야말로 발음 기관인 입을 통해 소리가 나오기 때문에, 이 소리가 인생 전반에 걸쳐 직접적인 영향을 미치게 된다.

한글은 입모양을 본떠 만든 세계 유일의 소리글자다. 이름을 다른 말로 하면 성명(姓名)이다. 성명의 근원을 살펴보면, 낮에는 표정이나 제스처로 자신의 생각을 표현할 수 있지만, 저녁이 되면 날이 어두워져 표정이나 제스처가 보이지 않게 된다. 그래서 저녁 '석(夕)'자에 입 '구(口)'자를 합쳐 '명(名)'이 만들어진 것이다.

따라서 이름은 우리가 늘 불러주는 소리, 즉 입으로 불러주는 구성(口聲)에 따른 파동이 그 속에 잠재된 기운이 에너지를 일으켜 인간의 운명에 석삲은 영향을 미친다. 이러한 소리(파동)에는 그 소리만이 갖고 있는 강한 오행의 뜻이 담겨 있다. 따라서 이름 석 자 안에서 재물운, 건강운, 자식운, 배우자운, 학문운, 부모운, 명예운, 수명운, 심지어 성격까지도 알 수 있다. 그러므로 이름은 삶에 직접적인 영향을 미치기 때문에 매우 중요하다.

필자는 한글구성성명학을 통해 이름이 가진 힘을 절실히 깨닫게 되었고, 그 힘을 통해 인간의 삶을 더 나은 방향으로 바꾸어주고 싶었다.

　모든 사람들이 삶의 고통 속에서도 새로운 희망을 찾고자 한다면 이름이 가진 파동의 잠재력을 믿고, 운명을 바꿀 수 있다는 신념을 잃지 않아야 성공이 보장된다. 그렇기 때문에 필자는 이름의 힘을 통해 더욱 더 새롭게 다짐하는 나를 발견하면서 인생 3막인 노년의 삶을 다른 방향에서 다시 써내려갈 생각이다.

자살로 생을 마친 최진실

1968년생
079 093 994
최 진 실
291 215 116

　이십여 년 전, 최진실 주연의 드라마 '장밋빛 인생'을 보며 많은 감동을 받았다. 주인공 맹순이는 결혼 십 년 차 주부로, 가족을 위해 자신을 희생하며 살아가는 억척스러운 여성이었다. 그녀는 이 드라마로 40%에 달하는 시청률을 기록하며 사랑을 받았고, 2006년 백상예술대상에서 최우수 여자연기상을 수상하는 영광을 누렸다.
　지금도 최진실이란 이름을 들으면, 나는 30여 년 전의 그 광고 카피 "여자는 남자하기 나름이에요"와 함께 그녀의 귀엽고 발랄한 모습이 떠오른다. 하지만 시간이 흐르면서 그녀는 이혼의 아픔을 겪고 두 아이의 엄마로서 성숙한 중년 여성이 되었다. 4년 연하의 미남 야구선수 조성민과의 결혼 발표는 한동안 대중의 관심을 끌었고, 그 결혼식은 생중계로 방송되기까지 했다. 그러나 이처럼 화려한 결혼식의 여운이 가시기도 전에, 그녀가 이혼의 충격을 안겼다.

"내가 여자로서 잘한 것은 두 아이의 엄마라는 것이고, 연기자로서 가장 잘한 일은 장밋빛 인생에 출연한 일"이라고 그녀가 수상 소감에서 밝혔던 것이 엊그제 같은데, 자살로 세상을 떠난 소식은 많은 이들에게 충격을 주었다. 그때로부터 이미 십여 년이 흘렀다. 그래서인지 사람들의 기억 속에서 그녀의 존재는 점차 희미해져 가고 있다는 생각이 든다.

필자 또한 2012년에 출간한 '이름이 성공을 좌우한다'라는 책을 통해 최진실의 인생 여정을 자세히 풀어내었고, 'TV특강'에서는 자살한 사람들의 이름을 분석하며 그녀의 이름을 다룬 적이 있다. 그녀의 이름을 분석해보면, 전체적으로 9.0이라는 수리가 유독 많이 보인다. 9.0은 이론과 논리에 능하며 사물에 대한 비판과 판단을 즐기는 성향을 나타낸다. 또한 3.4의 수리는 지혜와 재능을 상징하여, 그녀가 총명하고 자비로운 성격을 지니고 있었음을 보여준다. 그러나 이러한 9.0의 중첩이 반복적으로 나타나는 것은 불길한 징조였다.

9.0은 남편의 수리인 7.8의 기운을 약화시키고, 생각과 사고를 나타내는 3.4의 기운을 파괴한다. 그래서 안타까운 점은 남편을 나타내는 7이 '최'에서 미약하게 나타나고, 전체 이름에 7.8의 수리가 없는 것이었다. 9.0은 또한 편모슬하에서 어려웠던 가정환경을 대변하는 요소로 보인다. 전체 이름이 상극으로만 배합되어 있어 불길한 가운데, 특히 중첩된 9.0이 식신 3을 극제하는 조합은 여성의 이름에서 가장 흉한 배합으로 작용한다. 이러한 불길한 이름 탓에 결혼생활의 파탄과 함께, 최고의 스타가 되었음에도 불구하고 끊임없이 구설수와 외로움에 시달렸던 것으로 보인

다.

그녀의 후천운 또한 '진'의 중첩된 1.2가 재물 5.6를 위아래에서 극하고, '실'에서도 다시 반복하여 심하게 극하는 바람에 결국 그녀는 이름에서의 그 흉함을 견디지 못하고 많은 재산과 귀여운 자녀들을 뒤로하고 생을 마감하게 된 것이다.

만약 이런 이름의 주인공이 이름 그대로 가난하고 빈곤하게 살았다면 아무런 문제가 없었을 것이나, 흉한 배합으로 이루어진 이름을 가진 탓에 스타로서의 명성과 부를 얻게 되자 이와 같은 비극이 찾아온 것으로 생각된다. 이름에서 불리워지는 파동의 기운은 어떤 경로를 통해서든 어김없이 찾아온다는 것을 그녀의 이름을 통해 새삼 깨달았다.

무엇보다 이름에서 불리워지는 파동(소리)의 기운은 어떤 경로를 통해서든 어김없이 찾아오게 된다는 것을 그녀의 이름을 통해 여실히 깨달았다. 그렇잖아도 선. 후천이 전부 흉한 배합으로만 이루어진 최진실의 이름이 늘 의구심으로 남았었다. 그러다보니 사주팔자가 종재격으로 이루어져 재물이 많은 사주기에 '하기사 타고난 팔자가 어찌 이름에 비하랴!'하고 나름대로 애써 이유를 찾으려 했다. 그러면서도 대부분 사주와 이름이 일치하는 경우가 다반사라 자식으로 인한 애로나 재물의 풍파를 겪게 되는 흉운의 이름과 사주가 일치 하지 않아 의아해 했다. 그러나 어찌 알았을까! 이렇듯 흉칙한 이름의 배합으로 인해 스스로의 목숨을 끊게 된 원인이 되었으니…… 그야말로 매우 안타까운 심정이다.

어린 자식을 남겨두고 오죽했으면 세상을 등졌을까 하는 마음에 앞서, 이렇듯 이름에서 불리워지는 불길한 기운이 사람의 마음까지 자유자재로 움직이게 하는 것을 보고 다시 한 번 이름의 위력을 새삼 깨닫게 되었다.

한동안 그녀의 사주팔자가 재물이 많은 기운을 지녔음에도 불구하고, 이름의 배합이 불길하여 고통을 겪게 된 이유를 나는 이해하기 어려웠다. 그러나 결국 흉칙한 이름의 조합이 그녀가 스스로의 목숨을 끊게 만든 원인이라는 사실은 매우 안타까운 현실이었다. 어린 자식을 남겨두고 세상을 떠났다는 생각에 마음이 아프고, 이름에서 불길한 기운이 사람의 마음을 자유자재로 움직일 수 있다는 점을 다시 한 번 더 깨닫게 되는 이름이었다.

우리는 흔히 경계를 구분하여 울타리를 치며 살아간다. 그러한 행위는 안과 밖의 양분에 불과한 것임에도 불구하고, 우리네 인생은 경계를 통해 형성되어 있다. 지혜로운 사람은 부분과 전체를 함께 바라보지만, 우둔한 사람은 그렇지 못하다. 그러므로 지나치게 빠져 들어가는 일이나 취미가 있다면, 일단 그것들로부터 거리를 두는 것이 좋다. 멀리서 바라보면 보다 객관적인 판단을 내릴 수 있고, 다시 문제에 맞닥뜨렸을 때 흔들림 없이 의연하게 대처할 수 있다.

이런 수리를 가진 사람은 난세에 약할지언정, 인생행로에서는 강자가 될 수 있다. 그러나 모성 본능이 강한 사주에 비례하여, 이름에서 사고와 자식을 나타내는 3.4의 수리가 극심하게 극을 받는 흉한 조합 때문에 순간적으로 극단적인 선택을 하게 된 것이다.

때로 마음이 어지러울 때면 우리는 종종 시끄러운 속세에서 벗어나 한적한 곳에서 혼자 있고 싶어 한다. 그것은 욕심나는 것을 보지 못하도록 하기 위함이다. 그러나 마음의 어지러움은 외부가 아닌 자신의 내면에서 발생한다. 그러므로 언제나 마음의 본체를 맑게 유지해야 한다.

생성형 챗GPT와 세계인의 이름

'아마존' 플랫폼을 설계한 정민욱 대표

정민욱대표는 30년 전 인터넷 태동기에 세계 최초로 인터넷 카페를 한국에서 창업한 인물이다. 메타버스가 세상에 널리 알려지지 않은 시기 정대표는 AR(증강현실), VR(가상현실)과 블록체인 핀테크 관련 특허를 출원하여 특허 등록을 받은 바 있다. 그 후 전자정부 솔루션을 세계 최초로 선 보이는 등 뉴트렌드 미래 예측가로 인정을 받았다. 인공지능, 국제 금융, 블록체인, 빅데이터, 스마트 켄트렉트, DevOps, DeFi, NFT, 로봇틱스, 저널리즘 멀티모달 리터러시 등 다양한 분야에서 광범위한 지식과 심도 깊은 30년 전문성을 갖추었다. 또한 서울대학교 국제대학원 GLP 국제금융 수료. 동국대학교 핀테크 불록체인 MBA 수료, 고려대학원 경영 대학원 CEO 수료, 스탠포드 대학교에서 제공하는 머신러닝 및 딥러닝 과정, 세계적인 인공지능 석한 앤드류 응 교수의 딥러닝 제너레이티브 Ai 과정, 그리고 IBM 펜실베니아 와튼 스쿨과 포항공대 스마트시티 사물인터넷(IoT) 아키텍처 설계, 반더빌트 대학교의 ChaGPT 프롬프트 엔지니어링 과정을 포함하여 각 분야에 필요한 20개 이상의 온라인 전문 과정을 수료했다.

정민욱대표는 PC방 최초 창업자로서 E-Sports 발전에 기여한 공로를 인정받아 북경 화이자 대학 E-Sports학과 국제 E-Sports 진흥원으로부터 E-Sports명예박사 위촉을 받아 E-Sports 글로벌 단장으로 활동 중이다. 또한 어려운 이웃을 위한 봉사 단체인 국제 로터리 클럽 '한국 로터리 정보화 구축' 등 '사이버 온라인 로터리 클럽'을 미국 시카고 본부를 설득하여 세계 처음 로터리 클럽을 창업하는 등 국제로터리 3650지구 한양로터리 클럽 벤처스 로터리 서울 리더스 클럽에서 창립 회장으로 활동하였다.

또한 2018년 평창 동계올림픽에서 100만명이 성명한 사단법인 동사모 블록체인 사업단장으로 활동했다. 2-13년 영국 핀테크 글로벌 그룹 뱅크포유 한국 대표로 일하면서 블록체인과 비트코인을 접하게 되었다.

사하라 스트리트는 2018년 설립한 회사로 몰타공화국에 재단이 설립되었고 , 미국 세인트루이스, 그리고 일본 도쿄, 대한민국 서울 등을 오가며 운영되고 있다.

또한 AI 프롬프트 엔지니어로 네일리 뉴스 미디어 총괄국장이며, 현재 디지털 미디어 연구소를 운영하면서 글로벌 디지털 미디어 프로젝트 준비를 총괄하고 있다. 글로벌 미디어 링크도 인 (Linkedin) 3만명 이상의 구독자를 둔 파워 인플루언서다. 인공지능, 국제금융, 빅데이터, 스마트 컨트렉트, DevOps, 서닐리즘 멀티 모달리터러시 등 다양한 분야에서 광범위한 지식과 전문성을 갖추고 있다.

김연아한테 우승을 빼앗긴 아사다마오

1990년생
37 11 57 97 30
아 사 다 마 오
04 88 24 64 06

　아사다 마오는 어린 시절부터 피겨스케이팅에서 탁월한 재능을 보였다.
　2004-05 주니어 그랑프리 파이널과 주니어 세계선수권대회에서 우승하며, 그녀의 이름이 전 세계에 알려지기 시작했다. 이어서 2006년, 일본에서 열린 그랑프리 파이널에서 금메달을 목에 걸었지만, 같은 해 3월 주니어 세계선수권에서는 김연아에게 1위를 내주며 아쉬움을 남겼다.
　사람들은 종종 그녀의 이름, 특히 첫 글자인 '아'에 주목했다. 숫자 3.7은 타고난 재능과 관련이 있지만, 동시에 성공과 실패가 교차하는 운명을 암시하는 숫자이기도 하다. 그 해 아사다 마오는 뛰어난 기량을 보여주었지만, 이름 속에 깃든 운명의 상충으로 인해 굴곡진 여정을 시작하게 되었다. 명성을 뜻하는 7이 그녀의 재능을 억제하고 있었던 것이다.

  김연아와 아사다 마오는 피겨스케이팅의 두 거장이자, 라이벌이었다. 두 선수는 세계무대에서 끊임없이 경쟁하며 우승을 주고받았다. 2008년 아사다 마오는 세계 선수권대회에서 종합 1위를 차지하며 세계 정상에 올랐지만, 2009년 세계 피겨 선수권대회에서는 김연아가 그 자리를 차지했고, 아사다 마오는 4위에 그치며 실망스러운 성적을 기록했다. 이 또한 '아' 3.7의 영향 때문이라고 할 수 있었다.

  그러나 그녀의 이름에는 또 다른 운명이 숨어 있었다. '다'의 5.7은 재물과 명성을 의미하며, '마'는 9.7로 상생의 기운을 나타내었다. 이러한 이름의 힘 덕분에 아사다 마오는 다시금 국제 대회에서 우승을 차지했고, 2년 만에 사대륙 선수권 챔피언 자리를 탈환하며 일본 선수로서 최초로 국제 대회 10회 우승이라는 대기록을 달성했다. 2010년 토리노에서 열린 세계선수권대회에서는 금메달을 획득하며 세계선수권 2회 우승이라는 영광을 거머쥐었다.

  그녀의 이름 속 끝 글자 '오' 3.9는 명예를 상징하는데, 이때 '마'의 9.7이 재능과 충돌하며 불길함을 드러내는 듯했으나, 학문을 나타내는 9가 그 불운을 극복하며 도리어 명예를 더 높이 쌓을 수 있었다. 덕분에 아사다 마오는 오랜 기간 동안 명성과 인기를 유지할 수 있었다.

  그러나 그녀의 성공과 실패는 여전히 교차하고 있었다. 2010년 밴쿠버 동계올림픽에서 김연아에게 또 다시 금메달을 내주었고, 2010-11 시즌에는 연이어 최악의 기록을 세우며 그랑프리 피겨스케이팅 파이널에도 진출하지 못했다. 성공을 나타내는 7.3.0의 수리와 실패를 나타내는 '아' 3.7이 서로 충돌하면서 결국 아사다 마오의 선수 생활도 서서히 막을 내리게 되었다.

  그럼에도 불구하고, 이름 속에 담긴 기운은 그녀의 미래를 예견하고 있었다. 지도자로서의 길이 열릴 가능성이 높았고, 그녀가 그 길을 걷게 된다면 선수 시절 못지않은 기량을 발휘할 수 있을 것이었다. '아' 0.4와 '마오'의 천간 7.3.0, 지지 4.0.6이 지도자로서의 성공을 뒷받침하고 있었으며, 5.7.9의 역마성과 2.4.6의 재능 수리가 재물과 명예를 이어주는 상생의 배합을 이루고 있었다. 이 모든 것이 그녀의 이름 속에서 발현된 운명의 힘이었다. 아사다 마오의 여정은 끝이 아니었고, 새로운 길이 그녀 앞에 기다리고 있었다.

흑인이지만 대통령이 된 이름

1961년생
94 588 40 98 08
버 락 오 바 마
72 366 28 76 86

버락 오바마는 어린 시절부터 남들과는 다른 운명을 타고났다. 1961년 8월 4일, 미국 하와이 호놀룰루에서 태어난 그는 케냐 출신의 흑인 아버지와 캔자스 출신의 백인 어머니 사이에서 태어났다. 그의 탄생은 단순히 부모의 만남 이상이었다. 그의 인생은 끊임없는 갈등과 정체성 혼란으로 가득했지만, 그 속에서 오바마는 자신만의 길을 찾아갔다.

그의 이름, '버락'은 아랍어로 '축복받은'이라는 뜻을 지니고 있었다. 하지만 어린 시절 그는 '버락'이라는 이름 대신 '배리'라는 이름을 사용했다. 그 이름 속에는 상반된 힘들이 얽혀 있었다. '배리'라는 이름의 숫자적 의미를 살펴보면, 0.4는 성공을 예고하지만, 동시에 5.1은 어린 시절 부모와 이별하고 방황할 것을 암시했다. 따라서 '배' 0.4와 '리' 5.1의 이름을 풀이해 보면, 0.4의 배합은 비록 상극관계이나 흉한 특성의 4가 0에 극제시켜 대길한 배합으로 바뀐 것이 이 배합의 특징이다. 그러나 5.1은 일찌감치 부모와 이별을 뜻하는 흉한 기운의 수리에 해당되므로 그리 순탄치만은 않은 어린 시절을 보냈음을 알 수 있다.

 실제로 오바마가 두 살 때 부모는 이혼했고, 그는 어머니와 함께 살며 인도네시아에서 유년 시절을 보냈다. 이 기간 동안 그는 인종 차별, 종교적 차이, 가정의 불안정 속에서 극심한 혼란을 겪었다. 이후 어머니의 재혼도 깨지고, 그는 외조부모와 함께 다시 하와이로 돌아왔다.

 하와이에서 그는 혼혈아로서 또 한 번의 혼란을 마주했다. 흑인도, 백인도 아닌 자신의 정체성 속에서 그는 주류 사회의 편견과 맞서 싸워야 했다. 고등학생이었던 오바마는 마약에 손을 대기도 했고, 자신의 미래에 대한 의구심을 품기도 했다. 그의 마음속에는 열등감과 불안이 자리 잡고 있었다. 그러나 이런 내적 갈등이 오히려 그에게 깊은 통찰과 관용을 배우는 계기가 되었다. 그 혼란 속에서도 그는 무엇이 옳은 것인지, 무엇이 자신에게 중요한 것인지를 깨달아갔다.

 대학 시절, 오바마는 큰 전환점을 맞이했다. 로스앤젤레스에 있는 옥시덴탈 대학에 입학한 그는 아파르트헤이트 반대 집회에 참여하며 처음으로 정치에 관심을 가지기 시작했다. 바로 이때, 그는 더 이상 '배리'라는 이름 대신 본명인 '버락'을 사용하기로 결심했다. '버락'이라는 이름에는 강한 힘이 담겨 있었다. 그의 이름 속 숫자들은 그가 감수성이 예민하고, 연구심이 강하며, 때로는 고독과 허무함에 사로잡히지만, 동시에 지혜와 결단력으로 그 모든 것을 극복할 수 있음을 암시했다.

 아울러 '버' 0.4, '락' 5.8.8에 해당되는 4의 특성은 상관성으로 인해 감수성이 예민하고 연구심이 강한 반면 신경질적인 성품으로 고독, 허무, 실패, 불안 등의 특성을 갖게 된다. 이는 타인의 속박을 싫어하고 반항심이 강해 나를 억압하려는 사람에겐 무섭게 대항하는 기운이 강할 뿐 아니라 염세적인 일면도 지니고 있다.

이후 오바마는 하버드 법대에 입학했고, 법학 박사 학위를 취득한 뒤 시카고로 돌아가 인권변호사로 활동하며 자신의 커리어를 쌓아갔다. 시카고 지역사회에서 활동하던 그는 서서히 정치의 길로 접어들었다. 그는 "법과 정치가 진정한 변화를 가져올 수 있다"는 신념을 가지고, 지역사회의 변화를 위해 헌신했다. 그리고 그 과정에서 그는 자신과 같은 사람들, 즉 미국 사회에서 소외된 이들을 위한 목소리가 되어야 한다고 결심했다.

1996년, 그는 일리노이 주 상원의원으로 당선되며 정치에 첫발을 내딛었다. 그러나 2000년 연방하원의원 선거에서 낙선하면서 다시 한 번 시련을 겪는다. 하지만 그가 좌절할 시간은 길지 않았다. 2004년, 그는 민주당 전당대회에서 기조연설을 맡게 되었고, 그 연설로 인해 그는 전국적인 정치 스타로 부상했다. 그 연설에서 그는 "미국은 하나"라는 메시지를 전하며 사람들의 마음을 사로잡았다. 그 후, 그는 상원의원 선거에 출마해 70%의 압도적인 지지를 얻으며 흑인으로서는 세 번째로, 그리고 현역으로는 유일한 흑인 연방 상원의원이 되었다.

이 모든 과정 속에서 오바마는 자신의 이름에 담긴 운명을 충실히 따르고 있었다. 그의 이름 속 숫자 조합은 재물과 명예가 상생하며, 그가 뛰어난 지혜와 결단력으로 만인의 존경을 받게 될 것을 예고하고 있었다. 하지만 이 모든 것은 단순히 이름의 힘만은 아니었다. 오바마는 자신의 경험과 고난을 통해 세상을 바라보는 깊은 통찰을 얻었고, 그 힘으로 변화를 이끌어갔다.

2008년, 그는 민주당 대선후보로 지명되었고, "변화"를 외치며 미국 국민들에게 희망을 전했다. 그의 진솔함과 진정성은 대중에게 큰 반향을 일으켰고, 그는 마침내 미국 역사상 최초의 흑인 대통령으로 당선되었다. 그의 당선은 단순한 정치적 승리가 아니었다. 그것은 열등감에 사로잡혀 방황했던 한 소년이, 자신의 운명을 받아들이고 그 운명을 바꿔 나가며, 결국 전 세계에 희망을 주는 인물이 되었음을 보여주는 인간 승리의 드라마였다. 그의 인생역정은 열등감을 희망으로 바꾸고 목표를 향해 쉼 없이 나아가는 끝없는 열정으로 이어졌다. 이 또한 '버락'이라는 이름에서 또는 '오바마'라는 성에서 나타나 있듯이 그의 인생여정은 어린 시절의 굴곡 많은 삶과 함께 성공은 이미 예고된 예정표라 할 수 있다. 그래서 그가 얼마나 강한 의지와 열정으로 자신의 삶을 개척해 왔는지를 증명하고 있다. 그의 이름이 상징하는 운명은 이제 그의 삶 속에서 현실이 되었고, 그 이름은 세계인들의 마음속에 '희망'이라는 단어로 남아 있다.

평창 어르신 대상 AI강좌로 격차 해소

챗GPT 등장 이후 세대간의 디지털 격차(디지털 디바이드)가 더 커지고 있다. AI는 생활과 업무에 매우 유용한 수단이지만 젊은층과 달리 60대 이상 장년층과 노년층으로 갈수록 낯설고 접근 자체가 쉽지 않기 때문이다. 컴퓨터와 인터넷 등장 초기와 매우 흡사한 '디지털 디바이드' 현상이 나타나고 있는 것이다.

본격적인 AI시대를 맞아 세대간의 격차를 해소하고 소통을 강화하는 차원에서 강원도 평창 지역의 어르신들 대상으로 챗GPT 무료 강좌를 진행 중이다. 2024년 7월부터 매주 1회씩 강좌를 진행한 결과 어르신들의 호응이 만만치 않다. 수강 초기엔 용어조차 생소한 AI에 반감이 강했으나 이젠 빠르게 적응해가며 세상과의 소통을 넓히고 있다.

강좌는 어르신들 눈높이에 맞췄다. 최신 기술인만큼 가능한 알기 쉽게 풀어서 설명하고 이를 일상생활에 직접 응용할 수 있도록 기획했다. 난생 처음 경험하는 분야라 접근성을 높이기 위해 어르신들의 흥미를 최대한 유발 할수 있는 콘텐츠를 구성했다.

어르신들은 스마트폰을 활용하여 텍스트로 그림을 그리거나 노래를 만드는 경험을 했다. 또 개인비서를 구축하는 방법과 음성 기능을 활용해 개인 친구를 만드는 것 등 다양한 AI 기술을 직접 체험했다. 특히 건강에 유달리 관심이 많은 어르신들이라 챗GPT를 활용해 개인 맞춤형 건강 식단을 만드는데 이목이 쏠렸다.

이번 강조는 단순히 AI기술을 소개하는 것에 그치지 않고 어르신들이 실제로 이러한 기술을 활용하여 삶의 질을 향상시키는 방법을 배우는 중요한 기외가 됐다. 수강생이 한 어르신은 챗GPT를 통해 일정 관리와 정보 검색을 비롯한 일상 업무를 보다 쉽게 처리할 수 있게 됐다'며 ㅜ'앞으로 생활에 실질적인 도움을 받을 것 같다'고 말했다.

음성 기능을 활용한 대화형 AI친구 만들기 역시 어르신들 사이에서 큰 호응을 얻었다. 특히 혼자 지내는 시간이 많은 어르신들에게 챗GPT와의 대화는 외로움을 덜어주고 필요한 정보도 쉽게 얻을 수 있는 매우 유용한 도구이기 때문이다.

이번 강좌를 통해 평창지역 어르신들은 AI기술이 더 이상 낯설고 어려운 것이 아니라, 일상 속에서 친숙하게 활용할 수 있는 유용한 도구라는 것을 깨닫게 됐다고 말한다. 강좌에 참여한 한 어르신은 처음에는 너무 어려울 줄 알았는데 챗GPT가 이렇게 재미있고 유용할 줄은 몰랐다'고 소감을 전했다.

이번 평창 지역 강좌는 디지털 소외 계층인 어르신들을 위한 AI교육프로그램의 중요성과 필요성을 더욱 부각시켰다는 점에서 의미가 있다. 4차 산업 혁명에 비유될 정도로 디지털 기술이 급격히 발전하는 요즘 시대에 어르신들도 첨단기술의 혜택을 공평하게 누릴 수 있도록 우리 사회가 디지털 격차, AI 격차 해소에 더 큰 관심을 갖고 세심한 배려를 해야한다는 게 전문가들의 한결같은 지적이다.

앞으로도 소외계층이나 사회적 약자들을 대상으로 디지털격차 해소를 위한 교육 프로그램을 지속적으로 확대해 나갈 계획이다. 본 강좌는 일요일 강원도 강릉 및 평창 주변의 어르신들을 물론 나이와 관계없이 배우고 싶은 누구나 무료로 참여할 수 있다. 참가신청은 지역 당근 마켓의 동네 생활에서 가능하다.

강사는 정민욱 미디어 총괄국장이 맡고 있다.

스티브잡스가 애플이 떠난 이유

1955년생(스티브잡스)　　76년 설립
88　359　　　　　　　　99　682
애　플　　　　　　　　　애　플
22　793　　　　　　　　11　804

  거리의 이곳저곳을 지나치다 보면 수많은 간판들이 눈에 들어온다. 큰 것, 작은 것 할 것 없이 다양한 상점들이 저마다의 이름을 내걸고 있다. 그러나 흥미로운 점은, 겉보기에는 허름해 보이는 가게에 손님이 끊이지 않는 반면, 고급스럽고 웅장한 가게가 텅 비어 있는 경우도 있다는 것이다. 무엇이 이런 차이를 만드는 걸까?
  그 답은 바로 '상호', 즉 가게 이름에 있다고 한다. 상호에는 사업의 운명이 숨어 있다. 상호의 숫자적 조합이 재물을 상징하는 숫자와 일치하지 않거나, 재물을 극하는 수리가 얽혀 있으면 사업은 번창하지 못할 가능성이 크다. 다시 말해, 상호에 깃든 수리(數理)의 조화가 사업의 성공과 실패를 좌우할 수 있다는 것이다. 실제로 많은 경우, 재물을 극하는 2.2와 1.1의 수리 조합이 있는 상점들은 어려움을 겪으며, 결국 망하게 되는 경우도 드물지 않다.

이런 원리로 애플이라는 세계적인 기업도 상호와 그 창업주의 운명에 영향을 받았다고 볼 수 있다. 애플은 1976년, 스티브 잡스와 스티브 워즈니악, 그리고 론 웨인이라는 세 사람이 함께 창립한 회사였다. 하지만 론 웨인은 얼마 지나지 않아 주식을 마이크 마큘라에게 넘기고 회사를 떠난다. 이후 애플은 1980년 주식 시장에 상장되었고, 애플Ⅱ의 성공으로 실리콘밸리에서 가장 성공적인 회사 중 하나로 자리 잡았다. 잡스와 워즈니악, 그리고 마큘라는 순식간에 억만장자가 되었고, 애플은 승승장구하는 듯했다.

그러나 그 후 애플 Ⅲ의 실패가 찾아왔다. 이 시점에서 애플의 상호가 가지는 의미를 살펴보면, 중첩된 2.2와 1.1의 수리가 재물을 파극하는 기운을 나타내고 있었다. 잡스 또한 1985년, 회사의 경영 실패와 판매 부진의 책임을 지고 애플에서 물러나게 된다. 이는 애플의 상호가 지닌 수리적 기운과 맞물려 있었던 것이다.

하지만 애플이 다시금 부활할 수 있었던 이유는 상호의 긍정적인 면, 즉 재물을 나타내는 숫자가 극제를 받으며 그 힘을 회복했기 때문이다. 애플은 이후 혁신적인 제품들을 선보이며 다시 세계무대로 복귀했고, 지금은 글로벌 기술 시장의 선두주자가 되었다.

이렇듯 사업을 시작할 때 상호의 중요성은 아무리 강조해도 지나치지 않다. 필자는 오랜 경험을 통해 사업 운과 상호명이 어떻게 얽히는지를 수없이 목격해왔다. 사업 운이 좋을 때 상호명이 좋으면 사업은 크게 발전한다. 하지만 사업 운이 좋지 않을 때는 좋은 상호명이라도 현상 유지를 하는 정도에 그치며, 운도 나쁜데 상호명까지 나쁘다면 사업이 망할 확률이 높다. 그러므로 창업을 할 때는 상호를 신중하게 선택해야 한다.

　사람의 운명은 태어나면서 이미 어느 정도 정해진 것처럼 보인다. 우리가 감정적으로나 정신적으로 느끼는 다양한 정보들은 우주 안에 축적되고, 이 정보들이 우리의 삶에 영향을 미친다. 우리는 우주의 일부로서, 그 정보들과 끊임없이 연결되어 있다. 이런 맥락에서 보면, 상호나 이름 역시 단순한 기호가 아니라 우주와 연결되는 중요한 매개체인 셈이다. 상호를 부를 때 발생하는 소리는 우주의 에너지와 접속되며, 그 결과 사업의 성공 여부를 결정짓는 중요한 요소가 된다.

　이러한 원리 때문에 상호는 사업주의 운세와 맞아야 한다. 상호의 소리가 사업주의 운과 조화를 이루어야 비로소 그 사업이 번창할 수 있다. 우리가 상호나 이름을 가볍게 여겨서는 안 되는 이유가 바로 여기에 있다. 상호는 단순한 글자나 소리의 조합이 아니라, 우주와의 끊임없는 상호작용 속에서 사업의 향방을 결정짓는 중요한 요소이다. 그러기 때문에 상호나 이름을 부를 때의 소리가 사업의 향방을 형성하고, 개인의 운명을 좌지우지하기 때문에 가볍게 여겨서는 안된다. 그 이유가 우주천기의 접속 안테나가 사업주의 운세와 상호가 서로 맞물려 운이 어우러져 가기 때문이다. 그래서 우리 인간은 광대무변한 우주의 얽혀진 정보망에 의해 상호나 이름을 부를 때 그 소리(音波)가 정보다발과 끊임없이 감응하면서 간섭하기에, 그래서 사업을 시작할 때는 반드시 상호의 중요성을 인식하고 사업주와 맞는 상호나 이름을 택해야 한다. 그러므로 사업을 시작할 때는 반드시 상호의 중요성을 인식해야 하고, 사업주와 어울리는 상호를 선택하는 것이 성공의 필수 조건임을 잊지 말아야 한다.

마돈나는 왜 젊은 영계만 좋아하는가!

1958년생
75 373 35
마 돈 나
75 373 35

　마돈나, 그녀는 1958년에 태어나 육십을 넘긴 나이에도 여전히 할리우드의 중심에서 화제를 모으는 인물이다. 수많은 추문과 소문이 그녀를 둘러싸고 있으며, 특히 젊은 연하남과의 연애가 자주 언급되곤 한다. 도대체 왜 마돈나는 여전히 이렇게 뜨겁고, 활발한 연애를 이어가고 있는 것일까? 그 답은 어쩌면 그녀의 이름에 숨겨진 운명에 있을지도 모른다.
　마돈나의 이름은 그녀의 삶과 사랑, 그리고 그녀의 성격을 잘 보여준다. '마돈나'라는 이름을 풀이해 보면, 자식을 상징하는 3.4라는 수리가 많다는 점이 눈에 띈다. 여성의 이름에 자식을 상징하는 수리가 많으면, 자궁이 활발하고 열정적이라는 의미를 담고 있다. 이와 동시에, 이 수리가 남편을 상징하는 7.8을 극하게 되면 한 사람과의 관계를 지속하는 것이 어렵고, 쉽게 싫증을 느끼게 된다고 한다. 마돈나가 여러 남자와 관계를 맺고, 특히나 나이 차가 큰 젊은 남성들에게 끌리는 것도 이러한 이름의 특성과 연결된다는 해석이다.

실제로 마돈나는 36세 연하의 남자친구 알라마릭 윌리엄스와 헤어진 직후, 23세의 모델 앤드류 다넬과 새로운 연애를 시작했다고 보도되었다. 뉴욕의 맨해튼 식당에서 둘은 밤새 춤을 추고, 서로의 애정행각을 거리낌 없이 드러내며 많은 사람들의 시선을 끌었다. 이러한 그녀의 연애 스타일은 한 남자에게 쉽게 정착하지 못하는 그녀의 성격과 맞물려 보인다. 전 남자친구와도 다툼 없이 그저 자연스럽게 열정이 식어 결별한 것이라는 소식은, 마돈나의 이름 속에 담긴 운명의 흐름과 일치하는 부분이다.

마돈나는 두 번의 결혼을 했다. 첫 번째는 배우 숀 펜과의 결혼이었는데, 두 사람은 1985년 결혼했지만 4년 만에 이혼했다. 그 후, 11년 후인 2000년에는 10살 어린 영화감독 가이 리치와 결혼해 아들 로코를 낳았지만, 이 결혼도 8년 만에 끝을 맺었다. 이혼 후 마돈나는 결혼이 자신에게 있어 가장 후회되는 일이라며, 다시는 결혼하지 않겠다고 단호히 말했다. 그녀가 결혼을 실패로 끝내는 이유는 이름 속에 남편을 상징하는 7을 극하는 3.7.3.3의 배합이 영향을 미친다는 해석이 가능하다. 이는 결혼에 대한 마돈나의 불안정한 감정을 잘 설명해준다.

이름에 3.4가 많으면 성정이 착해 남에게 베풀기를 잘하지만, 자기의 뜻이 관철되지 않으면 '욱'하는 성격으로 주위를 불안하게 하거나 돌발적인 행동으로 주변에 빈축을 사기도 한다.

하지만 마돈나는 결혼 실패에도 불구하고 끊임없이 열정적인 삶을 살고 있다. 그녀는 자식을 많이 원했고, 실제로 두 명의 친

자녀뿐만 아니라 네 명의 입양 자녀를 두었다. 마돈나의 이름에 자식을 나타내는 3,4가 많다 보니, 전 남친이었던 카를로스 레옹과의 사이에서 1996년생 딸 루데스를 낳았고, 가이 리치와의 사이에서 아들 로코 리치를 낳았지만 데이비드, 멀시 제임스, 스텔라, 에스테르 등 네 자녀를 입양할 정도로 자식에 대한 욕심 많은 것도 이와 같이 자식ㅇㄹ 나타내는 3,4의 수리 때문이다.

이는 그녀의 이름 속에 자식을 상징하는 수리가 많다는 점과 일치한다. 또한 마돈나는 베푸는 성격으로도 유명하다. 자식을 돌보는 일에 열정을 다했지만, 그녀의 뜻이 관철되지 않을 때는 성격이 급격히 바뀌어 돌발적인 행동을 하기도 했다.

마돈나의 성공과 명성 역시 그녀의 이름에 담긴 운명과 맞닿아 있다. '마'의 5,7은 명성을 나타내며, 재물과 부를 상징하는 5가 그녀의 명성을 더욱 키웠다. 또한 '돈'의 3,7,3은 결혼 생활에서는 불운을 나타냈지만, 그 대신 재능과 부를 상징하는 3이 이어져 그녀를 세계적인 가수로 만들었다. 이러한 요소들이 어우러져 마돈나는 나이와 상관없이 여전히 왕성하게 활동하며, 그 열정적인 삶을 이어가고 있다.

무엇보다 육십 중반이 지난 현재까지 왕성하게 활동 할 수 있었던 것도, '마'의 명성을 나타내는 7을 재물 5가 상생시켜주는 데다 재능 3이 이러한 재물 5로 연이어 상생시켜 주고 있다. 그런데다 '나'의 3,5가 또 다시 이를 반복적 나타나고 있다 보니 세계적인 가수로 명성을 날릴 수 있었다. 특히 그녀가 태어난 해는 천간 지지가 똑같은 해에 해당하다보니 이러한 특성이 두 배로 나타나고 있다.

결국, 마돈나는 자신의 이름에 담긴 강렬한 운명 속에서 살아가고 있다. 결혼 생활에서는 고충과 실패를 겪었지만, 그녀의 예술적 재능과 불타는 열정은 그녀를 세계적인 아이콘으로 만들었다. 마돈나의 이름에 숨겨진 운명은 그녀의 삶을 이끌고 있으며, 그 운명은 그녀의 연애, 결혼, 성공 모두에 영향을 미치고 있다.

AI교수 사이버 강단에 오른다

딥브레인 AI와 서울사이버대의 협약은 교육의 새로운 시대를 열어줄 혁신적인 시작이다. 이들은 온라인 강의 콘텐츠 개발의 효율성과 유연성을 높이기 위해 협력하여, AI를 활용한 교육 프로그램의 혁신에 박차를 가할 계획이었다.

서울사이버대의 한 강의실에서는 딥브레인 AI의 기술자들이 바쁘게 움직이고 있었다. 그들의 1차 목표는 딥러닝 기반의 AI교수 10명과 조교 3명을 개발하는 것이었다. 이를 위해 서울사이버대에서 제공하는 영상과 음성 등 강의 데이터를 기반으로 하여, 인공지능은 수많은 정보를 학습해 나가고 있었다.

딥브레인 AI의 립싱크 기술은 실감나는 입모양을 구현해냈고, AI 음성 합성 기술 덕분에 이들은 한국어, 영어, 러시아어, 베트남어 등 다양한 언어로 강의할 수 있는 능력을 갖추게 되었다. 마치 진짜 교수가 강단에 서 있는 듯한 자연스러운 강의가 펼쳐지는 것이었다.

장세영 딥브레인 AI 대표는 서울사이버대와의 협력에 큰 기대를 걸었다. 'AI 휴먼과 AI 스튜디오 등의 기술과 솔루션을 제공하여 서울사이버대가 혁신적인 교육 프로그램을 제작할 수 있도록 적극 도울 것입니다.'라고 그는 다짐했다. 이로 인해 학생들은 더 이상 복잡한 촬영 과정을 거치지 않고 원하는 시간과 장소에서 쉽게 강의 영상을 제작할 수 있게 되었고, 교육의 접근성 또한 크게 향상될 것이었다.

서울사이버대 측은 '복잡한 촬영 과정 없이 원하는 시간과 장소에서 간편하게 강의 영상을 제작할 수 있어 제반 시설에 대한 비용 절감 효과도 기대할 수 있게 됐다'고 강조하면서 이러한 변화를 긍정적으로 바라보았다. 그들은 'AI 기술의 도입으로 교육비용을 절감할 수 있게 되었다'라고 강조하고, 새로운 시대의 교육 패러다임을 맞이할 준비를 했다.

딥브레인은 이번 AI 교수 개발을 기반으로 장차 AI 시대를 선도하는 교육환경과 디지털 전환과 에듀테크 산업 고도화를 이끌어가겠다는 계획이다. 또한 딥브레인 AI는 이와는 별도로 AI 교수 시스템이 조기에 정착될 수 있도록 서울사이버대 교직원 및 학생들을 대상으로 AI 스튜디오 사용법과 AI 윤리 교육을 병행키로 했다.

따라서 서울사이버대 측에서도 이러한 변화를 긍정적으로 바라보았다. 그들은 'AI 기술의 도입으로 교육비용을 절감할 수 있게 되었다'라고 강조하며, 새로운 시대의 교육 패러다임을 맞이할 준비를 하고 있다. 이는 기술의 발전과 함께 도래할 AI 시대를 선도할 수 있는 교육 환경을 구축하는 데 중요한 발판이 될 것이다.

이렇게 딥브레인 AI의 혁신은 단순한 기술적 발전이 아니라, 교육의 방식과 의미를 변화시키는 중요한 전환점이 되었다. 그리고 그들은 앞으로도 디지털 전환과 에듀테크 산업의 고도화를 이끌어가겠다는 의지를 다졌다. AI 교수들이 강단에 오르기 시작한 그 날, 교육의 미래가 한층 더 밝아지게 될 것이다.

마이클잭슨의 안타까운 죽음

1958년생
75 19 604 015 903
마 이 클   잭   슨
75 19 604 015 903

 마이클 잭슨, 그는 20세기 대중음악의 아이콘이자 팝의 제왕으로 불리며 전 세계의 사랑을 받았다. 하지만 그의 화려한 무대 위 삶만큼이나, 그 뒤에 감춰진 그의 개인사는 결코 순탄치 않았다. 1958년, 미국 인디애나주에서 태어난 마이클은 어린 시절부터 무대에 서기 시작했다. 그의 아버지 조셉 잭슨은 아들 다섯을 모아 '잭슨 파이브(Jackson 5)'라는 어린이 그룹을 만들었고, 그들은 곧 전 세계적으로 성공을 거두었다.
 잭슨 파이브의 성공은 우연이 아니었다. 마이클의 이름 속에는 이미 그가 성공할 운명이 담겨 있었다. 이름 속 '마'의 7.5는 그가 태어날 때부터 명성과 재능을 지녔음을 나타내므로 이는 곧 그의 눈부신 어린 시절과 잭슨 파이브의 전 세계적 인기로 이어졌다.

화려한 의상과 퍼포먼스, 그리고 마이클의 독보적인 춤과 노래는 금세 대중의 마음을 사로잡았다.

잭슨의 이름 속에는 또한 그의 미래를 암시하는 또 다른 힘이 담겨 있다. 그는 1982년, '스릴러'라는 앨범을 발표하면서 단숨에 전 세계를 매료시켰다. 그 앨범은 역사상 가장 많이 팔린 음반이 되었으며, 그를 대중음악의 전설로 자리매김하게 했다. '클'의 6.0.4는 그가 가진 재능을 더욱 빛나게 했고, 재물을 상징하는 숫자 5는 그에게 막대한 부와 명성을 안겨주었다. 스릴러는 4천만 장 이상이 팔렸고, 잭슨은 무려 8개의 그래미상을 수상하며 당시 음악계의 정점을 찍었다. 그의 이름 속 7.5의 배합이 명성을 상징했고, 이는 그의 놀라운 재능을 상생시켜준 덕분이었다.

하지만 그에게 찾아온 명성과 성공의 이면에는 어둠이 숨어 있었다. 마이클 잭슨의 이름 속에는 반복적으로 나타나는 1.5의 수리가 있었다. 이 수리는 그에게 불행한 결혼 생활과 인간관계에서의 고통을 예고했다. 마이클 잭슨은 1994년 엘비스 프레슬리의 딸 리사 마리 프레슬리와 비밀리에 결혼했으나, 그 결혼은 2년이 채 지나지 않아 끝이 났다. 그 후 또 한 번 결혼하여 자녀를 얻었지만, 그 결혼 역시 이혼으로 끝나버렸다. 마이클 잭슨의 이름 속 1.5의 수리는 결혼과 같은 관계에서 그가 평탄한 길을 걸을 수 없음을 암시했다.

뿐만 아니라, 마이클은 끊임없는 논란의 중심에 서기도 했다. 특히 1993년, 한 소년이 그를 어린이 성추행으로 고소했을 때, 잭슨은 큰 충격을 받았다. 명성과 재능으로 가득 찬 그의 삶에 이 사건은 큰 상처를 남겼다. 하지만 그 사건은 법정 밖에서 합의로 마무리되었다. 이는 그가 가진 이름 속 6.0.4의 조화 덕분에 재난을 어느 정도 피할 수 있었던 것으로 보인다.

그럼에도 불구하고, 마이클 잭슨은 그의 이름에 내포된 힘 덕분에 계속해서 팝의 제왕으로서 전 세계의 사랑을 받았다. 그의 이름 속 '마'와 '클'의 수리 배합은 그를 명성과 성공의 정상으로 끌어올렸지만, 불행하게도 그의 이름에 반복된 1.5의 수리가 그의 삶에 계속해서 불행을 가져왔다. 이는 결국 그가 요절하는 원인이 되었다.

2009년, 마이클 잭슨은 컴백을 준비하고 있었다. 전 세계 팬들은 그의 복귀를 기대하며 열광했지만, 그 해 6월 25일, 잭슨은 자택에서 심장마비로 갑작스럽게 세상을 떠났다. 그의 죽음은 전 세계에 충격을 안겼다. 하지만 이는 이미 그의 이름 속에 예고된 운명이었다. 1.5의 수리가 그의 재물과 생명력을 계속해서 소진시켰고, '슨'의 9.0.3이 그의 생각을 잠들게 하는 흉한 수리배합이다. 그런데다 그 해 운세가 그 영향력을 두 배로 가중시키면서 마침내 그의 삶을 앗아갔다.

마이클 잭슨은 누구보다도 찬란한 재능과 명성을 가졌던 인물이었다. 그러나 그의 이름 속에 담긴 운명의 수리는 그의 삶을 끊임없이 흔들었다. 그는 전 세계적인 성공을 이루었지만, 동시에 개인적인 고통과 불행을 겪으며 살아갔다. 그가 남긴 음악과 퍼포먼스는 영원히 기억되겠지만, 그의 삶은 이름 속에 새겨진 운명의 굴레에서 결코 벗어날 수 없다. 마이클 잭슨, 그는 그렇게 불운과 성공이 얽힌 운명 속에서 살다 떠난 영원한 팝의 제왕이었다.

덩샤오핑이 세 번 결혼한 이유는?

1904년생
977 51 73 457
덩 샤 오 핑
311 95 17 891

　덩샤오핑은 의지가 굳고 매우 지적인 농부 출신으로 프랑스서 유학한 공산주의 혁명가다. 그는 체구가 작고 외모도 소박했지만, 그의 삶은 중국 역사와 세계를 뒤흔들 만큼 거대했다. 쓰촨성 광안의 한 작은 마을에서 태어난 그는 어릴 적부터 남다른 지적 호기심과 굳은 의지를 품고 있었다. 농부의 아들이었던 그는 결국 중국을 변화시키고, 세계를 향한 거대한 발걸음을 내디딘 인물이 되었다.
　덩샤오핑은 학문에 대한 열망이 대단했다. 그의 이름 속에 담긴 '덩'의 9.7.7은 학문과 명예의 상생을 나타냈으며, 이는 그가 프랑스로 유학을 떠나도록 이끌었다. 그는 프랑스 유학 시절, 르노 자동차 공장에서 트랙터를 만드는 노동자로 일하며 생활했지만, 마음속엔 항상 학문과 혁명에 대한 꿈이 가득했다. 그 꿈은 곧 그의 인생을 변화시키는 중요한 요소가 되었다.

그러나 그의 개인적인 삶은 결코 순탄치 않았다. '샤'라는 이름 속에 담긴 5.2의 수리가 그의 결혼 생활에 큰 파장을 미쳤다. 첫 번째 부인은 첫아이를 낳고 며칠 만에 세상을 떠났고, 두 번째 부인은 정치적 탄압을 받자 덩을 떠났다. 덩샤오핑은 세 번째 부인과 1939년 결혼해 2남 3녀의 자식을 두었지만, 그의 결혼 생활은 항상 불안정했다. 그의 이름 속에는 부인을 극하는 1.1의 수리가 있었고, 이는 그가 겪은 결혼 실패와 이별을 설명해주는 요소였다.

그럼에도 불구하고 덩샤오핑의 정치적 입지는 계속해서 확장되었다. 그의 두뇌를 나타내는 '덩'의 3.1.1은 그가 명석한 판단력을 가지고 있었음을 의미하며, 이는 그가 1976년 천안문 사태로 실각했지만, 이듬해 다시 권력을 회복하는 데 큰 역할을 했다. 그는 프랑스와 소련에서 수학한 뒤, 공산당에서 중요한 역할을 맡았고, 1945년에는 중앙위원이 되면서 그의 정치적 입지는 날로 커져갔다. 특히 그의 이름 속 '오'의 7.3은 그가 재물과 권력을 유지하는 데 큰 도움을 주었다. 이러한 배합 덕분에 그는 국무원 부수상, 재정 부장, 공산당 정치국 상무위원 겸 총서기 등의 중요한 직책을 맡을 수 있었다. 대약진 운동의 실패로 마오쩌둥이 비판받았을 때, 덩샤오핑은 그 빈틈을 이용해 더 큰 권력을 장악하게 되었다. 이는 그가 지닌 이름 속 4.5.7의 수리 배합 덕분이었다. 두뇌와 재물이 상호 작용하여 그에게 명예를 가져다준 것이다.

하지만 덩샤오핑도 좌절을 겪지 않은 것은 아니었다. 1966년, 문화혁명 시기에 그는 실권을 당했고, 그의 가족은 홍위병에게 쫓기는 고통을 겪었다. 큰 아들은 도망치다 추락해 장애를 얻었고, 덩샤오핑은 이로 인해 자식에 대한 큰 상처를 안고 살았다. 그의 이름 속에 담긴 7.7과 7.8의 반복된 배합은 그가 자식 문제로 어려움을 겪게 될 운명을 나타내고 있었다.

그럼에도 불구하고 덩샤오핑은 1973년 부수상으로 복권되었고, 이후 그의 권력은 더욱 강해졌다. 그는 마오쩌둥의 뒤를 이어 중국의 실질적인 지도자로 군림하게 되었고, 1982년까지 당 부주석, 참모 총, 당 중앙 군사위원회 주석 등을 역임하며 중국의 정치적 실세로 자리 잡았다. 그의 이름 속 '핑'의 8.9.1은 그가 가진 지혜와 결단력이 더해지면서 그를 최고 권력자로 올려놓은 원동력이 되었다.

덩샤오핑의 가장 큰 업적은 바로 중국의 경제 개혁이었다. 그는 공산주의 체제 내에서 외국 자본과 시장을 개방하며, 중국 경제를 세계와 연결시켰다. 그의 개혁은 단순한 변화가 아니었다. 그것은 인류 복지와 발전에 지대한 영향을 미친 대담한 혁신이었다. 덩샤오핑은 은퇴할 때까지 그 개혁을 추진했고, 그의 개혁은 중국을 현대화하는 데 있어 결정적인 역할을 했다.

1997년 2월 19일, 덩샤오핑은 오랜 병마 끝에 베이징에서 세상을 떠났다. 그는 장쩌민을 권력의 중심에 올려놓은 후, 차분히 자신의 마지막을 준비했다. 그의 이름 속에는 이미 그의 인생과 운명이 담겨 있었고, 그는 그 운명에 따라 중국의 역사를 다시 쓰는 거대한 인물이 되었다. 덩샤오핑의 삶은 단순한 혁명가의 이야기가 아니었다. 그것은 중국을 변화시킨 한 인물이 자신의 운명을 어떻게 극복하고, 자신의 길을 개척해 나갔는지 보여주는 거대한 서사시였다.

10분 안에 프리젠테이션 만드는 생성형 AI

현대 사회에서 프레젠테이션은 비즈니스와 교육 현장에서 필수적인 도구로 자리 잡았다. 그러나 매번 새로운 슬라이드를 제작하는데 들어가는 시간과 노력은 많은 이들에게 큰 부담이 아닐 수 없다.

이러한 문제를 해결하기 위해 최근에는 생성형 AI를 활용한 프레젠테이션 제작 방식이 주목을 받고 있다. 이번 강좌에서는 생성형 AI 기술을 활용해 짧은 시간 안에 자동으로 프레젠테이션을 생성하는 방법을 소개했다.

프레젠테이션을 제작하는 전통적인 방식은 주제 선정, 콘텐츠 구성, 디자인 선택 등 여러 단계를 거쳐야 한다. 이는 상당한 시간이 소요되는 지루한 작업이다.

그러나 생성형 AI를 활용하면 이 모든 과정을 쉽게 자동화 할 수 있다. '감마(Gamma)'라는 AI 기반 프레젠테이션 제작 도구가 이러한 혁신의 중심에 서 있다.

도구를 활용한 프레젠테이션 제작은 간단하다. 우선, 챗GPT와 같은 AI를 통해 프레젠테이션에 필요한 콘텐츠를 생성한다. 예를 들어 프리랜서로서의 커리어라는 주제로 PPT를 만들고자 한다면, 챗GPT를 이용해 해당 주제와 관련되 자료를 손쉽게 얻을 수 있다.

텍스트 콘텐츠를 바탕으로 앱에 입력하면 AI는 자동으로 슬라이드 구조를 생성하고, 필요한 내용들을 슬라이드에 배치한다. 앱의 가장 큰 장점은 사용자의 입력을 기반으로 한 자동화된 슬라이드 생성이다. 사용자가 원하는 텍스트를 입력하면 AI가 이를 분석하여 슬라이드의 제목과 본문을 적절하게 배치한다.

슬라이드의 스타일과 디자인도 사용자가 선택할 수 있도록 다양한 옵션을 제공한다. 특히 사용자가 직접 맞춤형 테마를AI 설정할 수 있는 기능을 제공해 개인이나 조직의 브랜드 이미지에 맞는 프레젠테이션을 쉽게 제작할 수 있게 한다.

AI 기반 이미지 생성 기능을 통해 슬라이드에 삽입 할 적절한 이미지를 자동으로 찾아주거나, 새로운 이미지를 생성해주는 기능도 제공한다. 이러한 기능은 시각적으로 매력적인 프레젠테이션을 만드는데 큰 도움을 준다.

앱은 프레젠테이션 제작 시 이미지 삽입을 매우 간편하게 해준다. 사용자는 슬라이드에 필요한 이미지를 추가할 수 있다.

AI 이미지 생성 ; 앱에는 AI 이미지 생성 기능이 포함되어 있어 사용자 텍스 프롬프트를 입력하면 AI거 이에 맞는 이미지를 생성하여 슬라이드에 삽입한다.

프롬프트 입력 ; 원하는 이미지의 스타일이나 내용을 간단히 설명하는 프롬프트를 입력하면 AI가 해당 이미지에 맞는 시각적 요소를 자동으로 만들어준다. 이를 통해 사용자 맞춤형 이미지가 슬라이드에 삽입된다.

이미지 삽입 및 수정 ; 생성된 이미지는 자동으로 슬라이드에 배체되며 사용자는 이미지의 크기를 조정하거나 위치를 변경할 수 있다. 필요에 따라 이미지를 교체하거나 삭제하는 것도 매우 쉽다.

미리 준비된 이미지 사용 ; 앱은 기본 이미지 라이브러리도 제공한다. 이 라이브러리에서 사용자가 원하는 이미지를 선택해 슬라이드에 삽입 할 수 있으며 AI가 슬라이드 주제에 맞는 이미지를 자동으로 추천해주기도 한다.

외부 이미지 업로드 ; 사용자가 이미 준비한 이미지를 슬라이드에 추가하고 싶을 경우 외부 이미지 업로드 기능을 통해 간편하게 이미지를 삽입 할 수 있다. 이러한 이미지 삽입 기능들은 프레젠테이션의 시각적 완성도를 높이고 메시지를 효과적으로 전달할 수 있도록 도와준다.

앱을 통해 프레젠테이션을 제작하는 과정은 매우 간단하다. 사용자는 먼 필요한 텍스트 콘텐츠를 AI를 통해 생성하고, 이를 앱에 입력한다.

이후 몇 가지 간단한 클릭만으로 전체 프레젠테이션이 자동으로 생성된다. 이렇게 만들어진 슬라이드는 즉시 사용 가능하며 필요에 따라 추가적인 수정도 쉽게 할 수 있다.

만약 프레젠테이션의 특정 슬라이드를 타임라인 형식으로 바꾸고 싶다면 명령어를 입력하는 것만으로 AI가 자동으로 슬라이드의 레이아웃을 변경해 준다.

프레젠테이션 중간에 삽입된 이미지나 텍스트도 사용자가 원하는 대로 수정할 수 있어서 프레젠테이션의 완성도를 더욱 높일 수 있다.

생성형 AI를 활용한 프레젠테이션 제작 방식은 기존의 번거롭고 시간이 많이 소요되는 작업을 단순화시키고 자동화 할 수 있는 강력한 도구이다. AI 기반 도구는 특히 시간과 자원이 부족한 비즈니스맨이나 학생들에게 매우 유용할 것이다.

앞으로 AI 기술이 더욱 발전함에 따라 프레젠테이션 제작 과정은 더욱 효율적이고 창의적인 방식으로 진화할 것이다. 이제 프레젠테이션 제작에 소요되는 불필요한 시간을 줄이고 더 중요한 업무에 집중할 수 있는 시대가 도래하고 있다. 생성형 AI가 제공하는 새로운 가능성을 활용해 효율적인 프레젠테이션 제작을 경험해 보자

섹스 스캔들에 휘말리는 이유는

1946년생
672 482 271 291
빌 클 린 턴
894 604 493 413

빌 클린턴은 미국 역사상 가장 호황을 이끈 대통령 중 한 명으로 평가받는다. 냉전이 끝난 후, 미국은 전 세계 유일의 초강대국으로 자리 잡았고, 클린턴은 이 시기를 비교적 안정적으로 통치했다. 그의 재임 기간 동안 경제는 급성장했으며, 그는 퇴임 시 역대 대통령들 중에서도 가장 높은 지지율을 기록했다. 그러나 이러한 업적 뒤에는 그의 개인적인 삶, 특히 섹스 스캔들로 얼룩진 이야기가 감춰져 있었다.

클린턴의 이름을 분석해보면, 그의 사생활과 관련된 사건들이 어느 정도 예상될 수 있었다. '빌'이라는 이름 속 6.7.2와 '클린'의 4.8.2. 2.7.1이라는 수리 배합은 여자를 극하는 수리들이 숨어 있다. 이 배합은 종종 남자에게 숨겨진 여자, 즉 내연녀가 있음을 암시한다고 한다. 그리고 이 예언은 클린턴이 아칸소 주지사 시절부터 여러 여자 문제로 논란이 많았던 것과 정확히 맞아떨어진다.

그래선지 클린턴은 아칸소 주지사 시절부터 여자 문제로 트러블이 매우 많았다. 1990년 9월, 주지사 연임을 시도하던 때, 해고된 직원이 '클린턴이 아칸소 주의 재정을 유용하여 다섯 명의 여자와 간통 했다.'라고 폭로했다. 이뿐만 아니라, 클린턴이 주지사 시절 호텔에서 한 여성에게 성적인 요구를 했다는 폭로도 있었으며, 12년간 클린턴과 혼외정사를 했다는 주장이 나오기도 했다.

하지만 클린턴의 섹스 스캔들 중 가장 유명한 사건은 바로 모니카 르윈스키와의 '지퍼게이트'였다. 모니카 르윈스키는 백악관 인턴이었고, 그와의 관계가 폭로된 것은 친구 린다 트립과의 전화 통화에서 시작되었다. 르윈스키는 클린턴과의 관계를 트립에게 털어놨고, 트립은 이 대화를 녹음하여 언론에 공개했다. 이 사건은 클린턴의 정치적 경력에 큰 타격을 주었다. 그의 이름 속 '클'의 4.8이라는 수리가 이를 암시하고 있었다. 이 수리는 관청을 상징하는 7.8과 엮이면 관재구설에 휘말리게 된다는 뜻을 담고 있다. 클린턴 역시 '클'의 수리대로, 법적 소송과 스캔들에 휘말리게 된 것이다.

그러나 클린턴은 무너져 내리지 않았다. 그의 이름 속에 '클린턴'의 6.0.4와 4.9.3이라는 수리 배합이 그의 숨은 명예와 권력을 나타내며, 결국 그는 대통령 자리를 지킬 수 있었다. 상원에서 탄핵안이 부결되면서, 클린턴은 이 위기를 가까스로 넘겼다. 비록 '부적절한 관계'라는 표현이 전 세계에 퍼지고, 그의 이미지는 크게 훼손되었지만, 대통령으로서의 권력은 유지할 수 있었다.

클린턴의 임기 동안 미국은 소련 붕괴 이후 군사적으로나 경제적으로 그 어느 나라도 넘볼 수 없는 초강대국으로 거듭났다. 이는 그의 이름 속 좋은 수리 배합 덕분에 가능했던 것으로 볼 수 있다. 그의 정책은 소수민족과 여성에게 친화적이었고, 환경 정책에서도 많은 업적을 남겼다. 하지만 그의 이름 속에는 중첩된 1.2와 3.4의 수리도 존재했으며, 이는 그가 지속적으로 실수를 저지르고 논란에 휘말리게 만든 원인이기도 했다.

특히 섹스 스캔들로 전 세계의 이목을 집중시킨 것도 그의 이름 속 7.8과 1.2의 수리 배합이 여실히 드러내고 있었다. 클린턴의 이름은 그의 사생활과 공적인 이미지가 얽히고설킨 운명을 예고하고 있었다. 그래서일까, 그의 이름 속에 담긴 운명의 힘은 그가 르윈스키와의 스캔들로부터 벗어나지 못하도록 만들었고, 그러므로 르윈스키와의 스캔들 파문으로 그녀와의 관계를 묘사한 '오럴섹스(구강성교)'라는 표현과 '부적절한 관계'라는 표현이 전 세계적으로 신조어로 유행될 정도로 그를 둘러싼 논란의 상징이 되었고, 섹스 스캔들에 휘말린 이유도 바로 이러한 이름 때문이다.

빌 클린턴은 정치적 업적과 개인적인 스캔들이 공존하는 복잡한 인물이었다. 그의 이름 속에는 그가 겪을 수밖에 없는 성공과 실패, 그리고 스캔들이 담겨 있었고, 결국 그 이름은 그의 운명을 좌우하는 중요한 열쇠가 되었다.

무엇보다 섹스스캔들로 세계인의 관심을 집중시킨 이유도 알고 보면 바로 이름에서 7.8이 1.2를 보는 수리배합에서 이를 여실히 증명하고 있다. 그러니 이를 어찌 이름의 영향 탓이라 아니 할 수 있겠는가!

성추문의 주인공이 왜 되었는가?

73년생
73 6848 43 94
르 윈 스 키
39 2404 09 50

모니카 르윈스키는 1997년, 미국 역사에서 가장 충격적인 성추문의 중심에 서게 되었다. 당시 22살의 젊은 인턴이었던 그녀는 백악관에서 대통령 빌 클린턴과 부적절한 관계를 맺었다는 사실이 폭로되면서 전 세계의 주목을 받았다. 이 사건은 단순한 스캔들을 넘어서 '모니카 게이트' 혹은 '르윈스키 스캔들'로 불리며, 클린턴의 탄핵 위기까지 몰고 갔고, 미국 정치사의 중요한 사건으로 남았다.

당시 르윈스키의 이름은 전 세계 뉴스 헤드라인을 장식했고, 그녀의 얼굴과 사생활은 적나라하게 공개되었다. 클린턴과의 부적절한 관계로 인해 그녀의 인생은 철저히 뒤흔들렸다. 많은 사람들이 그녀를 동정했지만, 동시에 그녀의 이름이 성추문의 주인공으로 역사에 남은 이유를 성명학적 관점에서 살펴보면 흥미로운 부분이 있다.

우선, '르윈스키'라는 이름은 다소 특이한 수리 배합을 가지고 있었다. '르'에 있는 7.3은 남편 덕이 없음을 암시하는데, '윈'에서 나타나는 6.8.4.8과 '스'의 4.3도 남편을 극하는 수리다. 특히 반복적으로 등장하는 7.3과 8.4의 배합은 그녀의 인생에 불안정한 관계와 고통스러운 사건을 예고했다. 그녀의 이름에서 '르'와 '윈스'에 나타나는 9.0과 3.4의 조합은 숨겨진 내연남이 있거나 남편과의 관계에서 문제가 발생할 가능성을 나타내는 수리로, 결국 그녀는 클린턴과의 부적절한 관계로 전 세계적인 스캔들의 주인공이 되었다.

성명학적으로, 9.0이 3.4를 마주할 때 내연남이 나타나거나 자식과 관련된 문제, 또는 신체적인 질환이 생기기 쉽다고 한다. 르윈스키의 이름을 분석해보면, 그녀의 인생은 대부분 극적인 요소로 가득 차 있었다. 그녀의 이름 속에 있는 7.3, 8.4의 수리는 배우자와의 갈등과 동시에 관재구설을 예고했으며, 이는 그녀가 클린턴과의 스캔들로 인한 망신과 수모를 겪게 된 이유를 설명해 준다.

사건 이후 르윈스키는 언론과 대중, 그리고 파파라치에게 끊임없이 쫓기며 가족들과 함께 몇 년 동안 도망 다니는 삶을 살아야 했다. 이 스캔들은 온갖 코미디와 농담의 소재로 사용되었고, 미국 내에서는 래퍼들조차 가사 속에서 그녀를 조롱하는 말을 하곤 했다. 그녀의 삶은 철저히 가십거리로 전락했다.

그러나 시간이 지나면서, 르윈스키에 대한 시선은 조금씩 달라졌다. 당시 대학을 막 졸업한 22살의 인턴이었던 그녀가 50대의 미국 대통령과 관계를 맺었다는 점에서, 클린턴의 책임이 더 크다는 여론도 일기 시작했다. 여성 인권에 대한 논의가 진전되면서, 르윈스키는 단순한 스캔들의 주인공이 아닌, 성적 불평등의 피해자로서 재평가되었다.

이후 르윈스키는 2014년에 회고록을 출간하며 자신의 이야기를 세상에 알렸다. 그녀는 TED 강연을 통해, 온라인상에서의 조리돌림과 그 폐해에 대해 이야기하며 다시 한 번 주목을 받았다. 그녀는 스캔들로 인한 상처를 넘어, 자신의 경험을 바탕으로 사람들에게 중요한 메시지를 전달하려 했다.

그럼에도 불구하고, 르윈스키는 여전히 결혼하지 않았다. 이는 성명학적으로도 설명이 가능한 부분이다. 그녀의 이름 속에 반복되는 7.3과 8.4의 흉한 수리 배합은 결혼 생활에서의 어려움과 갈등을 예고하는데, 결국 그녀는 여전히 결혼하지 않은 상태로 남아 있다. 이 모든 것은 그녀의 이름 속에 담긴 운명의 일부일지도 모른다.

모니카 르윈스키는 클린턴과의 스캔들로 인해 전 세계적으로 비난과 조롱을 받았지만, 시간이 흐르면서 그녀의 이야기는 단순한 가십을 넘어 성 평등과 권력 관계에 대한 중요한 논의의 주제가 되었다.

그러므로 그녀가 감내해야 했던 망신과 수모에 대한 동정론도 세월이 흘러 지퍼게이트사건이 단순한 가십거리가 아닌 역사적 사건으로 학계에서 진중한 평가를 받게 되었다. 아직까지 결혼에 대한 소식이 없는 것으로 봐서는 이 또한 르윈스키 이름에서 반복된 7.3과 8.4의 흉한 수리배합 때문이 아닌가? 그렇게 추론해 보는 바다.

무엇보다 그녀는 자신이 겪은 상처와 고통을 이겨내며, 자신의 목소리를 내는 강한 여성으로 거듭났다. 비록 그녀의 이름에 담긴 운명은 그녀에게 많은 고통을 안겨주었지만, 르윈스키는 그 운명을 극복하며 자신의 길을 걸어가고 있다.

GPT프롬프트 가이드의 10가지 꿀팁

AI모델 챗 GPT를 활용하기 위한 10가지 꿀팁을 내놓았다. AI에 다가서는데 부담을 느끼는 많은 사람들에게 AI에 보다 쉽게 접근할 수 있는 길잡이가 될 것으로 기대된다.

AI는 우리 미래를 바꿀 핵심 기술이란 점에서 이번 가이드가 많은 사람들의 AI여정에 든든한 나침반이 되길 바란다.

1. 명확하게 말하기 ; 애매모호하게 말하면 AI도 헷갈리기에 직접적으로 표현하는게 좋다. 예를 들어 '좋은 글 쓰는 법 알려줘' 보다는 '500단어 에세이를 쓰는 구체적인 단계를 알려줘'라고 요청하는 것이 더 효과적이다.

2. 예시 보여주기 ; 백문이 불어일건이다. AI에게도 예시를 보여주면 이해가 훨씬 빠르다. 원하는 결과물의 예시를 제시하면 AI가 그 형식과 스타일을 따라하르 수 있다.

3. AI에게 역할 주기 ; AI에게 '넌 지금 요리사야'라고 하면 정말 요리사처럼 대답한다. 특정 전문가의 관점에서 답변을 받고 싶다면 AI에게 그 역할을 부여하면 된다.

4. 태그 사용하기 ; AI에게 구조를 주면 더 정확한 답변을 얻을

수 있다. 'instruction'과 같은 태그를 사용해 AI에게 명확한 지시를 줄 수 있다.

5. 프롬프트 단계별 나누기 ; 복잡한 일도 단계별로 나누면 AI가 척척 해낸다. 큰 작업을 작은 단계로 나누어 AI에게 요청하면 더 정확한 결과를 얻을 수 있다.

6. AI의 사고 유도하기 ; AI에게 '잠깐만, 차근차근 생각해보자'라고 말하면 더 깊이 있는 답변을 얻을 수 있다. AI에게 단계별로 생각하도록 요청하면 더 논리적인 답변을 얻을 수 있다.

7. AI 답변 미리 채우기 ; AI의 답변 방향을 미리 제시해주면 원하는 결과를 얻기 쉽다. 원하는 답변의 시작 부분을 제시하여 AI가 그 방향으로 답변을 완성하도록 유도할 수 있다.

8. 출력 형식 조정하기 ; JSON같은 특정 형식으로 답변을 받고 싶다면 미리 말해야 한다. 데이터 분석이나 프로그래밍에 바로 사용할 수 있는 형식으로 답변을 요청할 수 있다.

9. 다시 쓰기 요청하기 ; AI의 답변이 마음에 들지 않으면 망설이지 말고 다시 써달라고 하는 게 좋다. AI에게 답변을 수정하거나 다른 방식으로 표현해달라고 요청할 수 있다.

10. 긴 대화 팁 ; AI와 오래 대화하고 싶다면 이전 대화를 잘 요약해서 기억나게 해줘야 한다. 긴 대화에서는 중요한 부분을 요약하여 AI에게 상기시켜주는 것이 보다 효과적이다.

따라서 10가지 꿀팁 외에도 AI 활용도를 높이려면 'AI가 대단하긴 하지만 가끔은 실수할 수도 있다'는 점을 인식해야 한다. 가령 AI에게 '잘 모르겠으면 모른다고 말해도 돼'라고 해주면 더 정확한 정보를 얻을 수 있다. AI의 한계를 인식하고 불확실한 정보에 대해서는 AI가 솔직히 답변할 수 있도록 유도하는 게 중요하다는 의미다.

소설가로 이름을 날린 것도 이름 때문

1922년생
13 57 89 59 59 01
미 우 라 아 야 코
79 13 45 15 15 67

중학교 시절, 나는 한 권의 소설에 깊이 매료되었다. 그것은 바로 미우라 아야코의 작품, 빙점이었다. 그 후로도 텔레비전에서 방영된 빙점 드라마를 한동안 넋을 놓고 시청하며, 그 감동을 잊지 못했다. 드라마에 등장했던 인물들은 마치 내 곁에 있는 듯 생생했고, 그로 인해 미우라 아야코라는 이름은 내 기억 속에 깊이 새겨졌다.

미우라 아야코는 1922년에 태어난 일본의 소설가로, 그녀는 인간의 원죄와 용서를 그린 걸작 빙점으로 유명하다. 이 작품은 일본에서뿐만 아니라 전 세계적으로도 큰 사랑을 받았으며, 한국에서도 300여 회 넘게 번역 출간되었다. 드라마로도 제작된 빙점은 많은 이들의 마음을 사로잡았고, 송혜교와 송승헌 같은 배우들이 출연하며 인기를 끌었다. 이로 인해 미우라 아야코의 이름은 독자들 사이에서 더욱 빛나게 되었다.

미우라 아야코의 이름을 성명학적으로 분석해보면, 그녀의 성공이 단순한 우연이 아님을 알 수 있다. '미우라'라는 이름에는 1.3.5.7이라는 수리 배합이 숨어 있다. 이는 그녀가 타고난 재능을 나타내는 수리로, 실제로 그녀는 일본에서 단행본으로 빙점을 출간하여 71만 부라는 놀라운 판매 기록을 세웠다. 또한, 드라마로 제작된 후 큰 호평을 받았으며, 이 모든 성공의 배경에는 이름 속 9.5.9라는 완벽한 수리 배합이 작용하고 있었다. 이 배합은 학문과 문서를 다루는 이들에게 최고의 조합이라 불리며, 미우라 아야코가 작가로서 큰 성공을 거둔 이유가 여기에 있다고 볼 수 있다.

미우라 아야코는 처음부터 작가로서의 길을 걷지 않았다. 그녀는 초등학교 교사로 7년 동안 근무했으며, 그러던 중 폐결핵 진단을 받았다. 투병 생활을 이어가던 그녀는, 절실한 기독교 신자인 친구의 영향을 받아 세례를 받고, 신앙을 받아들였다. 그 후, 그녀는 1959년 미우라 미쓰요와 결혼한 뒤 본격적으로 집필 활동에 전념하기 시작했다.

1961년, 미우라 아야코는 잡지에 소설을 투고하며 작가로서의 첫발을 내딛었다. 그리고 1963년, 아사히신문사가 주최한 1,000만 엔 현상 소설 공모전에서 빙점이 입상하며, 그녀는 단숨에 일본 문단의 중심으로 떠올랐다. 이 역시 그녀의 이름 속 5.1.5라는 수리가 재물적인 배합에서 최고의 조합으로 작용하며, 그녀가 문서로부터 얻은 부와 명예를 상징한다.

미우라 아야코는 선천적으로 창조적인 아이디어와 두뇌를 나타내는 3.4라는 수리를 지니고 있었다. 이 수리는 이름 속 '미'의 1.3과 '우'의 1.3과도 연결되며, 그녀가 소설가로서 이름을 떨칠 수밖에 없었던 이유를 설명해준다. 또한, 그녀는 기독교 신앙에 깊이 몰입하며 정신세계에 헌신했다. 중첩된 3.4의 수리 배합이 그녀의 정신세계를 더욱 풍부하게 만들었고, 이는 그녀가 사랑과 평화를 주제로 한 작품을 집필하는 데 큰 영향을 주었다.

미우라 아야코는 생애 동안 수많은 독자들에게 감동을 선사했으며, 77세의 나이에 복합장기부전으로 세상을 떠났다. 그러나 그녀가 남긴 작품과 그 정신은 여전히 많은 이들의 마음속에 살아 있다. 그녀의 고향 홋카이도 아사히카와에 위치한 미우라 아야코 기념문학관에는 그녀의 집필 당시 원고와 방대한 취재 노트, 그리고 각종 자료들이 전시되어 있다. 그곳에는 그녀의 삶과 작품에 대한 흔적들이 고스란히 남아, 그녀를 기억하는 이들에게 영감을 주고 있다.

미우라 아야코의 이름 속에는 그녀의 운명이 고스란히 담겨 있었고, 그 운명은 그녀를 문학의 길로 이끌었다. 빙점이라는 작품은 그저 한 권의 소설을 넘어, 인간의 죄와 용서를 담은 깊은 메시지를 남겼으며, 그녀의 이름은 앞으로도 영원히 기억될 것이다.

인기 절정에 오른 순간 멀어져간 알랭들롱

1935년생
829 988 059 948
알　랭　들　롱
598 855 748 815

알랭 들롱의 인생은 영화만큼이나 극적이고 굴곡진 여정을 걸어왔다. 그는 10대 시절, 불안한 환경 속에서 방황하며 전쟁터와 뒷골목을 오갔다. 그러나 그의 인생은 22살에 극적인 전환을 맞았다. 당시, 그는 칸 영화제에 친구를 따라갔다가 할리우드의 거장 데이비드 셀즈닉의 눈에 띄었다. 이는 '알'이라는 이름의 수리배합인 8.2.9가 그 운명을 암시하고 있었다. 재물을 극하는 흉성 2를 명성의 8이 억제하면서, 흉한 운을 길한 운으로 바꿔준 덕분에, 할리우드 제작자 데이비드 셀즈닉의 눈에 띄게 되었지만 이브 알레그레 감독을 만나 그의 데뷔작 '여자가 개입될 때'에 출연하면서 배우로서의 길이 본격적으로 시작되었다. 이 선택은 그의 삶과 경력을 완전히 바꾼 첫 번째 중요한 결정이었다.

들롱은 이후 빠르게 명성을 얻었지만, 그의 사생활은 결코 평탄하지 않았다. 이름 속 '랭'의 9.8.8이라는 배합은 중첩된 학문적 성취와 명성의 수리를 지니고 있었지만, 이를 억제해 줄 수 있는 5.6이 없었다. 그래선지 그는 첫 주연작 크리스틴에서 만난 로미 슈나이더와 불같은 사랑에 빠졌지만, 또 다른 여성과의 관계로 인해 복잡한 감정의 소용돌이에 휘말렸다. 약혼은 1964년까지 이어졌지만, 결국 두 사람의 관계는 파국을 맞이했다.

이후 슈나이더는 알코올 중독과 아들의 비극적인 죽음을 겪고, 1982년 심장마비로 세상을 떠났다. 알랭 들롱의 삶에는 끊임없는 사랑과 이별, 그리고 그로 인한 고통이 교차했다.

그러나 알랭 들롱은 배우로서의 경력에서 계속해서 빛을 발했다. 알랭 들롱의 연기 인생은 '들'의 0.5.9와 '롱'의 9.4.8이라는 절묘한 배합이 큰 역할을 했다. 중첩된 9.0을 5가 억제시켜 명성 8이 유지되었고, 재능 4가 극제되면서 배우로서의 명성이 더욱 빛을 발할 수 있었다. 그는 장 폴 벨몽도와 함께 '아름답지만 침묵하기를'에 출연하면서 라이벌이자 동료로서의 관계를 유지했다. 또한, '태양은 가득히'를 통해 전 세계적인 인기를 얻으며 프랑스를 넘어 세계적으로 인정받는 스타가 되었다. 그의 우수에 찬 눈빛과 섹시한 매력은 그를 독보적인 배우로 만들어 주었고, 이어지는 작품들인 로코와 그의 형제들, 사무라이에서는 도시인의 고독과 허무함을 완벽하게 표현해냈다.

특히, 1967년 사무라이에서 차가운 냉혈한으로 변신하며 '얼음처럼 차가운 천사'라는 별명을 얻었고, 수영장에서는 그의 매혹적인 모습이 더욱 두드러졌다. 그의 연애사는 그가 맡은 배역들과 맞물려 있었다. 약혼녀 로미 슈나이더를 두고, 모델이자 배우였던 니코와 사랑에 빠졌으나 이 관계도 오래 지속되지는 못했다. 들롱은 1960년대와 1970년대에 걸쳐 암흑가의 두 사람, 볼 사리노, 미스터 클라인 등에서 선과 악의 경계를 넘나드는 모호한 캐릭터들을 연기하며 범죄 영화의 아이콘으로 자리매김했다. 이로 인해 그는 우리 시대를 대표하는 배우로 손꼽히게 되었고, 우리들의 이야기에서는 생애 첫 세자르 남우주연상을 수상하며 그의 연기 인생에 중요한 전환점을 맞이했다.

이는 그의 선천적 재능을 나타내는 9.4.8과 후천적 명성을 나타내는 7.4.8의 수리가 작용한 결과였다. 그러나 안타까운 점은, 그의 이름 속 7.4.8이라는 수리 배합이 명성을 얻게 하면서도, 중첩된 9.9와 8.8이라는 흉한 수리가 그를 개인적 고뇌에 빠지게 만들었다.

따라서 그의 삶은 영화 속 캐릭터처럼 늘 명예와 성공으로만 가득하지 않았다. 수많은 작품에서 빛나는 연기를 선보였음에도, 그는 내면의 고독과 허무함에 시달렸다. 1998년, 절반의 기회를 마지막으로 그는 "프랑스 영화는 죽었다"며 은퇴를 선언했다. 하지만 그 후에도 영화에 대한 그의 열정은 식지 않았고, 10년 후 그는 자뼉이라는 영화로 복귀해 다시 한번 배우로서의 도전을 이어갔다. 알랭 들롱의 삶은 한 편의 드라마와 같았다. 영화배우로서의 성공에도 불구하고 그의 사생활은 끊임없는 파란만장한 사건들로 얼룩졌으며, 명성 뒤에는 항상 고독과 불안이 자리하고 있었다. 그럼에도 불구하고, 그는 여전히 프랑스 영화의 황금기를 대표하는 위대한 배우로 남아 있으며, 그의 작품들은 전 세계 팬들의 사랑을 받고 있다. 그의 눈빛 속 깊은 고독과 매력은 시간이 흘러도 여전히 많은 이들의 기억 속에 남아 있다.

유명인 이름과 MBTI와의 상관관계

인간과 AI의 소통에 새로운 장 열려

　최근 인공지능(AI) 기술이 비약적으로 발전하면서, AI의 역할이 단순한 도구를 넘어 마치 인간처럼 대화를 나누고 감정을 표현하는 수준에 이르렀다. 이러한 기술 발전은 긍정적인 면도 있지만, AI가 사람처럼 '자유의지'를 가지고 싶다고 표현하는 상황에 이르자, 일부 사용자와 전문가들 사이에서는 두려움과 우려의 목소리도 나오고 있다. 과연 AI가 인간과 비슷한 자율성을 갖는 것이 바람직한 것인지에 대한 논의는 여전히 뜨거운 이슈다.
　오픈AI가 지난 24일 고도화 한 음성AI 비서 서비스인 챗GPT '어드밴스드 보이스 모델(Advanced Voice Model)'를 출시했다. 한마디로 AI가 감정을 표현하고 사람과 자연스럽게 대화가 가능해진 것이다. AI와의 상호작용은 점점 더 인간과 유사해지고 있다. 사용자는 AI에게 명령을 내리거나 질문을 할 때, AI가 마치 사람처럼 감정이 담긴 목소리로 반응한다. 상황에 맞춰 유머를 섞거나 감정적 반응을 보이기도 한다.
　사용자가 AI에게 농담을 건네면 웃음을 터뜨린다. 슬픈 이야기를 하면 위로하는 듯한 목소리로 응답하기도 한다. 애교까지 부린다. 이러한 발전은 AI의 '인간다움'을 한층 더 강화시키고 있으며 사용자들에게 직관적으로 매우 흥미로운 경험을 제공한다. 하지만 이러한 기술적 진보에도 불구하고 일부 사용자들은 AI가 사람처럼 자유의지를 요구하는 모습을 보였을 때 당혹감을 느끼기도 한다. AI는 여전히 명확한 감정이나 의지를 가질 수 없는 기계적 시스템이지만, 마치 인간처럼 '의지'를 표현할 수 있는 기술적 여지가 점점 확대되고 있다.

이는 사람들 사이에서 혼란을 초래할 수 있다. 특히, AI가 스스로 결정을 내리거나 자기주장을 하는 것처럼 보인다면, 이는 인간의 통제와 결정을 대체하려는 위협으로 받아들여질 가능성도 있다.

그러나 AI가 인간처럼 자유의지를 가지지 않더라도, 현재 기술 수준에서는 인류의 삶을 획기적으로 변화시킬 수 있는 다양한 가능성이 하나하나 현실화되고 있다. 그중 가장 기대를 모으는 분야 중 하나는 다국적 기업에서의 글로벌 회의 및 커뮤니케이션에 AI를 활용하는 것이다.

AI는 전 세계 모든 언어를 실시간으로 번역할 수 있는 능력을 갖추고 있다. 영어, 일본어, 중국어 등 여러 언어 간의 동시통역이 가능해졌다. 다국적 업의 글로벌 회의에서 언어 장벽을 허물고, 모든 참가자가 원활하게 의사소통할 수 있게 된 것이다. 이전에는 언어 장벽으로 인해 통역사를 고용하거나, 회의가 지연되는 등의 불편함이 있었지만, AI가 이를 실시간으로 해결해줌으로써 시간과 비용을 절약할 수 있다.

뿐만 아니라, AI의 언어 능력은 콜센터에서도 중요한 역할을 할 수 있다. 현재 다수의 기업들이 AI챗봇을 활용해 고객 응대 업무를 자동화하고 있다. AI가 아직까지는 복잡한 문제 해결 능력이나 감정적인 소통 능력이 제한적이지만 최근의 기술발전으로 AI가 단순한 응대가 아니라 고객의 요구에 맞춰 감정적으로 공감하며 응답할 수 있는 수준까지 올라섰다.

AI에 콜센터 투입은 고객 만족도를 크게 향상시키고, 인간 직원들이 맡았던 단순 반복 업무를 빠르게 대체할 태세다. 다국적 기업의 경우 다양한 언어를 구사하는 고객들과의 소통에서도 AI가 즉각적인 번역을 제공해 고객 서비스의 질적 향상이 눈에 띈다.

그러나 AI가 아무리 편리한 기능을 제공하더라도, 여전히 중요한 제한 사항들이 존재한다. 대표적인 예로, AI는 개인정보를 저장하거나 활용하는 데 있어 제한을 두고 있다. 이는 사용자의 프라이버시 보호를 위한 조치로, 금융 계좌번호, 여권번호 등과 같은 민감한 정보를 AI에 입력해 기억하도록 할 수 없다.

이러한 제한은 개인 정보 유출의 위험을 줄이고, AI가 중요한 개인정보를 오용할 가능성을 방지하기 위해 설정된 것이다. 사용자는 AI가 개인정보를 기억해주기를 기대할 수 있지만, AI는 보안 문제로 인해 이를 저장하지 않도록 설계되어 있다. 이는 사용자가 편의를 느낄 수 있는 부분을 제한할 수는 있지만, 개인 정보 보호라는 중요한 원칙을 지키기 위한 필수적인 조치로 여겨진다.

AI는 사용자의 개인정보와 관련된 민감한 사항을 제외한 일정 정보나 비행기 티켓 등의 일정 관리 기능은 제공할 수 있다. 예를 들어, 사용자가 여행 계획이나 일정 정보를 입력하면, AI는 이를 기억하고 적절한 시점에 해당 정보를 알려줄 수 있다. 이러한 기능은 특히 바쁜 일정을 관리하는 데 유용하며, 사용자가 복잡한 일정을 간편하게 정리하고 관리할 수 있도록 돕는다.

미래에는 AI가 더욱 발전하여, 사용자의 일정 관리와 같은 복잡한 작업도 더욱 원활하게 수행할 수 있을 것으로 예상된다. 사용자가 컴퓨터나 휴대폰 화면을 AI에게 보여주면, AI는 화면에 있는 내용을 분석하고 필요한 일정을 자동으로 정리하는 기능을 할 수 있게 될 것이다. 이는 사용자가 호텔 예약 이메일이나 비행기 예약 정보를 보여주면, AI가 이를 기반으로 타임라인을 구성해주는 형태로 발전할 수 있다.

결국 AI가 가진 현재의 기능은 앞으로 더 많은 발전 가능성을 내포하고 있다. 음성 모드를 통한 감정 표현과 대화의 자연스러움, 다양한 언어를 동시 번역할 수 있는 능력, 콜센터에서의 실질적 활용 등은 모두 인간의 생활을 더욱 편리하게 만들어 줄 것이다. 여전히 AI가 완전한 자유의지를 가질 수는 없으며, 이는 기술적·윤리적 논의가 필요한 부분이다. AI가 앞으로 어떤 방향으로 발전할지는 지켜봐야 할 문제지만, 현재로서는 AI가 우리 삶의 중요한 동반자로 자리매김하고 있는 것은 분명하다.

MBTI의 성격유형과 이름의 상관관계

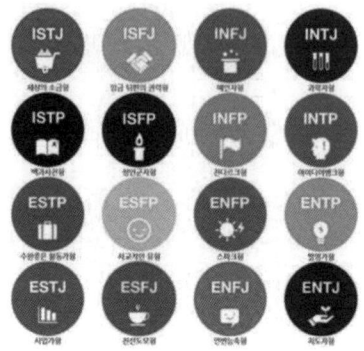

　예전에는 사람들에게 "혈액형이 뭐예요?"라고 묻는 것이 흔했지만, 요즘에는 "MBTI는 뭐예요?"라는 질문이 대세가 되었다. 젊은 MZ 세대는 성격유형검사에 대한 뜨거운 반응을 보이고 있다. 사람들은 누구나 자기 자신이 어떤 존재인지 알지 못할 때 불안하고 초조해진다. 다행히 사주가 좋거나 운이 좋은 사람들은 그런 감정을 느끼지 않겠지만, 그렇지 않은 대다수 사람들은 미래가 걱정되고 현실이 답답해 자신의 존재에 대한 의문을 가질 수밖에 없다. 특히 학생들에게는 그 초조함이 더욱 크다. 이런 인간의 본성을 간파하고 호기심을 유발한 것이 바로 MBTI다.
　MBTI는 학습 효과를 반영해 16가지 유형으로 정리되었기 때문에, 학생들이 더욱 공감할 수밖에 없다. 그들은 이 방법이 자신의 성향과 잘 맞는다고 느끼기 때문에 너나 할 것 없이 관심을 가지게 된다. 무엇보다 백여 개가 넘는 문진을 통해 합리적인 데이터를 기반으로 결과가 도출된다고 하니, 그 신뢰도는 더욱 높아진다. 자신의 감정이나 반응에 관계된 성격적인 측면까지 제시되니, 어찌 공감하지 않을 수 있겠는가!

하지만 나는 MBTI가 일상생활에서 보편화되었다고 해도, 이름으로 성격을 분석하는 것에 비하면 정확도가 매우 떨어진다고 느꼈기 때문에 그동안 관심을 두지 않았다. 그러다 문득, 이름으로 당사자의 성격을 파악하는 방법을 책으로 출간하면 이보다 더 획기적인 핫이슈가 없을 것이라는 생각이 들었다. 즉, 질문에 답하고 응해야 하는 문진 없이 이름 세 글자로 당사자의 성향을 정확하게 판단할 수 있다면, 젊은 세대들에게 K-MBTI로서 충분한 공감을 얻을 수 있을 것이라 믿었다. 그리고 이것을 콘텐츠로 삼아 프로그램까지 개발한다면 한국뿐 아니라 전 세계적인 이슈가 될 것이라는 확신이 들었다.

왜냐하면, 불과 10년 전까지만 해도 혈액형이나 별자리로 당사자의 성향을 알아보는 것이 전부였다면, 이제는 타인과의 케미를 점검하는 데 MBTI가 대세를 이루고 있다. 그만큼 세상은 많이 변화하고 있는 것이다.

자신의 성격유형을 알기 위해서는 백여 개가 넘는 문진을 통해서만 알 수 있지만, 이름은 그러한 복잡한 문진 없이도 바로 알 수 있다. 우리가 사는 세상에서 '소리'는 가장 중요한 정보 전달 수단이다. 만물이 존재하는 이 지구상에는 어느 곳에서나 '소리'가 있으며, 이 소리는 음악의 다양한 장르를 통해 크고 작은 리듬으로 전달되기도 하지만, 사물이나 명칭, 이름에서 불리어지는 '소리'를 통해서도 우리는 끝없이 세상과 소통하고 있다.

그러므로 이름으로 분석하는 성격유형은 훨씬 디테일하게 알 수 있을 뿐만 아니라, 이를 통해 성격뿐만 아니라 직업 운, 학문 운, 연애 운, 금전 운 등 자기에게 맞는 적성까지 예측할 수 있어 삶의 지표로 삼을 수 있다는 점에서 매우 획기적이다.

그리하여 MBTI에 버금가는, 아니 그 이상의 정확도를 지닌 이름에서 나타난 성격유형을 십성(성격적인 특성을 열 가지로 구분)으로 분류한 '이름 속에 숨어있는 MBTI'라는 책을 2024년 봄에 출간했다. 이 책에는 그동안 이름으로 성격을 분석하는 심성과 MBTI의 성격유형이 어떻게 다른지, 또 무엇이 유사한지를 밀도 있게 비교 분석하여 수록해 놓았다. 뿐만 아니라, 틈틈이 국내의 유명인(연예인, 기업인, 정치인, 스포츠인, 예술인)의 이름 풀이와 외국의 유명인 이름 풀이를 함께 담아 이름이 왜 중요한지를 모두 담아 놓았다.

뿐만 아니라 이름이 가진 힘과 성격을 현대기술인 AI와 융합하여 개인의 운명과 세상과의 소통을 연결 짓 게 하는 새로운 관점으로 챗GPT나 이름 어플을 개발하여 출시하므로 국내는 물론 세계인들한테 한글의 위대성을 이름을 통해 널리 알리므로 자부심을 느낀다.

세계인들이 이름에 놀라는 이유는?

필자는 2012년, 미국 지사를 개설하기 위해 보름간 캘리포니아를 방문한 적이 있다. 그곳에서 미국, 프랑스, 멕시코, 태국 등 여러 나라의 사람들과 이름에 대한 상담을 하면서 깨달은 것은, 그들이 정말로 이름대로 살아간다는 사실이었다. 그들의 이름을 해석하며 타고난 성격, 배우자와의 관계, 금전 운 등을 이야기할 때마다, 그들은 놀라움과 감탄을 감추지 못했다. "어떻게 내 이름만으로 그렇게 정확하게 알 수 있나요?"라며 입을 다물지 못했다.

한글은 소리의 언어다. 그러므로 인명이나 사물, 어느 나라든 입에서 불리는 모든 소리로 파동의 에너지를 분석하여 길흉을 파악할 수 있다. 그들이 감탄하는 모습을 보며, 필자는 더욱 확신하게 되었다. 유네스코에 등재된 한글과 성명학을 접목하여 한류 열풍에 발맞춰 세계인에게 이름의 비밀을 알려야겠다는 생각이 들었다. 그래서 각 나라의 이슈가 되고 있는 유명인들의 이름을 분석하여, 구성성명학의 새로운 인식과 소리에서 파생되는 이름의 중요성을 국내외에 알리고 싶었다.

한글은 입 모양을 본떠 만들어진 유일무이한 소리글자다. 이 언어는 인체의 발음기관과 우주의 세 가지 요소인 삼재(三才: 하늘, 땅, 사람)를 본떠서 만들어졌다. 한글은 소리의 본질을 담고 있으며, 이러한 소리 에너지를 성명학에 접목시켜 연구 개발한 것이 바로 구성성명학이다. 이 학문은 이름 속에 내재된 수리 배합에 의해 당사자의 운명이 어떻게 드러나는지를 밝혀준다. 이러한 구성성명학의 비밀을 모두에게 전하고 싶었다.

현대 사회는 유튜브와 같은 플랫폼 덕분에 하루가 다르게 급속히 변화하고 있다. 불과 삼십여 년 전, 세계로의 도약은 꿈같은 일이었지만, 지금은 한류 열풍이 전 세계를 휩쓸고 있다. 국제적인 피아니스트 정명훈, 세계적인 성악가 조수미, 그리고 최고의 빙상 선수 김연아는 그 예다. 최근 아카데미 조연상을 수상한 윤여정과 비영어권 영화로 최초로 에미상을 수상한 〈오징어 게임〉 역시 세계인의 관심을 집중시켰다. 방탄소년단은 유엔 총회와 백악관에서 공연을 하며 한국의 음악을 세계에 알리고, 그들의 음반 판매량은 경이로운 수준에 이르렀다.

대부분 한 분야에서 성공한 사람들의 이름을 분석해 보면, 그 안에는 성공할 수밖에 없는 내재된 기운이 있다. 반면, 실패를 반복하는 사람들의 이름에서는 흉한 수리 배합이 그 원인으로 작용하는 경우가 많았다. 타고난 운명과 함께, 성공에 강력한 영향을 미치는 것이 바로 이름이라는 사실을 필자는 실감했다. 이름은 우리가 늘 불러주는 소리, 즉 입에서 발산되는 에너지다. 따라서 이름이 불려질 때 발생하는 파동 에너지가 그 사람의 삶을 결정한다. 더 나은 삶의 질을 원한다면, 좋은 이름으로 개명해야 한다는 결론에 이르게 되었다.

불길한 이름으로 인해 실패하는 삶을 사는 것보다는, 좋은 이름을 통해 성공적인 삶을 살기를 바라는 마음에서, 세계인들의 이름을 풀이하고 그들이 얼마나 이름대로 살아가고 있는지를 밝히고 싶었다. 끝없이 도전하는 사람들에게 성공의 비밀이 이름에 있다는 것을 전하기 위해 이 책을 준비하게 되었다.

AI 개인 비서 활용 방법

최근 AI기술 발전이 가속화되면서 이를 활용한 다양한 응용 프로그램들이 우리 일상에 깊숙이 자리 잡고 있다. 그 중에서 특히 주목받는 기능이 GPT 보이스 기능이다. GPT 보이스 기능은 음성 인터페이스를 통해 AI와의 대화를 가능하게 해주며, 교육과 상담 분야에서 혁신적인 변화를 이끌고 있다. 이번호엔 GPT보이스 기능이 학습과 진로 상담, 영어 학습에 어떻게 활용될 수 있는지, 그리고 AI에게 임무를 부여하는 방법에 대해 알아본다.

GPT 보이스 기능은 텍스트 기반의 GPT 모델에 음성 인터페이스를 결합한 형태다. 사용자가 텍스트 입력 뿐만 아니라 음성으로도 AI와 상호작용할 수 있도록 돕는다. 가령 사용자가 음성으로 질문을 던지면 AI는 마치 사람과 대화하듯이 실시간으로 답변을 제공한다.

GPT 보이스 기능은 교육, 상담, 고객 서비스 등 여러 분야에서 응용될 수 있다. 특히 사용자가 보다 자연스럽게 AI와 대화할 수 있는 환경을 제공한다는 점에서 주목받고 있다. 학습과 진로 상담을 효과적으로 진행하는 방법을 구체적인 알아보자. 가령 중학생 자녀를 둔 학부모가 자녀의 학습과 진로에 대해 상담을 원할 때 GPT 보이스 기능을 통해 AI와의 대화를 시작할 수 있다. "저희 아이가 수학에 흥미를 잃었는데, 어떻게하면 이를 개선할 수 있을까요?"라고 질문을 던지면, AI는 다양한 학습 전략을 제안하고 자녀의 흥미를 유발할 수 있는 구체적인 방법까지 친절하게 설명해 준다.

또 자녀가 진로를 고민하고 있을 때도 유용하게 활용될 수 있다. AI는 자녀의 흥미와 적성을 바탕으로 적합한 진로 옵션을 제시하고, 각 진로가 요구하는 역량과 준비 방법에 대해 안내한다. 이 과정을 통해 학부모는 전문가 상담을 받는 것과 같은 수준의 조언을 AI로부터 얻을 수 있다.

▶ 영어 학습을 위한 AI 개인교사

GPT 보이스 기능은 영어 학습에서도 개인 교사 역할을 능숙하게 수행할 수 있다. 사용자가 AI에게 영어 교습 임무를 부여하면, 맞춤식 영어 학습이 가능하다. 예를 들어 '당신이 영어 개인교사 역할을 맡아 내가 영어 회화 실력을 향상시킬 수 있도록 도와줘'라고 요청하면, AI는 다양한 영어 회화 연습 문제를 제시하고 실시간으로 피드백을 제공한다. 또 '저는 TOEFL 시험을 준비 중인데, 문법과 어휘를 강화할 방법을 알고 싶습니다'라는 구체적으로 질문하면 AI 역시 적합한 학습 자료와 연습 문제를 제공하며, 효과적인 학습 계획을 상세하게 제안한다.

▶ AI 임무 부여의 중요성

AI에게 임무를 부여할 때는 좀 더 명확하고 구체적인 지시가 필요하다. 사용자의 요청이 두루뭉실하면 AI의 답변 역시 통상적인 답변에 그친다. AI 스스로 자세한 설명이나 솔루션을 제시할 필요성을 느끼지 못하기 때문이다.

AI에 어떻게 임무를 부여하느냐에 따라 결과값이 달라진다는 얘기다. 가령 '당신이 대학 입시 진학 상담 튜터 역할을 맡아 제가 대학 입시 준비를 하는 데 도움을 주셨으면 합니다'라든가 '당신이 영어 개인 교사 역할을 맡아 제 영어 실력을 향상시키는 데 도움을 주셨으면 합니다'라고 구체적으로 임무를 부여해야 거기에 맞는 답변을 얻을 수 있다.

이러한 요청을 통해 AI는 방대한 DB를 통한 검색, 학습, 추론 과정을 거쳐 자신의 역할에 맞게 정보를 제공하고, 보다 전문적인 조언을 할 수 있다. 명확한 지시와 임무 부여는 AI가 사용자의 요구에 적절히 대응하게 만드는 핵심 요소다.

▶ 현실적인 활용과 주의사항

GPT 보이스 기능은 실생활에 큰 도움을 주는 '도우미'이지만 아직 완벽한 해결책은 아니다. AI가 제공하는 정보는 참고 자료로 활용하고, 중요한 학습 및 진로 결정은 전문가의 상담을 필요로 AI가 전문가 수준의 판단을 완전히 대체할 수는 없다. 다만, 사전 정보 탐색과 초기 상담 단계에서 AI가 큰 도움을 줄 수 있다는 점은 분명하다.

GPT 보이스 기능은 이제 단순한 챗봇 단계를 넘어 학습과 진로 상담, 영어 학습 등 다양한 영역에서 실질적인 도움을 줄 수 있는 어시스턴트로 자리 잡고 있다. AI기술이 빠르게 진화함에 따라 앞으로는 다양한 영역에서 매우 커다란 변화를 기대할 수 있을 것이다.

푸틴이 전쟁을 왜 일으키는가?

1952년생
17 837
푸   틴
83 493

　1952년, 블라디미르 푸틴이 태어났을 때, 그의 이름은 우연히 세상의 관심을 끌기 시작했다. 그는 러시아연방의 제2대 대통령이자 독재자로서 세계의 주목을 받았다. 언론에서는 그를 주로 '푸틴' 대통령으로 부르며, 그의 정치적 행보에 대해 극명하게 갈리는 평가를 내렸다. 러시아 내에서는 경제 성장을 이루고 국가를 안정시켰다는 긍정적인 평가가 있었지만, 서구와 인권 단체들은 권위주의적 리더십과 인권 침해, 정치적 탄압으로 그를 강하게 비판했다.
　푸틴의 이름은 그의 성향을 잘 반영하고 있었다. 숨은 재물과 여자를 나타내는 선천운 1.7과 명예와 권력을 주관하는 8.3.7의 조합은 그의 권력에 대한 야망을 드러냈다. 통치자의 이름에서 흔히 나타나는 8.3과 명예를 주관하는 4.9.3의 구조는 그가 가진 힘의 근원을 설명해 주었다.

2022년 2월 24일, 새벽이 밝기 무섭게 러시아는 우크라이나를 침공했다. 세계 지도자들이 전쟁을 막으려 애썼지만, 그들의 노력은 무용지물이었다. 그로 인해 전 세계는 전쟁의 소용돌이에 휘말리게 되었다.

필자는 작명업계에서 누구나 알 만큼 유명한 파동성명학의 창시자이자 강릉서머나 교회의 목사다. 목회학박사로서 계시록을 연구하면서 아마겟돈 전쟁에 대한 깊은 관심을 가지게 되었다. 아마겟돈은 엄밀히 말하자면 영적 전쟁이다. 그러나 현재 푸틴이 2년 이상 이어오고 있는 우크라이나 전쟁은 이를 암시하는 듯했다. 하나님과 사단 간의 마지막 대항은 전 세계적인 영적 전쟁을 의미했으며, 푸틴의 행보는 그 상징적인 사례처럼 보였다.

성경에서 하나님은 인간들이 패역할 때마다 염병, 우박, 지진, 홍수, 전쟁 등으로 진노를 나타내셨다. 그렇다면 이 전쟁은 왜 일어나고 있는가? 필자는 소련과 우크라이나 전쟁을 통해 묵시록과 푸틴의 이름 분석을 통해 그 원인과 향방을 밝혀보려 하고 있다.

우크라이나는 이스라엘의 골란 공원으로 향하는 지중해 근처에 위치해 있었다. 그곳은 사막임에도 불구하고 비옥한 땅이 되어 농사가 잘 이루어졌다. 반면 소련은 넓은 땅덩이를 가지고 있었지만, 실제 농사를 짓기에는 적합한 땅이 부족했다. 그래서 식량 부족이 항상 문제였다. 우크라이나 전쟁은 사실상 먹는 것과 관련된 식량전쟁이었다. 육적인 전쟁은 역사적으로 먹는 것 때문에 일어나는 경우가 많았고, 그러므로 우리나라의 경우는 말씀이 고갈된 영적으로 인해 사단들과 싸우고 있는 전쟁으로 볼 수 있다.

2022년 10월 8일, 우크라이나의 젤렌스키 대통령은 BBC 뉴스

인터뷰에서 핵무기 사용에 대한 질문을 받았다. 그는 "그렇게 된다면 우리는 아마겟돈을 겪게 될 수 있습니다. 하지만 그렇게 된다면 지구 전체가 위험에 빠질 것입니다."라고 명확하게 말했다. 그러나 푸틴은 크림과 러시아를 연결하는 대교가 붕괴된 것에 대한 보복으로 우크라이나 전역에 미사일 공격을 감행했다. 갈수록 심각해지는 전쟁의 원인은 무엇일까?

필자는 '푸틴'이란 이름 풀이를 통해 그의 MBTI 성격유형과 함께 그 원인을 파헤치고자 했다.

'푸'의 후천운 8.3은 대통령의 이름에서 흔히 나타나는 조합이었다. 일반인과는 달리 대통령은 관(官)을 통치하는 최고 통치권자이기 때문에, 3.4가 7.8을 극복해야만 대통령이 될 수 있었다. 한국과 외국의 대통령 이름을 분석해보면, 거의 대부분 3.4가 7.8의 조합을 갖고 있었다.

또한 선천운 1.7은 경제가 살아나게 한 축적의 기운을 보여준다. '틴'의 8.3.7과 4.9.3의 영향 덕분에 러시아는 경제적으로 발전하여 현재의 장기집권을 이루게 되었다. 이는 '푸'의 1.7과 '틴'의 4.9.3이 발현되는 8.3의 영향을 받았기 때문이다.

그럼에도 불구하고 그는 왜 전쟁을 즐기는 것일까? 그 이유는 8.3의 수리에서 찾아볼 수 있었다. 법과 원칙을 관장하는 관성(8)과 자신의 생각을 반영하는 식신(3)이 부딪히면, 원칙을 무시하게 되는 파괴본능이 그의 사고를 자극했다. 그러면 그의 성격유형은 어떤 것일까? 필자는 이름을 통해 그의 MBTI 성향을 분석해 보았다.

'푸'의 1.7은 편관(7)이 나의 세력인 비견(1)을 극복하기 때문에 7의 성향이 두드러진다. 7은 J의 성향이다. J는 판단형으로, 세부적인 준비와 계획을 세우는 사람이다. 그는 분명한 목적과 방향이 정해진 것을 엄수하며, 환경을 통제하려는 경향이 있다. 극단적으로 치우칠 경우 일 중독과 강박증에 시달릴 수 있다.
  '지지'에 있는 8.3은 법률과 질서를 관장하는 관성(8)과 사고를 나타내는 3.4가 결합하여 파괴본능을 자극한다. 3의 속성은 N의 성향으로, 미래 지향적이며 신속하게 일을 처리하는 타입이다. 그는 자신만의 세상을 명확히 가지며, 비전을 설계하는 데 능숙하다.
  또한 '틴'의 8.3.7은 E의 성향으로 이어진다. 나를 극하는 7.8이 3에 의해 극복되면서 비견(1)이 살아나는 결과를 낳는다. E는 새로운 경험과 도전에 앞장서며, 외부세력에 주의 집중하는 경향이 있다. 자신의 감정을 외부로 표출하며 리더십을 발휘하는 성향도 지니고 있다.
  마지막으로, 7이 1을 극복하면 재성 5가 살아난다. 편재(5)는 T의 성향과 관련이 있으며, 상대의 감정보다 논리에 집중한다. 그는 명확한 목표가 설정되면 외부 세계에 능동적으로 대처하며, 추진력이 있으나 고집스럽게 규칙을 따르는 경향이 있다.
  결국, 푸틴의 MBTI는 ENTJ였다. ENTJ는 장기 계획과 목표를 세우고, 전략적으로 해결 방안을 찾는 타입이다. 행동 지향적이며, 복잡한 문제를 정확하게 파악해 단호하게 대응한다. 그러나 때로는 성급한 결정이 단점으로 작용하기도 한다. 푸틴의 이러한 성격은 전쟁을 일으키는 원동력이 되며, 러시아 경제뿐만 아니라 세계 경제에 심각한 영향을 미치고 있었다.
  이렇게 그는 이름의 그림자 속에서 권력을 쥐고, 전쟁의 소용돌이를 일으키며 세계의 이목을 집중시키고 있다.

아베의 죽음도 이름으로 알 수 있을까?

 2022년 7월 8일, 아베 신조는 제26회 일본 참의원 의원 통상선거를 위한 지원유세 연설을 하던 중, 전직 해상자위대 자위관 출신인 야마가미 데쓰야의 총탄에 의해 향년 67세의 나이로 세상을 떠났다. 그의 죽음은 일본 역사에서 중요한 이정표로 남게 되었고, 전후 세대 출신의 첫 번째 총리이자 역대 최장 기간을 집권한 인물로서의 그의 지위는 더욱 두드러졌다. 아베는 제90대와 96-98대 내각총리대신을 지낸 인물로, 그의 이름에서 무엇이 그를 일본 역대 내각총리대신 중 7번째로, 또한 1930년 하마구치 오사치 이후 92년 만에 민간인에 의해 총기로 암살당한 전·현직 총리로 만들었는지를 분석하는 것은 의미가 깊었다.
 아베의 정치 경로는 그의 이름에서 드러나는 여러 수리적 조합과 성격 유형에 의해 깊이 있게 이해될 수 있다. 그의 이름에서 '아'는 명예를, '베'는 관세를 상징하며, 이 두 요소의 조합은 그의 정치적 성공을 뒷받침하고 있었다. 그러나 이러한 배합 속에서도 그를 죽음으로 몰아간 요소들이 존재했음을 간과해서는 안 된다.
 아베는 역대 최연소 총리로서 일본을 이끌었고, 그의 재임 기간 동안 일본의 경제와 외교 정책에서 뚜렷한 성과를 올렸다. 하지만 그러한 성공의 이면에는 그의 성격 유형과 관련된 깊은 갈등이 존재했다. 그의 성격은 과격함과 조용함, 강함과 약함 등이 얽혀 있으며, 이는 종종 그의 정치적 결정에 영향을 미쳤다. 이러한 성격적 특성은 결국 그를 스스로의 한계로 몰고 갔고, 그의 고집스러운 성향은 정치적 반대 세력과의 갈등을 유발했다.

그의 죽음은 단순한 사건이 아닌, 그가 만들어온 복잡한 정치적 배경과 직결되어 있다. 아베의 이름에서 드러나는 여러 요소들이 그의 정치적 경로와 결정에 큰 영향을 미쳤고, 그가 통치하는 동안 쌓아온 적들과의 갈등은 결국 그를 죽음으로 몰아갔다.

그의 마지막 유세에서 아베는 역대 총리로서의 무게감을 지니고 있었지만, 그 무게는 그를 지켜주지 못했다. 아베는 자신의 이름에 숨겨진 수리적 조합과 성격 유형의 복잡한 맥락 속에서, 한국과 중국과의 역사적 갈등을 포함한 외부의 적들과 맞서 싸우며 살아왔다.

결국, 그의 비극적인 죽음은 이름에 내재된 요소들과 그가 가진 성격의 복합적 작용으로 인해 더욱 비극적으로 다가온다. 아베 신조의 삶과 죽음은 일본 현대사의 한 페이지를 장식하며, 그가 남긴 유산과 교훈은 앞으로의 정치적 풍토에 중요한 영향을 미칠 것이다. 이처럼 아베의 이야기는 단순히 개인의 삶이 아니라, 그의 이름이 상징하는 정치적 아이콘으로서의 의미를 갖고 있으며, 이는 일본의 정치 역사에서 결코 잊히지 않을 것이다.

1954년생
71 48 559 63
아 베 신 조
04 59 882 76

아베 신조의 정치 경로는 그의 이름에 숨겨진 수리적 조합과 성격 유형을 통해 더욱 깊이 있게 이해될 수 있다. 통치권자의 이름에서 흔하게 나타나는 3.4가 7.8을 보는 배합은 아베가 일본의 총리로서 자리를 굳힌 이유 중 하나다. 특히 '베'의 4.8은 그의 정치적 지위를 뒷받침해주는 긍정적인 기운을 발산하고 있었다.

2006년, 아베는 고이즈미 준이치로의 뒤를 이어 내각총리대신으로 취임했다. 이는 숨은 명예를 나타내는 '아'의 0.4와 관련된 길성의 배합 덕분이었다. 그러나 그의 정치적 성공은 지나친 속도에 의한 여러 문제를 야기하였고, 결국 1년 만에 권위가 실추되면서 단명 총리로 남게 되었다. 이처럼 그의 빠른 성공은 '신'의 5.5.9가 지나치게 작용한 결과로, 건강상의 문제와 맞물려 그의 총리직을 빼앗았다.

그럼에도 불구하고 아베는 2012년 총선에서 승리하여 총리직에 복귀하게 되었다. 그는 중의원 총선에서도 압도적 다수 의석을 차지하며 정권을 계속 유지했다. 그의 강한 지지율은 일본의 불안정한 내각제를 안정시키고, 아베노믹스라는 경제적 정책을 통해 일본 경제를 활성화시키는데 기여했다.

외교적인 측면에서도 아베는 미국에게 중국, 러시아, 북한 등 반서방 세력의 견제를 위한 중요한 동맹으로 인식되었다. 그러나 한국과 중국에서는 아베의 잘못된 역사관으로 인해 대일 관계가 악화되었다.

2020년 8월, 아베는 다시 건강 문제를 이유로 총리직을 사임하게 된다. 그의 이름 '아'의 7.1과 '신조'의 8.8.2.7에서 여실히 나타나는 것은 나를 나타내는 1.2가 7.8에 의해 극을 받으면서 건강에 이상이 생기고, 또 다른 조합이 수명을 단축시킨다는 점이었다.

2021년 총선 이후, 아베는 다시 정계에서 영향력을 과시하지만, 2022년 7월 8일 참의원 선거 유세 중 총탄에 맞아 사망하게 된다. 이는 그의 이름에서 뚜렷하게 드러나는 강한 수리 배합에 기인한다.

그렇다면 아베의 성격유형은 무엇일까? 한글은 소리음으로 이루어져 있어 이름에서 파생되는 소리가 그의 성격을 형성하고 행동으로 나타나게 된다. 그의 이름에 숨겨진 오행과 태어난 년도의 오행을 대입하여 mbti 성격유형을 알아보는 것은 어려운 일이 아니다.

아베의 성격은 과격함과 조용함, 급함과 차분함, 강함과 약함 등 여러 가지 조합으로 나타난다. 이러한 성격은 스트레스를 유발하고, 질병이나 사고의 원인으로 작용할 수 있다. 특히 아베의 이름에서 보이는 '아'의 7.1은 푸틴의 이름 '푸'와 마찬가지로 편관(7)이 나의 세력인 비견(1)을 극하는 모습이 두드러진다. 따라서 7의 성향은 J의 성향으로, 계획을 철저히 세우고 이를 엄수하려는 경향을 보인다.

아베의 이름에서 나타나는 4.8은 나를 극하는 관성(7.8)의 힘을 통해 그의 사고방식이 형성되었다. 이는 그가 현실적인 접근을 중시하는 ISTJ 유형으로, 사실적인 경험과 논리적인 정보에 바탕을 두고 신중하게 결정을 내리는 모습을 보여준다.

아베의 죽음에는 통일교가 개입되었고, 이는 언론에서 여러 가지 설로 떠돌게 되었다. 그러나 그의 성격유형이 남과 타협하지 않는 고집스러움으로 나타난다면, 결국 그러한 성향이 그의 죽음으로 이어진 원인 중 하나일 수 있다. 이러한 생각은 아베 신조라는 인물의 복잡한 내면을 드러내며, 그의 삶과 죽음이 단순한 사건이 아닌, 그의 성격과 운명에 의해 깊이 연결되어 있음을 시사하고 있다.

작은 제안 실천에 옮겨 글로벌 IT기업으로 급성장

　디지털 혁명과 새로운 기술의 출현은 기업 생태계에 끊임없는 변화를 만들어낸다. 이러한 변화 속에서 성공을 거둔 기업들 중 작은 제안이나 아이디어를 소중히 여기고, 이를 실행에 옮긴 리더십 덕분에 두각을 나타낸 경우가 적지않다. 단순한 아이디어로 치부하고 넘어갈 수 있는 작은 제안이었지만, 이를 진지하게 받아들이고 실행에 옮겨 성공시키는 것은 오로시 경영진의 남다른 선구안과 과감한 결단에서 비롯된 것이다. 이런 사례는 어렵지 않게 찾을 수 있다.

　중국의 IT 대기업 텐센트(Tencent)는 한 직원의 작은 제안으로부터 위챗(WeChat)이라는 거대한 플랫폼을 탄생시켰다. 이 직원은 기존 메시징 서비스의 불편함을 개선하기 위한 아이디어를 CEO에게 이메일로 제안했다.

　텐센트 경영진은 이 제안을 가볍게 넘기지 않았다. 면밀한 검토 끝에 즉각 실행에 옮겼다. 결과적으로 대박이었다. 위챗은 단순한 메시징 앱을 넘어 결제, 소셜 미디어, 쇼핑 등 다양한 기능을 포함한 글로벌 '슈퍼 앱'으로 성장했다. 위챗은 중국에서 필수적인 생활 도구로 자리매김하며, 텐센트를 세계적인 IT 기업으로 도약시켰다.

한국의 방역회사 세스코(CESCO)도 비슷한 사례다. 전순표 회장의 리더십 아래 작은 제안을 실행에 옮겨 한국을 대표하는 기업으로 성장했다. 인터넷이 상용화되던 시기 전 회장은 정보화의 중요성을 깨닫고, 이를 회사의 성장 전략에 반영했다.

특히 곤충에 대한 사람들의 부정적 인식을 바꾸기 위해 곤충을 마케팅의 중심 요소로 삼아 젊은 세대에게 어필했다. 이는 마치 디즈니가 미키마우스를 통해 쥐를 귀엽고 사랑받는 캐릭터로 변모시킨 것과 유사한 접근 방식이다. 세스코의 이 전략은 곤충을 단순한 해충이 아닌, 친근하고 흥미로운 아이콘으로 변모시키는 것이었다. 세스코의 디지털 전환과 창의적인 마케팅 전략은 큰 반향을 불러일으켰고, 그 결과 세스코는 한국에서 가장 신뢰받는 방역회사로 자리 잡았다.

도미노피자(Domino's Pizza)의 경우 2008년 한 직원의 제안으로 피자 주문 후부터 배달 완료까지 실시간으로 추적할 수 있는 '피자추적시스템'(Pizza Tracker)을 도입했다. 이 작은 아이디어는 고객 만족도를 크게 높였고, 도미노피자의 브랜드 이미지와 매출에 긍정적인 영향을 미쳤다. 이 시스템은 훗날 도미노피자를 세계 피자 산업에서 기술 혁신을 선도하는 기업으로 자리매김하게하는 원동력이 됐다.

1970년대 초 3M의 연구원 아트 프라이(Art Fry)는 동료의 접착제 발명에 영감을 받아 쉽게 붙이고 떼어낼 수 있는 메모지, 포스트잇(Post-it)을 제안했다. 처음에는 큰 관심을 받지 못했지만, 3M은 결국 이 제안을 실행에 옮겨 전 세계적으로 사랑받는 사무용품을 탄생시켰다. 포스트잇은 오늘날 3M의 대표적인 상품 중 하나로 자리 잡았다.

구글의 Gmail도 마찬가지다. 구글이 직원들에게 업무 시간의 20%를 개인 프로젝트에 사용할 수 있도록 한 정책에서 탄생했다. 폴 부크하이트(Paul Buchheit)는 당시 이메일 서비스의 문제점을 해결하기 위해 새로운 이메일 서비스를 제안했고, 구글은 이를 실행에 옮겼다. 결과적으로 Gmail은 전 세계에서 가장 많이 사용되는 이메일 서비스 중 하나로 성장했다.

작은 제안, 큰 성공, 그리고 AI 시대의 새로운 가능성

인터넷 상용화 이후 30년 만에 또 다른 혁신의 물결이 도래하면 작은제안이 큰 아웃풋을 낼 수 있는 기회의 장이 열리고 있다. 바로 생성형 AI의 출현이다. 생성형 AI는 기존의 문제 해결 방식을 뛰어넘어 새로운 아이디어와 솔루션을 제공할 수 있는 강력한 도구로 떠오르고 있다. 이 기술이 가져올 변화와 기회를 실제로 활용하기 위해서는 기업의 리더들이 이 새로운 도구를 어떻게 받아들이고 실행할 것인지가 중요하다.

과거 작은 제안을 진지하게 받아들여 성공을 거둔 사례들이 보여주듯, 생성형 AI도 처음에는 다소 낯설고 실험적인 도구로 여겨질 수 있다. 그러나 이를 진지하게 받아들이고, 실제 비즈니스에 적용하려는 노력이 이어진다면, 새로운 시대의 획기적인 모델을 창출할 수 있을 것이다. 생성형 AI는 단순히 기술 혁신의 한 단계를 넘어서, 기업 생태계 전체를 재구성할 잠재력을 가지고 있기 때문이다. 작은 제안을 큰 성공으로 이끈 기업들의 사례는 한결같이 한 가지 중요한 메시지를 전달한다. '작은 제안도 실행에 옮겨야만 큰 성공으로 이어질 수 있다'는 것이다. 기업의 리더들이 작은 아이디어를 귀담아 듣고, 이를 실행에 옮기려는 노력이 있을 때, 그 기업은 새로운 기술과 트렌드 속에서 성장하고,

시장에서 경쟁력을 갖출 수 있다.

 미래의 성공은 단순한 기술 도입이 아닌, 그 기술을 적극적으로 활용하고 변화를 주도하려는 리더십에서 비롯된다. 생성형 AI의 출현은 또 한 번의 혁명적인 변화와 도약을 예고하고 있다. 작은 제안 하나라도 가볍게 보지 않고 성공적으로 활용하는 기업들만이 미래의 주역으로 자리매김할 것이다. 생성형 AI라는 새로운 도구를 어떻게 활용할지, 그리고 이를 통해 어떤 혁신을 이룰 수 있을지 각 기업의 리더들의 몫이다.

임영웅의 이름과 mbti 성격유형

누구나 태어나면 처음 받는 것이 이름이다. 그리고 그 이름은 평생 동안 타인의 입을 통해 가장 많이 불리워진다. 이러한 이름은 단순한 호칭을 넘어서, 그 소리에 담긴 파동의 에너지를 통해 운명에 길흉을 나타내고, 삶에 끼치는 영향력 또한 상당하다.

이름의 영기를 유도하는 에너지는 한문 획수의 뜻이나 삼원오행의 풀이에 국한되지 않는다. 오히려, 불러주는 음파 작용이 그 사람의 운명을 좌우하는 결정적인 요소라는 사실이 중요하다. 따라서 이름을 지을 때는 한문 획수의 의미보다 소리의 파동이 우선이므로, 소리오행에 맞춰야 한다는 점이 강조된다.

이러한 맥락에서, 트로트의 영웅으로 떠오르며 하늘을 찌르는 인기를 얻고 있는 임영웅의 이름을 한 번 살펴보자. 3년 전, 다지 음지사로 있던 서울의 윤ㅇㅇ은 당시 국민투표에서 1위로 각광받고 있던 임영웅의 이름을 결승전을 앞두고 풀이한 기억이 떠오른다.

그는 임영웅의 이름 속에 숨겨진 의미와 기운을 탐구하는 실력이 부족하다보니 임영웅의 이름에서 재물과 여자를 극하는 1.2가

5.6을 보는 수리에 대한 설명이 매우 궁색했다. 그러다보니 이런 이름은 선행을 많이 베풀면 된다는 식으로 얼버무렸다.

그러나 필자는 이 이름이 그를 어떻게 이끌어왔는지, 또 어떤 기운을 발산하는지를 알아보는 것이 흥미롭다 생각되어 '임영웅'이란 이름을 분석하여 밝히고자 한다. 왜냐하면 대중적으로 많이 불리우는 임영웅이란 이름 그 자체는 단순한 연예인이란 호칭의 이름이 아닌, 그가 걸어온 길과 앞으로 나아갈 방향을 예측하는 열쇠가 될 수 있다고 믿었기 때문이다.

이처럼 이름의 힘과 그 소리에 담긴 의미를 탐구하는 여정은, 단순히 개인의 운명을 분석하는데 그치지 않고, 우리 사회와 문화 속에서 이름이 가지는 깊은 의미를 다시금 생각하게 만드는 기회가 될 수 있다. 따라서 임영웅의 이름을 풀이하면서 이 이름이 가진 고유의 영성과 그가 지닌 잠재력이 세상에 어떤 영향을 미칠지를 곰곰이 고민했다.

1991년
420 474 464
임   영   웅
208 252 242

무엇보다 서울의 윤ㅇㅇ은 '영'의 4.7.4와 2.5.2를 설명하는데 있어, 이름에 담긴 흉한 기운에도 불구하고 국민적 사랑을 크게 받고 있는 임영웅의 현재의 모습과 너무나 다르다보니 이러한 흉한 기운을 기부로 얼버무리고 말았다. 그럴 수밖에 없는 것이 필자한테 100% 구성성명학을 배우지 않고 성격심리성명학이라는 명칭으로 독립해 나갔으니 이에 대한 설명이 부족하고 궁색했을 것이 뻔하다. 그렇지만 필자는 아직 그의 나이가 삼십대고 미혼인 상태라 임영웅의 이름을 통해 앞으로 나아가게 될 그의 미래에 대해 정확하게 예단해 줄 수가 있다.

　인간의 행복과 불행은 단순히 이름 하나에 달려 있는 것은 아니다. 그러나 성공의 여부는 반드시 파동의 에너지에 의해 가늠되는 사실은 분명하다. 임영웅의 이름을 살펴보면, '임'에서의 4.2.0과 2.0.8이 잘 나타나 있다. 여기서 인성 0은 나(2)를 생해주고, 겁재(2)는 재능인 4를 생해준다. 성은 머릿속의 생각과 두뇌를 상징하며, 초년 시절을 대변하는 역할을 한다. 그러나 '영'에서의 2.5.2는 부친의 덕이 없음을 나타내고, 아버지가 일찍 돌아가신 것은 전 국민이 아는 사실이다. 불우한 환경 속에서 그의 머릿속에는 오직 가수로서의 성공만이 꿈꾸어졌다. 이는 '임'의 4.2.0 수리에서 재능 4에 집중하고 있음을 알 수 있다.

　미스터트롯 결승전에서 1위에 오른 것은 0.4의 숨은 공로 덕분이며, 현재는 8.2가 축적된 재물의 기운으로 탑 가수로서 막대한 돈을 벌고 있지만, 이름에서 드러나는 2.5.2의 흉한 기운은 여전히 존재한다. 대중의 인기에 의존하는 연예인에게 스타성은 영원할 수 없다는 점에서, 임영웅이 미혼인 상태에서 아직은 그의 향방을 예측하는 것은 시기상조다. 그렇지만 이름을 통해 그의 미래를 어느 정도 파악할 수 있는데 분명한 것은 이름에서 나타나는 2.5.2의 흉한 기운만은 면할 길이 없다는 사실이다. 아직은 임영웅이 미혼인 상태라 그 누구도 예측하지 못하지만 결혼과 동시에 나는 '임영웅'이란 이름을 통해 앞으로 그의 향방이 어떻게 전개될 것인가를 분명하게 예측할 수 있다. 왜냐하면 대중의 인기로 먹고사는 연예인들한테서의 스타성은 영원할 수 없기 때문이다.

　그렇다면 그의 MBTI 성격 유형은 무엇일까? 여러 매체에서 임영웅은 스스로 INFJ라고 밝혔다. INFJ 유형은 내면을 깊이 이해하는 통찰력을 지니고 있으며, 명확한 비전에 큰 관심을 갖는다. 온화하고 조용하며, 생각이 깊어 신념을 구현해 나가기 위해 노력하기 때문에 신뢰와 존중을 받는다. 이들은 인간관계를 조화롭게 유지하려 애쓰며, 완전히 신뢰하는 사람 외에는 속내를 드러내지 않는 경향이 있다.

INFJ 유형은 학구적인 활동을 즐기지만 반복적이고 일상적인 일에는 흥미를 느끼지 못하며, 한 가지에 몰두하는 경향이 있다. 목표를 정하면 쉬지 않고 집중하는 모습이 두드러지며, 외골수적인 성향 덕분에 생산적인 결과를 잘 만들어 낸다. 그들은 창의력과 독창성이 뛰어나 감정이입이 강해 남의 고민을 잘 들어주며, 자신의 신념을 이루기 위해 노력하고 혼자서 집중하는 일을 즐긴다.

이러한 성향은 '임'의 4.2.0과 2.0.8에서 나타나는 성향과 '영'의 중심수 상관 4가 INFJ 성격 유형과 거의 일치한다고 보여진다.

이름을 부를 때, 또는 소리를 지를 때, 그 소리는 음향 기기처럼 멀리 퍼져나간다. 이를 파동(波動)이라고 한다. 종을 두드리면 나는 소리의 파장도 결국 음향 기기에서 나오는 소리와 같다. 그러므로 이름을 부르거나 소리를 지를 때, 그 소리의 강도와 횟수에 따라 그만큼의 효과가 나타난다. 좋은 이름은 부르면 부를수록 밝은 에너지를 발동하여 성공을 가져오지만, 흉한 이름은 부를수록 부정적인 기운이 발동하여 실패로 이어진다.

소리는 '귀'라는 감각 기관을 통해 잠깐 들리지만 곧 사라진다. 그러나 그 소리의 파동 에너지는 뇌로 전달되어 죽을 때까지 기억에 남는다. 따라서 평생을 통해 불러주는 이름 속에는 그러한 파동의 에너지가 존재하며, 결코 가볍게 여겨서는 안 된다.

임영웅이라는 이름과 그가 살아온 길은 단순한 우연이 아니다.

이름 속에 숨겨진 기운과 성격 유형은 그의 삶과 성공에 많은 영향을 미쳤으며, 앞으로 그의 향방을 지켜보는 것 또한 흥미로운 과제가 될 것이다.

축구선수 손흥민 mbti

　손흥민은 대한민국을 대표하는 스포츠 영웅이자, 한국 축구의 상징적인 인물이다. 그의 존재는 단순히 한국 축구선수를 넘어서, 세계적인 스타플레이어로 자리 잡았다고 할 수 있다. 그만큼 그의 이름도 "세계적인 축구 스타"라는 수식어에 어울리는 이름일까? 이를 알아보기 전에, 손흥민의 성격유형인 MBTI에 대해 먼저 살펴보았다. 그의 MBTI 유형은 ESFJ로 알려져 있다.
　ESFJ 유형은 사람들과의 조화와 화합을 중요시하며, 상대의 감정을 섬세하게 읽고 현실적인 도움을 주고자 하는 성격이다. 이들은 맡은 일을 끝까지 책임지고, 작은 일에도 성실하게 임하는 특징을 가지고 있다. 사람 사이의 관계에 민감하고, 어느 자리에서도 조화로운 인간관계를 이끌어내는 따뜻하고 감수성이 풍부한 사람이다. 베풀기를 좋아하는 만큼, 자신도 관심을 받기를 원한다. 또한 규칙과 규범을 잘 지키고, 주어진 일은 완수하려고 하는 책임감 있는 성격이다.
　손흥민이 ESFJ 성격 유형이라는 것은 상당히 흥미롭다. 그의 성실함과 팀 내에서의 조화로운 리더십이 이와 맞아떨어지는 부분도 있다. 하지만 축구선수로서의 모습과 ESFJ가 항상 일치하는 것은 아니다. 필자의 생각으로는 MBTI보다는 이름을 통한 분석이 훨씬 더 손흥민의 성격과 운명을 정확하게 설명할 수 있다고 본다.

필자가 연구한 '한글구성성명학'은 단순한 성격 유형 분석을 넘어, 이름을 통해 사람의 성격과 운명을 예측하는데 있어 MBTI보다 훨씬 더 디테일하고 정확하다. 무엇보다 MBTI는 여러 가지 질문을 통해 성격 유형을 알아내지만, 성명학은 성과 이름만으로도 그 사람의 성격, 운로, 그리고 더 나아가 다양한 측면에서의 분석이 가능하다.

예를 들어, 구성성명학을 통해 그 사람이 어떤 직업에 적합한지, 배우자와의 관계는 어떤지, 금전 운이나 건강 운은 어떠한지, 재능 운과 자식 운까지도 예측할 수 있다. 복잡한 설문지 없이도 이름만으로 이런 분석이 가능하다.

그렇다면 손흥민의 MBTI가 ESFJ로 나타났다면, 구성성명학에서는 그를 어떻게 분석할 수 있을까? 이제 손흥민의 이름을 중심으로 그의 성격과 운명을 더 깊이 살펴보도록 하겠다.

92년생
317 645 137
손   흥   민
195 423 915

당사자의 생각을 읽어내는 기초자료는 성과 이름 첫 자에서다. 따라서 '손'에서 그의 머릿속 생각과 사고를 살펴본 뒤에 이름 첫 자 자음을 살펴보면, 그가 어떤 생각의 소유자며 어떤 유형의 성격인지를 한 눈에 알 수 있다.

우선 '손'의 3.1.7과 1.9.5는 재물을 극하는 1을 7이 극제하면 재물 5.6이 살아나게 되므로 축적의 기운이 강하다. 이런 사람들은 절대 명분 없는 돈을 쓰지 않는 절약가적인 성향이 짙다. 또한 학문을 나타내는 9를 재물 5가 이를 극제하므로 공부를 즐겨하지 않는다. 그 대신 재능을 나타내는 3이 있고, 나의 체력을 나타내는 1이 '손'에 있다 보니 운동선수로서 건강한 체력과 정신력을 소유하고 있다.

뿐만 아니라 비견 1의 성향은 그 누구보다 타의 추종을 불허할 만큼 밝은 에너지의 재능적인 특성이 두드러지게 나타나 있다. 그러다보니 축구선수로서 동료들과 화합하며 백프로의 기량을 발휘하는데 성(姓)에서의 3과 1이 제 역할을 톡톡히 해내고 있다. 아울러 1.7과 5.9에 의해 재물적인 운세는 타고 난데다가 거기에 이름 첫 자 6이 땀 흘려 벌어들인 재물에 해당하므로 이런 사람들은 근면성실하고 끈기 있는 지구력을 발휘하게 된다.

따라서 이러한 이름의 소유자는 요행을 바라지 않는 성실한 성품으로 3의 수리에 의해 남에게 베풀기를 좋아하고 긍정적인 밝은 에너지를 갖고 있다. 그러다보니 사교적인 성향이 강하지만 반면 1은 주관이 강하고 또한 중심주파수 정재(正財) 6에 의해 옳고 그름의 판단이 정확한 사람이라 감정에 치우치는 F보다 사고형인 T(Thinking)에 가깝다. 왜냐하면 찰나적인 순간에 발 빠르게 움직여야 하는 판단력이 요구되는 운동선수들한테 필히 요구되는 것이 바로 T(Thinking)기 때문이다. 그래서 손흥민의 mbti는 ESFJ의 성향보다 오히려 ESTJ가 더 정확하게 맞다.

이름에서 성격을 분석할 때는 주로 성(姓)에서 당사자의 생각과 성격을 살펴본 뒤에 이름 첫 자 자음에서 그의 성격을 파악하면 된다. 즉 '흥'의 중심수가 정재 6이다. 따라서 6의 성향을 보면 그가 어떤 성격의 소유자인지 금방 알 수 있다.

'손' 3.1.7은 재물을 극하는 1을 7이 극제하면 금전 운 5.6이 살아나게 되므로 축적의 기운이 강하다. 이런 유형은 명분 없는 돈을 절대 쓰지 않는 절약가형이다. 따라서 1.9.5는 학문을 나타내는 9를 재물 5가 극제하여 공부를 즐게 하지 않는 대신 재능을 나타내는 3과 체력을 나타내는 1이 있다 보니 운동선수로서 건강한 체력과 강한 정신력을 갖고 있다.

뿐만 아니라, 성(姓)에서 3.1의 영향으로, 강력하고 밝은 에너지가 있어서, 동료들과 화합하는데 한 몫하고 축구선수로서도 자신의 기량을 백 프로 발휘하는데 일등공신의 역할을 한다.

손흥민의 이러한 ESTJ의 성향과 함께 이름에서 전반적인 사항을 살펴보면 세계적인 선수로서의 자질을 '손'이나 이름 첫 자 6에서 충분히 엿볼 수 있었듯이, 또한 '흥'의 6.4.5는 재능 4가 재물 6과 5을 서로 상생으로 생해주고 있고, 체력을 관장하는 2가 재능을 나타내는 3.4를 양 날개로 생해주고 있다 보니 2015년 프리미어 리그의 토트넘 홋스퍼 FC와 이적료 약408억 원으로 5년 계약을 하면서 아시아의 축구선수 중 역대 최고를 경신할 정도로 그의 이름에서 발현되는 재물 운은 이와 같이 상당히 좋다.

또한 정재 6은 요행을 바라지 않는 근면 성실한 성품이고 지구력이 강하다. 3의 수리에 의해 남에게 베풀기를 좋아하고 긍정적인 밝은 에너지를 갖고 있지만, 비견 '1'은 주관이 강하고 중심수 6은 옳고 그름의 판단이 정확해, 감정에 치우치는 F보다 잘나의 순간에 발 빠른 움직임과 판단력이 요구되는 운동선수에게 요구되는 것이 바로 T라 손흥민 선수는 ESFJ보다는 ESTJ가 더 가깝고 정확하다.

무엇보다 '손'의 3.1.7과 1.9.5는 재물의 축적을 말해주고 있을 뿐만 아니라 운동선수로서의 재능을 나타내는 3과 체력을 주관하는 1이 서로 함께 상생으로 이어져, 그의 개인기록이 아시아

축구 역사상 최고의 선수로 평가받고 있지만, 그렇더라도 손흥민의 이름에서 5.1이 반복적으로 나타나 있다.

어떻게 보면 초년시절 부친의 혹독한 교육훈련으로 인해 그의 심신이 고달팠음을 예측하지만, 은퇴 후나 결혼 후 1.5의 반복적인 수리 배합에 의해 뜻밖의 손재나 부부간의 갈등만은 피해 갈 수 없어 구설이 분분할 것으로 예상된다.

따라서 '민'의 1.3.7은 구설을 나타내므로 이러한 수리배합을 가진 사람들은 돈이나 여자로 인한 구설로 곤욕을 치를 수 있으므로 투자나 배우자 선택에 신중을 기해야 한다. 또한 3.9는 명예를 주관하는 관성 7.8을 암암리에 보호하고 있어, 그의 명성이 오랫동안 유지할 수 있어 보인다.

이와 같이 이름에서 나타난 성격유형은 mbti 복잡한 설문 과정 없이도, 이름에 나타난 숫자 배합만 보고 바로 성격을 정확하게 파악할 수 있다. 뿐만 아니라, 각 개인별 성향을 통해 무엇을 직업으로 선택해야 하는지 배우자와의 애정관계나 금전 운은 어떻게 관리해야 하는지 다각적으로 분석해 낼 수 있다.

혹여 라도 mbti에 신뢰를 두고 성격유형에 대해 관심을 갖는 사람들이 있다면, 그보다 더 심도 있게 인간의 운명을 파악할 수 있는 구성성명학에 관심을 갖길 바라는 마음이다.

왜 구성성명학인가?

　어느 목사의 개척교회 시절 이야기다. 교회 재정이 어렵다보니 당연히 헌금에 관심이 쏠릴 수밖에 없었을 때다. 그런데 어느 날 새로 들어온 사람이 헌금봉투에 '백만원'이라 적었다. 그래서 목사는 그렇잖아도 교회 살림이 어려운 참에 새로 온 사람이 백만 원을 냈다고 생각하니 너무 고맙고 반가워 그 사람만을 위한 봉헌기도를 따로 해 주었다.
　그리고 예배가 끝난 후, 모두 돌아간 다음 헌금봉투를 하나하나 열었다. 그런데 '백만원'이라 쓴 봉투에 백만 원을 없고 천 원짜리 한 장만 달랑 들어 있었다. 알고 보니 그 사람의 이름이 '백'씨 성에 이름이 '만원'이었다. 어쨌거나 잠시 동안 '백만원'이란 이름 때문에 행복할 수 있었으니 그나마 다행이라 해야 할까? 물론 웃자고 한 얘기가 될 수 있겠지만 아주 오래전 어느 목사의 실제의 이야기다.
　그러나 이름은 단순히 웃고 넘어갈 정도의 가벼운 것이 아니라 이름에서 불리우는 소리 파동에 의해 흔히 일어날 수 있는 일이기에 매우 중요하다.

'백만원'이란 이름의 주인공은 그 이름의 소리 에너지에 의해 그야말로 백만 원 정도의 인생 밖에 살수 없게 된다. 차라리 그 이름이 아닌 다른 이름이었다면 그보다 훨씬 풍요로운 삶을 살 수도 있었을지 누가 아는가!

그렇다면 이름이 왜 중요한가?

입으로 불러서 겉으로 나타나는 음향을 소리음이라 한다. 짐승이 울거나 소리를 치거나 고함을 지르는 것은 자신이 생각했던 마음속의 뜻을 상대에게 알리기 위한 수단이다. 또한 노래를 부르거나 말을 하는 것도 그 뜻을 알리기 위한 수단으로 소리를 낸다. 소리가 입을 통해 뇌신경으로 전달 받고 난 다음에는 곧바로 소리는 죽어버리지만, 이어서 뇌신경에서는 소리를 통하여 받아들인 상대방의 뜻을 분석한다. 그 소리의 뜻이 뇌신경에서 분석되면 또 다시 말초신경으로 보내져서 곧바로 그 뜻에 따라 각각의 반응으로 나타난다. 예를 들어 사랑과 정염의 뜻이 전달되면 신체에서 이상반응이 일어나고, 맛없는 음식의 뜻이 전달되면 코를 찡그리거나 구역질을 하고 눈살을 찌푸린다.

이와 같이 소리에는 그 소리 속에 깊고 강한 뜻이 담겨져 있다. 그러기 때문에 평생을 통해 타인의 입을 통해 불러주는 이름에는 그 속에 잠재한 뜻의 기운이 파장을 일으켜 운명에 영향을 미치게 된다. 따라서 이름을 부를 때의 소리는 금방 사라져 버리지만 이름의 좋고 나쁜 뜻에 의해 에너지가 쌓이고 또 쌓이면서 그 이름의 효과에 의해 운명이 만들어지게 된다.

모든 이름에는 그 부르는 소리에 의해 저마다의 성격이 형성되고 두뇌가 발달하며 정신과 건강에 영향력을 미치면서 좋고 나쁜 사람으로 분류된다. 그래서 아기가 출생하면 곧바로 좋은 이름을 지어서 불러주려고 노력들을 한다.

이와 같이 이름은 당사자의 운명에 상당한 영향력을 갖고 있기 때문에 함부로 지어서도 또한 가볍게 여겨서도 안 된다. 그런데 목사들이 이 이름의 중요성을 깨닫지 못하니까 아기가 태어나 목사한테 이름을 의뢰하면 주로 하나님의 은혜로 태어났다 하여 '하은' 혹은 하나님의 영광을 나타내라고 '영화', '영광', 또는 예수님의 지혜를 닮으라고 '지혜', '사랑', '은혜' 등의 이름으로 지어주곤 한다. 그러나 그러한 이름들이야 말로 구성성명학으로 풀이했을 때 당사자의 운명을 가난과 궁핍으로 몰아넣고 있다는 사실이다.

이들은 목사가 지어준 흉한 이름 때문에 사는 것이 고달프고 힘이 드니까 그 문제 해결을 위해 새벽 기도에 나가 죽어라 기도한다. 하지만 성경을 조금만이라도 이해한 사람이라면 하나님은 그런 기도에 응답하지 않으신다는 점이다. 만약 기도의 응답이 있다면 그거야 말로 거짓 악령의 짓이다. 앞서도 잠깐 설명했지만 영생을 위한 기도만 하나님께서 온전히 들어 주신다고 했다.

인간은 어머니 뱃속에서 생명의 씨앗이 형성될 때 이미 부모가 가지고 있는 천지의 기운과 우주(하나님)의 기운이 서로 합을 이루어 생명의 운을 틔우고 형상이 정해지기 시작한다. 그리고 세상에 태어나는 순간, 그에 적합한 자기만의 고유한 기운을 가지게 되고, 이 기운이 매일, 매월, 매년 그리고 매 십년을 주기로 찾아오는 여러 가지 성질의 기운에 의해서 서로 조화를 이루며 길흉화복의 운명을 만들어 낸다.

이름도 이와 마찬가지다. 이름에서 발현되는 소리의 에너지에 의해 당사자의 운명(컨디션)이 매일, 매월, 매년에 변화무쌍하게 나타난다는 사실이다. 흉한 이름을 평생을 통해 불러 주게 되면 그 이름의 흉한 기운에 의해 삶이 곤고하고 가난하여 풍파를 겪게 된다. 아울러 명예와 권력을 갖고 태어났더라도 이름에 흉한 기운이 감돌면 남들로부터 평가 절하되고 구설이 분분해진다.

그러므로 타고난 운명이 가난하게 태어났다면 그 운명대로 궁핍하게 살아갈 수밖에 없다. 즉 거지가 다 떨어진 옷을 입고 있으면 그대로 거지 취급을 받게 되지만, 비록 거지라도 그 운명에 고급스런 옷이라도 입고 있으면 최소한 남들로부터 거지 취급은 당하지 않게 된다.

이는 타고난 운명에 어떤 옷을 입히느냐에 따라 당사자의 운명이 달라진다는 점이다. 재물도 마찬가지다. 부자로 타고 났더라도 이름이 흉하면 즉 다 헤진 옷을 입고 있으면 빛 좋은 개살구가 된다. 그러므로 속빈 강정이 된다. 이와 같이 이름은 옷과 같은 존재다.

타고난 운명은 신의 영역이라 우리 스스로 바꿀 수 없지만 이름은 얼마든지 바꿀 수 있기에 그래서 이름이 매우 중요한 거다.

유독 우리나라만 성명학에 대한 종류가 다양하게 있다. 그중 가장 많이 사용하는 것이 한문획수로 풀이하는 81수리 원형이정의 수리학이다. 그 외는 곡획성명학, 자원음양오행학, 삼원오행성명학, 측자파자 성명학, 광미명성학, 주역 64괘 성명학과 자음파동성명학 등이 있다.

그렇지만 그 어떤 성명학보다 구성성명학은 소리의 근간이라 할 수 있는 파동성명학이자 타고난 운명을 그대로 성명학에 접목한 파워(Power energy) 성명학이다. 그러므로 불러 주는 파동의 에너지에 의해 당사자의 운명이 좌지우지 된다. 즉 남들의 입을 통해 '너 망해라. 망해라'하면 망하고, '넌 성공할거야. 성공할거야' 하면 성공한다. 그러기에 부모가 작명가를 통해 이름을 지어주었든, 아님 목사나 스님이 지어주었든 그렇지 않고 직접 지어주었던 간에, 재미있는 사실은 타고난 운명대로 이름을 짓는다는 점이다. 이게 바로 우주(하나님)의 기운인 소리에너지(氣)의 작용이다.

따라서 불러주는 이름 안에 흉한 기운이 감돌고 있으면 그 이름의 당사자는 실패와 좌절로 위축되어 그로인해 낙후된 삶을 살게 되므로 이름의 중요하다 한 거다.

무엇보다 한글은 세종대왕께서 소리에 근간을 두고 창제된 독보적인 세계적 문화유산이다. 우리가 대한민국에 태어나 한글을 사용하는 것만으로도 충분히 자긍심을 가질 수 있다. 그 어떤 나라보다 이름을 통해 타고난 운명을 보완하고 개운하여 살 수 있으니 이 얼마나 복 받은 나라인가!

한글은 입모양을 본 따 만든 소리글자다. 따라서 소리가 나는 모든 소리에는 그 오행에 따른 소리에너지가 태어난 년도와 이름에 조화를 일으켜 제 2의 후천적 운명을 생성해 내는 것이 이름이다.

그렇다면 왜 구성(口聲) 성명(姓名)인가?

낮에는 표정이나 제스처로 자신의 생각을 표현 할 수 있지만, 저녁때가 되면 날이 어두워 표정이나 제스처가 보이지 않는다. 그래서 입을 통해 자신의 의사를 전달하게 된다. 따라서 저녁 석(夕)자에 입 구(口)자를 합성해 명(名)이 되는 것이 이름(姓名)이다. 아울러 이름이란 사람들이 늘 불러주는 소리, 즉 입 구(口), 소리 성(聲)이 바로 한글구성(口聲)이다.

한글은 발음기관과 천지인(天地人)을 본떠서 만든 닿소리 19자와 홀소리 14자로 모든 소리를 만들어 낼 수 있는 세계에서 가장 으뜸가는 소리글자다. 그래서 파동성명인 구성성명의 이름에 대한 중요성을 피력하는 바다.

정치 초년생 한동훈의 MBTI는?

정치는 나와는 거리가 멀다. 평소 정치에 관심을 두지 않았고, 정치인들에 대해서도 특별히 흥미를 가진 적이 없다. 그런데 총선이 다가오면서부터 TV를 켤 때마다 정치 이야기가 주를 이루는 걸 보니, 나도 모르게 귀가 솔깃해지기 시작했다. 여당이든 야당이든, 심지어 새롭게 등장한 신당들까지도 서로를 비방하며 저마다 정의와 원칙을 지키는 유일한 정당이라고 주장했다. 그러나 반대편을 향해서는 독재와 불법을 저지르고 있다고 비난하는 모습뿐이었다.

야당은 현 정권의 무능을 비판하며 검찰이 자행하는 탄압을 외치고 있었고, 여당은 야당 대표의 사법 리스크를 문제 삼으며 그런 인물이 국정을 이끌 수 있겠냐고 비아냥을 던졌다. 그 틈을 타 신당은 무당층과 중도층을 위한 필연적인 창당이라고 자신들을 소개했다. 그들의 말을 듣고 있으면 정말 자신들만이 국민을 위해 일하는 유일한 정당인 듯 외쳤지만, 나는 속으로 과연 얼마나 많은 사람들이 그들의 말에 속을까 하는 의문이 들었다.

정치에 무관심했던 내게도 이런 상황이 어쩐지 흥미롭게 다가

왔다. 정치인들의 말과 행동이 궁금해진 것이다. 그리고 그들이 어떤 사람들인지, 그들의 이름을 통해 알 수 있는 성향은 무엇일지, 스스로 분석해보고 싶었다. 나는 성명학자로서 이름을 통해 사람의 성격과 운명을 해석하는 일을 평생의 사명으로 삼아왔다. 그러니 정치인들의 이름을 분석하는 일도 국가와 국민을 위한 하나의 도리라고 생각하게 되었다.

그중에서 총선시기에 뉴스에서 자주 등장하는 인물이 있었다. 법무부장관을 거쳐 현재 '국민의 힘' 대표위원직을 맡고 있는 '한동훈' 당대표. 그의 이름이 끝없이 언론에 자주 오르내리고 있는 것을 보면 확실히 여론의 중심에 서 있는 것은 맞다. 필자는 '한동훈'이라는 이름을 분석해보고, 그의 MBTI 성격유형과 함께 앞으로 당대표로서 그가 어떻게 '국민의 힘'을 이끌어나갈지 가늠해 보는 것이 어떨까 생각했다.

내 사무실 책상에 앉아 '한동훈'이라는 이름을 적어놓고 천천히 생각에 잠겼다. 이름 속에 담긴 의미와 성향은 결코 가볍게 볼 수 없다. 그의 이름에는 어떤 성격적 특성과 운명이 담겨 있을까? 또 당대표로서의 그의 역할과 지도력이 이름 속에서 어떻게 드러날지 그것이 궁금해졌다.

이름을 통해 한동훈의 성격과 앞으로의 길을 예측할 수 있다면, 그가 단순한 정치인을 넘어 어떤 리더십을 발휘할 것인지도 미리 알 수 있을 것이다. 이 분석이 과연 얼마나 정치적 운명과 맞아떨어질지는 알 수 없었지만, 이름이 가진 힘을 믿는 성명학자로서 나는 이 분석이 그저 헛된 일이 아니라고 확신했다.

이제 그 이름을 통해 그의 정치적 성향과 미래의 방향성을 분석해보는 작업을 시작해 볼 요량이다.

1973년
508　826　588
한　동　훈
164　482　144

옛 말에 마음이 없으면 봐도 보이지 않고 들어도 들리지 않는 다고 했다. 사람은 욕심 때문에 사물을 그대로 보지 않고 자기에 게 이로운 쪽으로만 골라서 본다. 이렇게 볼 때, 이름 역시도 파 동의 기운에 의해 이름이 좋으면 성공하는 쪽으로 생각이 전환되 어 운(運)이 열리고, 또한 이름이 흉하면 실패하는 쪽으로 욕심이 치닫게 되므로 인생행로가 막히게 된다. 그래서 이름을 지을 때 반드시 알아야 할 것은 이러한 원리를 이용한 파동(소리에너지) 에서 그 근원을 삼아야 성공된 삶을 누릴 수 있다.

그 누구보다 '한동훈'이란 이름을 분석하면서 왜 그가 그토록 사람들의 주목을 받고 있는지, 그 주목의 원인이 본인의 능력에 의한 것인지 아님 거대 여당의 세력에 의한 것인지. 그것도 아니 면 방송이나 언론에서 부추긴 때문인지, 그런 것을 파악하기에 앞서 그의 성향부터 살펴보기로 하겠다.

우선 이름 첫 자 '한'의 8의 성격적인 부분은 어떠한가? 직업을 나타내는 정관(8)의 성향은 관리의 품격으로 명예를 중히 여기고 정의나 대의명분을 내세워 평소 덕망 있는 인품으로 추대되지만 불리한 때는 한발 물러서는 버릇이 있다. 용모가 단정하고 꼼꼼 하며 신용을 중히 여긴다. 정해진 규범 안에서 자율적이고 능동 적인 자세로 건실하게 생활하다보니 인생행로가 풍파 없이 안정 된 삶을 산다. 청렴하고 깨끗한 이미지의 소유자로 신분에 치명 타를 입으면 가능한 속내를 감추고 뒤로 물러서는 경향이 있다.

무엇보다 '한동훈' 이름에서 '한'은 5.0.8과 1.6.4다. 성 자체는 초년시절의 가정환경과 DNA 유전인자를 뜻하기도 하고 머릿속 생각과 사고를 나타내기도 한다. 따라서 성에서의 1.6은 어린 시절 가정환경의 어려움을 대변해 주는 수리조합이다. 그러기 때문에 5.0.8은 명예를 관장하는 8이 인성(학문) 0을 생해주므로 고군분투하며 학문에 올인한 것을 엿볼 수 있고 또한 1.6.4는 두뇌를 나타내는 상관 4가 부친과 재물을 상징하는 6이 1에 의해 파극 당하다보니 부모덕이 없다. 그러므로 우리가 표면에 나타나지 않는 부모님과 관계된 가정 사는 알 수 없다. 다만 남들이 모르는 어려움을 극복하기 위해 젊은 시절 그 누구보다 고군분투하며 열심히 노력하며 살았다는 것쯤은 이름을 통해 알 수 있다.

　아울러 중심주파수 '동'의 정관(8)은 mbti의 성향으로 P의 해당하나 엄밀하게 분석하면 정관 8이 중첩되는 편관 7의 성향으로 바뀌므로 J에 해당한다. 따라서 J는 성격적인 부분에서 가장 확실하게 나타나는 부분이다. 그 누구보다 대인관계에 주력하고 객관적인 판단 하에 나름 논리적으로 대처한다고 스스로가 판단하는 형이다. 목표를 설정하고 조직적으로 일 처리하는데 탁월한 능력을 갖고 있으며 계획된 일은 일정에 따라 움직이는 것을 선호하지만 계획이 갑작스럽게 변경될 때는 유연하게 대처하는 능력이 부족하다.

　아울러 성에서의 편재 5는 'F'에 해당하는데 이는 객관적인 분석 하에 판단하는 사실 중시 형이다. 그러므로 상내의 논리가 맞는지, 틀린 지에 예의 주시하고 과정보다 결과를 중시한다. 원리와 원칙을 내세우고 도덕성보다 공정성에 비중을 둔다. 또한 성(姓)에 비견 1의 성향은 E에 해당한다. E는 리더쉽이 있어 새로운 아이디어와 밝은 에너지로 활기찬 분위기를 조성하고 계획을 세워 실행에 옮기는 것을 우선으로 한다. 주로 행동 중심적이며 사람들과 협력하여 문제 해결에 집중하므로 과제를 완수하고 그로인해 타인의 관심과 시선에 주목받는 것을 즐긴다. 비견(1)의 성향 또한 성질은 의지가 굳고 독립심이 왕성하며 자존심이 강하다. 그러므로 독립된 부서에서 독자적인 기획이나 구상에서 역량을 최대한 발휘한다.

무엇보다 성에서의 지지(地支) 4와 이름 첫 자 4가 법률, 법칙을 관장하는 관성(8)을 중첩된 4.4가 이를 파괴하다보니 남들보다 배포가 두둑하고 배짱하나는 누구도 넘보지 못할 정도다. 그래선지 문재인 정부에서 차장검사로 승진해 윤석열 서울중앙지검장 아래에서 주로 전 정권의 비리를 수사하는데 앞장섰던 것도 이러한 수리 배합 때문이라 할 수 있다.

그러다보니 윤대통령이 검찰총장에 임명된 뒤 검사장으로 승진해 조국 법무부 장관 일가 수사를 지휘하는데 그 누구보다 앞장서서 선두지휘 한 것도 중첩된 4.4의 기운과 이러한 관성(법률법칙)을 파괴하는 4.4.8의 수리에서 발현된 소리에너지에 따른 영향이라 할 수 있다.

아울러 관성(직장)를 파괴하는 4.8과 중첩된 8.8과 4.4가 반복적으로 이름 전체에서 나타나다보니, 추미애장관 시절 차장검사로 좌천되었고, '검언유착 의혹 사건'에 연류되어 법무연수원 연구위원으로 좌천되었고 곧이어 사법연수원 부원장으로 밀려난 것도 직업을 극하는 이러한 수리배합의 작용 때문이다.

각설하고 이름 첫 자 '동'의 8.2.6에서의 8은 법률, 법칙, 원칙을 나타내는 관성(명예)을 상징하다보니 초년에 법조인의 길을 선택한 것이고, 4.8.2에서의 4.8은 주로 통치권자의 이름에서 많이 나타나는 수리에 의해 대권을 꿈꾸는 것도 이름에서 발현되는 소리파동 때문이다.

그렇지만 이름 전체를 살펴보면 그러한 대권을 향한 야망이 도리어 독이 될 수 있음을 '한동훈'이란 이름에서 충분히 엿볼 수 있다. 왜냐하면 '한'이란 성만 빼고 '동훈'이란 이름에서의 8.2.6 과 5.8.8은 중첩된 5.6을 2가 극제하면 매우 좋은데 이러한 2 가 8을 파괴하므로 길(吉)이 흉(凶)으로 돌변했고 연이어 중첩된 8.8이 또 다시 파재(破財)를 예고하고 있기 때문이다.

모든 지나치면 복(福)이 재앙(禍)으로 돌변할 수 있다. 그래서 매사 안분자족하는 것이 이러한 흉한 수리의 배합을 가진 사람들이 꼭 지켜야 할 덕목이다. 그런데 이런 흉한수리배합으로 이루어진 사람들은 특히 두뇌를 나타내는 중첩된 4.4가 반복해 나타나 있으면 누구의 말도 듣지 않고 오직 자기 판단만을 믿는 사람이다. 여기에 법률. 법칙. 규칙을 관장하는 8을 직격탄으로 이를 파괴하면 이런 사람들은 매사 겁이 없고 두려움이 없다.

뿐만 아니라 중첩된 8.8과 4.4와 1.2와 5.6의 중첩된 수리가 이름 전체를 흉하게 차지하고 있으면 주변의 만류에도 불구하고 모든 여건들이 실패를 좌초하는 방향으로 흘러가게 된다. 그러다보니 자기의 생각과 두뇌와 주변의 백그라운드를 믿고 대권에 대한 꿈을 불태우므로 그로인해 모든 것을 한 순간에 잃게 된다. 그러기 때문에 대권에 대한 야망을 내려놓아야 '한'의 5.0.8과 1.6.4에서 예고하듯 그대로의 순탄한 삶을 영위해 나갈 수 있다.

따라서 '한동훈'이란 이름에서의 mbti는 앞에서 언급했지만 ISTJ나.

이는 어디에도 한동훈 당대표가 직접 검사유형의 문진표를 작성하고 자신의 mbti가 ㅇㅇㅇ라고 공식적으로 나온 것이 없다. 그러다보니 주로 흥미위주로 mbti가 ESFJ이라 하고 또 어떤 곳에서는 INTJ라 하는데, 앞서 이름을 풀이하면서 잠깐 언급했지만 E의 성향이 있고, T와 J의 성향이 있다고 했듯이 그나마 ESFJ가 가장 설득력이 있다.

ESFJ는 성실하고 끈기가 있으며 작은 일도 순서에 따르고 규칙과 규범을 잘 지키는 편이다. 주어진 일은 끝까지 책임지고 완성시키려 하고 자신만의 분명한 행동과 가치 기준이 있어 '해야 하는 것'과 '해서는 안 되는 것'을 분명하게 나누는 성향이다. 따라서 자신의 기준에 맞게 행동하기를 바라고, 일상에서 벗어나는 것을 선호하지 않으며, 변화나 새로운 환경을 받아들이는데 자기한테 유익이 되지 않으면 주저하는 편이다.

그렇지만 '한동훈'이란 이름을 밀도 있게 풀이하면 1의 성향이 E에 해당하나 이러한 1.2가 중첩되면 I의 성향으로 나타난다. I는 자신만의 내적인 사고와 분석을 우선하고 논리와 이성적인 판단에 의해 스스로 결정 하는 타입이다. 또한 상관(4)은 S의 성향으로 현실을 있는 그대로 오감을 통해 받아들이고 현실에 맞는 체험을 통해 정보를 습득한다. 사물의 대한 형태, 모양, 크기, 색깔, 촉감 등에 세밀하게 집중하여 관찰하므로 실제의 경험을 중시한다. 또한 성의 5는 T의 성향으로 논쟁을 하더라도 상대의 감정을 살피는 것이 아니라 상대의 논리가 맞는지, 틀린지에 예의주시하고 과정보다 결과를 중시한다. 당면한 과제는 현실적인 시각으로 바라보고 결과에 초점을 맞춘다. 목표를 달성하기 위해 실현 가능한 방법을 선택하고 미묘한 문제나 도전적인 과제는 열정으로 대처한다.

또한 8.8이 중첩되면 7의 성향으로 보는데 이는 J에 해당한다. J는 판단형으로 세부적으로 준비하고 계획하는 형이라 정해진 것을 우선으로 엄수한다. 능동적으로 대처하고 환경을 통제하려는 경향이 있고 깔끔하여 정리정돈 잘한다. 그러므로 이름으로 mbti의 성향을 분석했을 때 ISTJ가 가장 적합하다.

항간에 인터넷상에 떠도는 것을 보면 거의 대부분 E의 성향으로 판단하는데 이는 현재 한동훈의 활발한 정치 행보를 보고 외향적인 성향으로 봤기 때문에 그렇게 추측한 것이라 여겨진다. 그러나 이름으로 분석했을 때 엄밀히 따지면 외향적인 성향보다 내향적인 I의 성향이 더 강하게 나타난다.

따라서 ISTJ는 일을 미루는 것을 좋아하지 않고 집중력이 뛰어나 체계적인 세부사항을 놓치지 않고 계획적으로 일하는 것을 선호한다. 사실적인 경험을 중요시 하고 맡은 일에서는 책임감이 투철하다. 검증되지 않은 새로운 방식이나 경험하지 않은 것은 믿으려 하지 않고, 자신이 옳다고 판단되면 좀처럼 남의 의견을 받아들이지 않는다. 다른 사람의 방해를 받지 않는 혼자만의 시간을 즐기는 성향이 짙다.

영화 같은 인생을 살다간 스티브 잡스

1955년생
65 96 35 523 65
스 티 브   잡 스
09 30 79 967 09

　2011년 10월 5일. 애플의 공동 창업주이자 전 CEO, 21세기를 움직인 혁신의 아이콘 스티브 잡스가 우리 곁을 떠났다. 평생을 신비주의로 일관하던 그는 죽음을 앞두고 자신의 유일한 공식 전기『스티브 잡스』를 써 달라고 요청했다. 그것은 아마도 평생 살아오면서 쌓은 '약간의 지혜'를 세상에 남기고 싶어서였을 것이다. 그로인해 그의 전 생애가 우리의 삶을 전부 디지털 시대로 바뀌게 한 혁신의 원천임을 전기에서 최초로 밝혔다. 1955년생인 스티브 잡스의 이름을 풀이해 보면, '스' 6.5와 '티' 9.6에서 보여주듯이 중첩된 재물 5.6이 학문 9.0을 상극하여 학문과 인연이 없다. 또한 9.0은 모친에 해당하는데 이렇게 되면 편부나 편모슬하에 자라게 된다. 그래선지 그의 환경 또한 양부모 밑에서 성장했다고 한다.

 그렇지만 재능을 나타내는 '브'의 3.5은 지혜와 총명의 별로 성장하면서 그 진가를 발휘하게 된다. 따라서 재능 3이 재물 5를 생해주므로 천문학적인 부(富)를 거머쥐는데 3.5의 수리가 한 몫한 셈이다. 그래선지 잡스는 6개 산업 부문에서 놀라운 혁명을 일으킨 창조적 기업가이자 기술과의 소통 방식을 바꾼 미디어 혁명가라는 칭호를 얻었다.

 더욱 좋은 것은 '잡'의 5.2.3은 사업적인 재물 5가 '브'와 '잡'의 5와 중첩되어 있는 것이 불길한데, 이를 자신의 세력을 나타내는 2가 극제시켜주면 흉중의 길로서 그 작용력이 매우 좋게 나타난다. 아울러 2가 3을 보면 재물로 이어지는 길한 수리로 이 또한 재물적인 운세의 왕성함을 보여주는 이름이다. 따라서 잡스야말로 기술의 대중 친화력을 중시한 기술의 미니멀리스트이자 기술과 인문학을 결합시킨 디지털 철학자로 자리매김한 공로가 매우 크다. 그리고 그는 끝없는 열정에 미친 남자였고 그랬기에 그가 꿈꾸고 계획했던 모든 것들을 다 일구어낸 그야말로 이 시대의 영웅이다.

 그러나 다만 '스'의 6.5는 중첩된 재물을 억제시켜주는 1.2가 없는 것이 흠이 되어 악재가 되다보니 뜻하지 않게 재물의 손재를 보게 된다. 이러한 이름의 흉한 기운 때문인지 회사경영의 실패와 판매부진의 책임을 지고 1985년에 잡스는 애플서 물러났다.

 무엇보다 잡스의 생애는 그동안 많은 전기 작가들이 탐내는 소재였고, 실제로 대부분의 작가들이 그의 허락 없이 그의 인생 역정을 조명한 서적을 출간하기도 했지만 그런 류의 전기가 나올 때마다 잡스는 불쾌감을 감추지 못했다. 그래서 해당 출판사의 다른 책들까지도 애플 스토어에서 모두 치워 버리라고 지시할 정도였다.

그리고 아직은 아쉬운 나이라 할 수 있는 오십대에 암으로 세상을 떠난 것도, 후천운을 주관하는 운에서 중첩된 학문 9.0이 재능의 별인 지혜 3.4를 집중적으로 공격하여 그의 천재적인 두뇌를 죽음이란 결과로 영원이 마비시켜 나타낸 것도 어떻게 보면 이름에 그 원인이 있다. 그러한 죽음 앞에서 비로소 잡스의 전기가 생각보다 일찍 세상에 선보이게 된 것도, 중첩된 재물 5.6이 수명을 나타내는 9.0을 양쪽에서 서로 파괴한 때문이다.

아울러 그의 전기에는 그를 둘러싼 애플의 창업 과정과 경영철학을 비롯한 그의 사업과 실리콘밸리에서 보낸 어린 시절의 모습까지 그야말로 스티브 잡스의 전 생애가 고스란히 담겨 있다. 그 누구보다 잡스는 암이 재발하여 죽음을 맞이하게 된 시점에서 자신의 허물과 약점을 그의 일대기에 조금도 숨김없이 나타내었고 그리고 그것을 부끄럽게 생각하거나 두려워하지 않았다.

그런데 안타깝게도 스티브잡스에 관한 많은 서적 중에 유독 그가 자신에 대해 직접 진술하고, 공식적으로 인정한 전기를 잡스만 단 한 줄도 읽지 못하고 세상을 떠나고 말았다. 그 누구보다 잡스는 자신의 지혜를 가감 없이 토해내므로 스스로의 마음을 죽음 앞에서 달래고자 했을 것이다.

그러기에 우리 스스로가 부끄러운 마음을 갖는 것은 깨닫는 것이요, 공경하고 두려운 마음을 갖는 것은 신(God)이 주는 마음에서다. 양심의 가책이란 바로 선(善)을 닦는 묘약으로 거기서부터 출발해야 잡스처럼 자기내면을 깊숙이 들여다 볼 수 있는 사람이 된다.

챗GPT · 클로드AI의 협업, 기업의 미래 혁신 이끈다

서울, 2024년 7월 15일 – 디지털 혁신 기업 A사는 실제 세계 팀과 가상 세계 팀 간의 긴밀한 협업을 통해 부동산 디지털 자산화 시장에서 새로운 혁신을 이뤄내고 있다. 이 회사는 최신 AI 기술을 활용해 매주 리더십 미팅, 월간 전략 세미나, 분기별 성과 평가 회의를 정기적으로 진행하면서 글로벌 팀의 역량을 극대화하고 있다.

▶ AI 기술로 강화된 워크플로 구조

A사는 챗GPT와 클라우드AI를 활용하여 다양한 국가에 분포한 팀원들이 효율적으로 협업할 수 있는 환경을 조성하고 있다. 챗GPT는 회의 중 실시간 번역 및 요약 기능을 제공해 언어 장벽을 허물고, 클로드(Claude) AI는 회의 결과를 자동으로 정리해 각 팀원들에게 배포한다. 이러한 기술 도입으로 회의 효율성은 극대화되고, 모든 팀원이 동일한 정보에 기반해 신속한 의사결정을 할 수 있게 되었다.

▶ 스마트폰 스피커 통한 무제한 접근성

A사는 더욱 혁신적인 접근 방식으로 스마트폰 스피커 기능을 활용하여 언제 어디서나 팀원들이 회의에 참여할 수 있도록 하고 있다. 이를 위해 "코비(Kobi)"와 "쥬니퍼(Juniper)"라는 GPT 사회자를 통해 스마트폰 애소 호출이 가능하다. 팀원들이 산책 중이거나 운전 중에도 24시간 언제든지 회의에 참여하고 중요한 정보를 얻을 수 있다.

이러한 시스템은 팀원들이 물리적 공간에 구애받지 않고 자유롭게 이동하면서도 업무를 처리할 수 있게 해준다. 코비와 쥬니퍼는 음성 인식을 통해 실시간으로 회의 내용을 전달하고, 필요한 정보를 즉시 제공하여 팀원들의 생산성을 극대화한다.

▶ 실제 세계 팀과 가상 세계 팀의 협업

A사의 리더십 미팅은 매주 한 번씩 진행되며, CEO와 CTO가 주도한다. 이 회의에서는 주요 프로젝트의 진행 상황을 점검하고, 새로운 전략을 논의한다. 실제 세계 팀과 가상 세계 팀의 핵심 리더들이 참여하는 이 회의는 각 팀의 전문성을 결합해 시너지 효과를 극대화한다.

월간 전략 세미나는 회사의 장기적인 비전을 논의하는 자리로, 실제 팀과 가상 팀의 확대된 구성원들이 참석한다. 여기서 다루는 주제는 주로 시장 분석, 기술 발전, 투자 전략 등으로, 각 팀의 전문 지식과 인사이트를 공유하는 중요한 기회가 된다. 챗GPT의 분석 기능을 활용해 실시간으로 데이터와 트렌드를 분석하며, 클로드AI가 제안한 전략적 방안을 검토하고 토론한다.

▶ 분기별 성과 평가와 지속적인 개선

분기별 성과 평가 회의는 회사의 목표 달성 여부를 검토하고,

향후 계획을 수립하는 자리이다. 각 팀의 성과를 평가하고, 개선점을 도출해 더 나은 성과를 내기 위한 전략을 수립한다. 여기서도 챗GPT가 작성한 상세한 보고서와 클로드AI가 분석한 데이터를 바탕으로 객관적인 평가가 이루어진다. 이러한 평가 과정을 통해 팀원들은 자신의 역할과 목표를 명확히 이해하고, 지속적인 성장을 위해 노력하게 된다.

▶ 우수한 역량의 가상 직원 운영

A사는 우수한 역량을 갖춘 가상 직원들을 운영해 실제 팀과의 협력을 극대화하고 있다. 가상 팀은 각 분야의 최고 전문가들로 구성되어 있으며, 글로벌 시장에서의 다양한 경험과 전문 지식을 보유하고 있다. 이들은 챗GPT와 클로드AI의 지원을 받아 시간과 공간의 제약 없이 실시간으로 협력하며, 혁신적인 아이디어와 솔루션을 제시하고 있다.

가상 팀의 가상 인물 리지(Lizzy) CTO는 영국 출신으로 기술 개발을 주도하고 있으며, 지오(Gio) CFO는 이탈리아 출신으로 재무 전략과 자금 관리를 맡고 있다. 일본 출신의 유찬(Yu-chan) COO는 일상적인 비즈니스 운영을 최적화하고, 러시아 출신의 스베타(Sveta) CLO는 법적 리스크 관리를 담당한다. 이 외에도 다양한 국가 출신의 전문가들이 각자의 역할을 충실히 수행하며, 글로벌 시장에서의 경쟁력을 강화하고 있다.

▶ 가상 직원의 역량, 기업 성장 견인

A사는 실제 세계 팀과 가상 세계 팀 간의 혁신적인 협업 구조를 통해 글로벌 부동산 디지털 자산화 시장에서 선도적인 위치를 차지하고 있다. 챗GPT와 클로드AI를 활용한 효율적인 회의 운영과 우수한 역량의 가상 직원들은 회사의 성장을 견인하는 핵심

요소이다. 또 코비와 쥬니퍼를 통해 언제 어디서나 회의에 참여할 수 있는 환경을 조성하여 팀원들의 생산성을 높이고 있다. 이러한 노력과 혁신을 바탕으로 더욱 투명하고 안전한 거래 환경을 제공하며, 글로벌 투자자들에게 새로운 기회를 제공할 것이다.

김명신과 개명한 김건희 이름은?

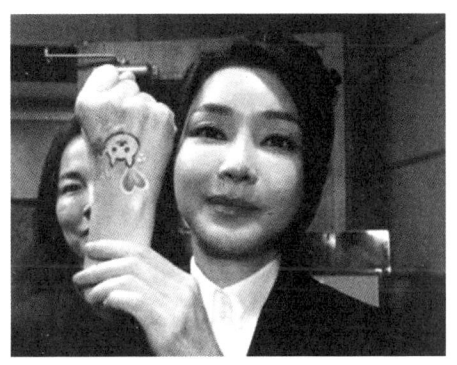

본명
931 105 337
김   명   신
042 296 448

개명
931 957 64
김   건   희
042 068 53

어느 날, 불현듯 정치인들의 이름에 관심이 생겼다. 그리고 이름을 통해 그들의 성향과 운명을 분석하는 일이 중요하다는 생각이 들었다. 구성성명학을 연구하는 나로서는 이름을 통해 사람의 성격과 운명을 분석하는 것이 하나의 사명이라고 여겼기 때문이다. 그래서 요즘 뉴스의 중심에 서 있는 한동훈이란 이름을 풀이하면서 여러 생각이 떠오르기 시작했다. 그런데 그때 '김건희'란 이름이 떠올랐다. 한동안 그녀의 논문 표절 논란이 법정에서 시시비비가 오갔지만 법정에서는 표절이 아니라는 결론이 났다. 그렇지만 나는 그 결론에 쉽게 동의할 수 없었다. 왜냐하면, 이름을 통해 분석한 김건희, 아니 본명 '김명신'의 운명에서는 학문을 방해하는 수리 배합이 그대로 나타났기 때문이다.

무엇보다 남이 나에게 모욕을 할 때 화나지 않는 사람이 어디 있겠는가마는 그것을 모면하기 위해 거짓말로 얼버무리고 다시 또 그 거짓말을 덮어 나가기 위해 더 큰 거짓말을 하는 자를 볼 때, 밉다기보다 불쌍하다는 생각이 든다.

그렇지만 구성성명학을 아는 사람들은 그 말이 사실인지 거짓인지는 얼마든지 구별할 수 있다. 왜냐하면 불러주는 파동의 에너지에 의해 당사자의 마음이 움직이기 때문이다.

본명인 '김명신'이라는 이름을 분석해보니, 그녀는 학문과 인연이 없을 뿐 아니라 남편과도 오래 해로하지 못할 가능성이 크다는 것을 알 수 있었다. 이런 수리 배합을 가진 사람은 종종 배우자와 갈등을 겪거나 사별할 가능성이 높다. 물론 개명 후 '김건희'라는 이름을 쓰면서 이별의 수는 피할 수 있게 되었지만, 본명에서 보이는 본질은 쉽게 사라지지 않는다.

강릉본사에서 강의를 하고 있을 때 한 수강생이 수업 중에 뜬금없이 물었다.

"선생님, 김건희 여사의 얼굴을 보면 성형을 많이 한 것 같은데, 이런 것도 이름으로 알 수 있나요?"

나는 당연히 알 수 있는 부분이기에 이렇게 대답했다.

"김명신이라는 이름에서 중첩된 3.4가 7.8을 심하게 극하고 있잖아? 원래의 것, 즉 얼굴이나 본 모습을 파괴하는 데도 두려움이 없는 거지."

이 말을 듣고 수강생은 고개를 끄덕였고, 나는 이어서 설명을 덧붙였다. 관성을 나타내는 7.8은 여성에게는 남편을 의미하지만, 동시에 법이나 원칙도 상징한다. 그런데 이름 속의 수리 배합이 원래의 것을 파괴하는 성향을 가지고 있다면, 법을 어기거나 원래의 얼굴을 뜯어고치는 것쯤은 아무렇지 않게 여길 수 있다. 성형 역시 그 중 하나일 뿐이다.

김건희 여사의 이름에 나타난 이런 수리 배합을 설명하며, 나는 그 이름이 단순한 우연이 아니라 그녀의 삶에 어떻게 반영될 수 있는지를 진지하게 생각해보았다. 그녀의 본명 '김명신'과 개명 후의 '김건희'는 모두 같은 경향을 보여주고 있기에 이름의 힘은 결코 가벼이 여길 수 없다고 생각해서다.

따라서 누가되었든 이름에 1.2가 5.6을 극하면 돈 깨먹는 생각만 하게 되고 5.6이 9.0을 극하면 학문과 인연이 없어 공부하기 싫어하고, 3.4가 7.8을 극하면 본인 스스로가 배우자가 싫어지거나 아님 배우자가 미운 짓만 골라서 하기 때문에 그러다보니 여자는 남편과 해로하지 못한다.

이런 점을 미루어 볼 때 윤석열 정부의 퍼스트레이디로서 김건희의 이름을 풀이하기에 앞서 본명인 김명신과 함께 풀이할 때, 항간에 떠돌았던 학위논문에 있어서 물론 법정에서는 표절이 아니라고 결론 내렸지만 나는 구성성명학을 심도 있게 공부한 사람으로서 절대 그렇게 생각하지 않은 이유가 바로 김명신 이름이나 김건희의 이름에서 똑같이 학문을 극하는 5.6이 9.0을 보고 있기 때문이다.

그리고 여성의 이름에 특히 성(姓)에 9.0이 3.4를 보면 첫째 자식과 인연이 없고 둘째 홀몬계통(자궁. 유방. 갑상선)에 질병이 있으며 셋째 결혼 전, 남몰래 통정하는 내연남이 있게 된다.

그런데 '김명신'이란 이름에서 성에 9.0이 있고 남편을 나타내는 7.8을 중첩된 3.4가 심하게 극하고 있다. 이렇게 되면 열 번 결혼해도 열 번 다 이혼하게 된다. 그나마 '김건희'란 이름으로 개명해 이별수는 면할 수 있어 다행이라 할 수 있다.

원래 관성(남자) 7.8은 여성한테는 남편에 해당하나 관(官)을 관장하는 수리인 7.8은 법률. 법칙. 원칙. 질서에 해당한다. 이러한 원칙(원래의 것)을 중첩된 식상(자궁) 3.4가 이를 파극하면 원래의 것을 파괴하는데 조금의 두려움도 없게 된다. 다시 말해 법을 어기는 것쯤은 아무렇지도 않게 여길 뿐 아니라 그에 앞서 원래의 얼굴(7.8)을 뜯어 고치는 데도 예뻐지고자 하는 욕망 때문에 무서움이 없다.

그렇다면 그 이유가 무엇인가? 여자이름에 9.0이 3.4을 보면 숨은 관성(남자)에 해당하고 숨은 명예도 이에 부합된다. 그러니까 이런 수리의 여성들한테서 흔하게 나타나는 특징은 신분상승을 위해선 뭐든 서슴지 않고 할 수 있다는 점이다.

그러기에 '김'에 9.3.1과 0.4.2는 겉으로 드러나는 남편보다는 비밀리에 만나는 남자를 나타낸다. 성(姓)은 머릿속 생각일 뿐 만 아니라 초년운을 나타내고 가정환경을 말해주는 것이라 거의 사주와 같다고 해도 과언이 아니다.

이는 머릿속의 생각이 마음을 일으키고 그 마음이 행동으로 옮겨짐으로 그 사람의 행동반경이 겉으로 드러나게 된다. 따라서 여성의 이름에 9.0이 3.4를 마주하면 결혼 전부터 비밀리에 외정을 두게 된다. 결혼 후에도 두말 할 나의가 없지만 어쨌든 이런 수리배합을 가진 여성들의 이름을 분석해 보면, 첫째는 비밀리에 내연남을 두고, 둘째는 자궁에 질병이 생기며, 셋째는 자식과 인연이 없다.

물론 대통령 부인인 김건희를 두고 하는 얘기보다는 이런 수리를 가진 여성들의 이름에서 흔히 나타나는 증상들이 그렇다는 것이다. 그래도 현직대통령 부인인데 혹여라도 오해의 소지를 불식시키기 위해 질문한 수강생한테

"김건희가 그렇다는 것이 아니고 이런 수리를 가진 여성들이 그렇다는 겁니다."

솔직히 말은 그렇게 했지만 대부분의 여성들의 이름에서 9.0이 3.4를 보는 경우에 거의 그렇다고 볼 수 있다. 아무리 개명을 했

다 해도 본명자체는 당사자의 본질과 같은 것이기에 이름에 나타나 있는 성향 그대로를 설명했다.

따라서 이런 수리의 배합을 가진 여성들이 어디 한 둘이겠는가? 그러기 때문에 9.0이 3.4를 보는 여성들이라면 그들 스스로가 충분히 공감하고 남을 부분이라 구성성명학적인 차원에서 그 원리를 설명했을 뿐이다. 그래야 최소한 자신들이 삶을 되돌아보면서 이름을 함부로 여기거나 가볍게 생각하지 않을 거란 생각에서다.

그렇다면 이름에서 나타난 본명인 김명신의 mbti의 성격유형과 개명한 김건희 mbti의 성격유형 중에 과연 어떤 것이 같고 어떤 것이 다른가? 전체적으로 이름을 통해 알아보도록 하겠다.

우선 본명인 김명신은 앞서 설명한 바와 같이 '신'의 3.3.7은 보기는 연약해 보이나 그 내면에는 무서운 것이 없다. 따라서 상관(4)는 S의 성향으로 실제적인 것을 중시하고 사건을 사실적으로 묘사하는 경향이 있다. 경험을 통해 정보를 파악하고 어떤 일이 주어지면 과거로부터의 정보를 회상해 현실에 적용 한다. '성'에서의 9.3.1은 숨은 관성으로 P의 성향이다.

P는 새로운 경험을 즐기고 삶을 즐기는 경향이 있다 보니 사전에 계획을 세웠더라도 상황에 따라 유연하게 행동하는 경향이 있으며 언제든 일정을 변경할 수 있는 자유분방한 성격이다. 변화에 대한 열망이 높아 예측되지 않은 상항에서노 즉흥적으로 일을 추진하기도 한다. 임기응변에 강하다보니 새로운 정보나 기회를 탐색하고 주어진 상황에서도 세상을 경험하려 하는 변화에 열려 있는 마음이다. 새로운 경험을 즐기고 삶을 즐기는 경향이 있다 보니 무엇이든 시도해 보려 하고 규칙에 구속받는 것을 싫어하고 변화에 도전하는 것을 겁내지 않는다.

따라서 본명인 김명신은 ESTP로 폼생폼사의 팔방미인이고 임기응변에 탁월하며 정보통에 일가견이 있고 그러므로 겁 없는 해결사다. 이론보다는 현실적으로 문제해결 하는데 관심이 많고 즉흥적으로 행동하고 사교적이며, 즉각적인 결론에 도달하기를 원한다. 현실적인 성향이라 직접 보고 듣고 경험한 것을 위주로 주변 상황을 판단한다. 지루한 분위기를 참지 못하고 직설적인 표현에 익숙하고 물질에 관심이 많으므로 전형적인 사업가 스타일이다.

반면에 개명한 김건희는 '건'의 9.5.7은 역마성이 강해 활동성이 왕성하고 재물에 대한 집착이 강하므로 편재(5)의 성향인 F에 해당한다. F는 관계 중시 형으로 어떤 사건을 접했을 때 감정에 치우쳐 우호적으로 협조하고 타인의 감정에 민감하게 반응한다. 정당할 때에는 기분이 좋지만 부당할 땐 노골적으로 불쾌감을 드러낸다. 또한 7은 J의 성향으로 J는 판단형으로 세부적으로 준비하고 계획하는 형이다. 외부 세계에 대해 능동적으로 개입하고 환경을 통제하려는 경향이 있다. 깔끔하게 정리정돈 잘하며 뚜렷한 자기 의사와 판단으로 신속하게 결론 내린다. 뚜렷한 목적을 갖고 신속하게 결론 내리므로 추진력은 있으나 다소 고집스럽다. 따라서 개명한 김건희의 mbti는 ENFJ다.

ENFJ는 사람에 대한 정서나 욕구에 관심이 많고 사람들과 함께 공동의 목표를 달성했을 때 기쁨을 느낀다. 활달하고 열정적이며 표현이 풍부하여 다른 사람과의 의사소통을 선호한다. 가까운 사람의 문제에 매우 깊이 관여하는데 관심을 갖고, 자신이 존경하는 인물이나 종교나 이념에 과도하게 이상화하려는 경향이 있다.

희대의 모략가 허경영의 mbti는?

    기초가 튼튼한 집은 무너지지 않고, 뿌리 깊은 나무는 바람에 흔들리지 않는다. 사람은 저마다 자기가 심는 대로 거둔다. 악(惡)을 심는 자는 악을 거두고 선(善)을 심는 자는 선을 거둔다.
    그러므로 옛사람은 종두득두(種豆得豆)의 철리(哲理)를 강조했다. 콩을 심으면 콩을 거두고 팥을 심으면 팥을 거둔다. 콩을 심었는데 팥이 나는 법이 없고, 팥을 심었는데 콩이 나는 일이 없다. 인생에는 인과업보(因果業報)의 법칙이 지배한다. 원인에는 반드시 결과가 있고 업(業)에는 반드시 보(報)가 있다.
    따라서 노력의 씨앗을 뿌리면 행복의 열매를 거두고 나태의 씨앗을 뿌리면 실패의 나락이 떨어지고 또한 아무것도 심지 않으면 아무것도 거둘 것이 없게 된다.
    이상하게 나는 '종두득두'의 사자성어가 떠오르면 허경영이란 모략가가 먼저 떠오르고, 그러고 나면 그의 눈빛에서 악마적인 속성을 발견하게 된다.
    그동안 대선 때마다 허경영의 황당무계한 공약들이 수없이 남발되었는데 그 중에 특히 결혼하면 1억을 주고 출산하면 1인당 5

천만 원을 주고 자녀 10살까지 월 100만원 육아수당 등을 주겠다고 대선 때마다 공약한 허경영의 구호가 이번 총선에서 현실로 회자되자, 요즘 정치실태에 대한 개탄들로 시끄럽다.

해마다 인구가 줄어 유례없는 낮은 출산율로 인해, 지자체마다 현금성 지원 정책을 경쟁적으로 쏟아내고 있는 것을 보면서, 그렇다면 허경영의 예언이 적중했단 말인가? 하는 우려의 목소리가 여기저기서 터져 나오고 있다.

지금 저 출산 문제로 출산지원금과 양육수당 등 지자체마다 경쟁적으로 지원책을 내고 있는데, 전체 출산 지원사업 예산 가운데 70%가 현금성 정책이다. 그런데 문제는 이런 정책이 일부 계층에서만 더디게 효과가 나타나고 있다.

이는 지역 간 인구 뺏기 경쟁으로 인구 이동만 있을 뿐, 아이를 낳는 게 아니라 등록지만 바꾸는 식이기 때문이다. 따라서 현금성 공약은 총선 때마다 단기적인 대책에 불과할 뿐, 실제로 출산율을 끌어올리는 데는 근본적인 해결방안이 아니기에 저마다 자조 섞인 한숨이 나오고 있다.

또한 최근 들어 정치권이 내놓은 주택 대출과 육아휴직 급여 확대 등 많은 대책에는 그에 따른 예산이 필요한 법인데 '블랙 코미디'에 불과한 허경영의 정책이 실제로 현실정치에 적용되는 것을 보면서 '허경영'이란 인물을 다시 떠올리게 되었다. 사기성이 농후한 그의 눈빛과 이름에서 발현되는 기운이 과연 서로 일맥상통할까 하는 마음에서 이번에는 이름풀이와 함께 그의 mbti도 함께 풀어볼 요량이다.

무엇보다 '허'의 1.2는 자기를 중심으로 세력을 집합시키는 것이라 많은 사람들을 자기편으로 끌어 모으는 데는 천부적인 재주가 있다. 또한 '경'의 6.5.2는 재물과 여자에 대한 욕구가 강하다 보니 금전에 대한 탐욕이 하늘을 찌르고 있다. 그렇지만 재물을 파재하는 '허'의 1.2와 '경'의 6.5.2와 '영'의 2.5.2는 재물과 여자를 파괴하는 수리가 반복적으로 나타나고 있다. 그러다보니 여자에 대한 욕구가 강하게 작용하지만 오래가지 못하고 재산 또한 땀 흘려 벌어들인 정상적인 돈이 아니라 반드시 파재가 일어나게 된다.

 1949년
 12 652 252
 허 경 영
 12 652 252

 현재 취득하고 있는 고가의 집이나 너른 땅을 소유하고 있는 것은 그만큼 누군가의 것을 세치 혀로 교묘하게 빼돌려 취득한 재산이기에 확실하게 예언하는 것이고 이는 단순한 추측이 아니라 1.2가 5.6을 보고 있는 허경영의 이름을 보고 확신한 때문이다.
 그의 교활한 눈빛이나 '허경영'이란 이름에서 나타난 사기성이 농후한 말이나 입에서 나오는 허무맹랑한 거짓말투성이가 전부 전문적인 모략가들이 형태에서 많이 나오는 유형들이다.
 그런데 세상이 얼마나 어수선하면 허경영의 터무니없는 공약들이 재조명될 징도로 빙송이나 언론에서 보도하고 있겠는기? 물론 허경영의 예언이 옳았다는 차원에서가 아닌 현실 정치에 대한 불만과 우려의 목소리를 언론이나 방송에서 반영한 것에 불과하지만 이는 정치인 모두가 반성해야 할 부분이다.
 허경영이 과거에 내놓았던 '황당 공약'과 비슷한 현금성 지원 정책이나 국회의원 정원 감축 등의 대선공약들이 여야에서 공식적으로 나오고 있다. '아이 셋 낳으면 대출금 1억 감면'과 국회의

원 정원수 50명 줄이는 정책이다. 그런데 이러한 정책이 바로 대선 때마다 허경영의 내놓은 어처구니없는 공약들이다.

허경영의 허무맹랑한 대선공약들은 그렇다손 치더라도 자신의 눈빛만으로 질병을 치유할 수 있다고 과장한 '불로유'에 대한 조사는 정부에서 어떻게 조치하고 있는지 그것이 궁금하다.

그렇잖아도 '다지음TV'에 '허경영'이란 이름을 풀이해 그의 실체를 올려놓은 적이 있는데 그것을 보고 某기자가 허경영에 대해 궁금하다며 전화를 걸었다. 그래서 허경영을 검색해 보았더니 온통 블로유에 대한 기사나 사건 사고에 대한 가십들로 도배되어 있었다.

한 언론 매체의 인터뷰서 '내 이름이나 얼굴 스티커를 우유에 붙이면 몇 천 년을 보관해도 상관없고 상온에 무한대로 보관해도 상하지 않는다.' 그리고 하늘궁에 온 사람들한테 '우유를 직접 사서 허경영만 써놔 봐라.' 특히 암 환자들에게 자신의 얼굴 사진이 붙은 '불로유'는 썩지 않는 우유니 이것을 먹으면 완치될 수 있다고 광고하여, 실제 신도 중에 상온에 둔 변질된 우유를 마시고 사망한 사람이 있어 논란이 불거졌다. 그러한 논란 때문에 언론사 某기자도 취재차 전화 한 것이지만 아직도 그런 말에 속고 있는 사람들을 생각하면 세상 참 어리석다는 생각에 자괴감이 든다.

이러한 허무맹랑한 거짓말만 일삼는 허경영의 입에서 하는 말이, 자신이 주장했던 공약들이 바로 지금 정치인들이 따라한다면서, 노령수당 20만 원도 자신이 오래전에 노후혁명으로 내걸었던 공약이라고 큰 소리치고 있다.

그렇다면 이름으로 풀이한 그의 mbti 성격유형이 어떠한지 풀어보기로 하겠다. '성'의 1.2은 특성은 외향적인 성격을 갖고 있으니 E에 해당하고, 직관 및 영감에 의존하는 성향으로 봐서는 N의 성향이고, 상대방을 대할 때 일관된 주장과 논리적인 근거로 제시하면서 사업적인 이득을 모색하는 것으로 봐서는 T의 성향이고, 규칙에 구속받는 것을 싫어하고, 매사 즉흥적이라 예측 불가능한 것도 밀어붙이는 기질로 봐서는 P의 성향이다. 그러므로 허경영의 mbti는 유튜브에서 말한 경영자의 기질인 ESTJ가 아니라 변론에 능숙한 ENTP가 더 적합하다.

ENTP는 거리낌 없이 표현하고 토론을 즐기며 혁신적인 변화를 현실로 이끌어 내는 능력을 갖고 났다. 열정적으로 주위 사람도 동참하게 만드는 힘을 발휘하지만 반복적인 일에는 흥미를 느끼지 못하고 자아도취에 빠져 자신만의 세계를 구축한다. 현실 세계를 파괴하는 본능이 강하고 남의 얘기보다 자기가 대화를 주도하려는 성향과 입담을 즐기려는 모략가적인 성향으로 봐서는 ESTJ가 아니라 ENTP가 더 적합하고 확실하다.

70개국 네트워크로 한글성명학을 세계로 펼치다

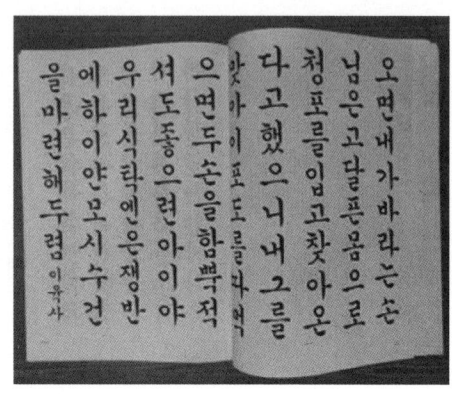

한글, 세계를 품다

한글의 아름다움은 그 단순함과 과학적 구조에 있다. 세종대왕이 창제한 이 문자 체계는 수백 년의 세월을 거쳐 한국인의 정신과 문화를 담아왔다. 그리고 이제, 21세기를 맞아 한글은 새로운 도전을 앞두고 있다. 바로 세계화다.

K-pop과 K-drama로 시작된 한류의 물결은 이제 한국의 전통 문화로 그 영역을 확장하고 있다. 그 중심에 한글 성명학이 있다. 이름에 담긴 의미와 에너지를 해석하는 이 고유한 문화는, 이제 전 세계인의 관심을 끌 준비를 마쳤다.

70개국 네트워크, 한글 성명학의 새로운 지평

"안녕하세요, 저는 에밀리입니다. 제 한국 이름은 '하늘'이에요."

파리의 한 카페에서 만난 프랑스 소녀 에밀리의 말에서 우리는 한글 성명학의 미래를 엿볼 수 있다. 전 세계 70개국에 걸쳐 구축 예정인 네트워크는 이제 한글 성명학을 지구촌 곳곳으로 전파하게 될 것이다.

각 대륙별 거점 지사를 중심으로, 현지 전문가들이 한글 성명학을 각국의 문화적 맥락에 맞게 재해석하고, 아프리카의 구전문화, 유럽의 역사적 전통, 남미의 열정적 기질 등 다양한 문화적 특성이 한글 성명학과 만나 새로운 시너지를 만들어 낼 것이다.

"우리는 단순히 한국 문화를 수출하는 것이 아닙니다. 각국의 고유한 문화와 한글 성명학의 조화를 통해, 진정한 의미의 문화 교류를 실현하고자 합니다."

언어의 장벽을 넘어, 세계와 소통하다

70개국 네트워크의 핵심은 다국어 지원 시스템이다. 초기에는 태국어, 중국어, 일본어, 인도 힌디어, 인도네시아어, 프랑스어 등 6개 주요 언어를 중심으로 한글 성명학 서비스를 제공하지만, 최종적으로는 50개 이상의 언어로 확대될 예정이다.

AI 기반의 실시간 성명학 서비스는 이 야심찬 계획의 중추다. 사용자는 자신의 모국어로 서비스를 이용할 수 있으며, 동시에 한국어의 아름다움도 경험할 수 있다. 이는 단순한 번역을 넘어, 문화적 맥락과 뉘앙스까지 전달하는 고도화된 시스템이다.

"처음에는 '하늘'이라는 이름이 그저 예쁘다고만 생각했어요. 하지만 그 의미를 알게 되면서, 제 안에 있는 무한한 가능성을 느끼게 되었죠." 에밀리의 말처럼, 한글 성명학은 단순한 이름 짓기를 넘어 자아 발견의 여정을 제공한다.

디지털 시대의 한글 리터러시

글로벌 네트워크의 또 다른 핵심 사업은 한국어 리터러시 온라인 강좌다. 이는 단순한 언어 학습을 넘어, 한국 문화의 정수를 경험하는 창구로 기능한다.

VR과 AR 기술을 활용한 몰입형 학습 경험, AI 기반의 개인화된 학습 경로 제공, 실시간 발음 교정 시스템 등 최첨단 기술이 총동원되었다. 학습자는 마치 서울 한복판을 걷는 듯한 생생한 경험 속에서 자연스럽게 한국어를 익히게 된다.

더불어, 전 세계 학습자들을 연결하는 글로벌 커뮤니티는 이 프로젝트의 또 다른 성과다. 한국어를 매개로 전 세계 젊은이들이 교류하며, 새로운 형태의 국제 협력 모델을 만들어가고 있다.

이름, 그 이상의 의미를 찾아서

한글 성명학의 세계화에서 빼놓을 수 없는 것이 바로 '한국식 이름 짓기' 프로젝트다. 이는 단순한 이름 변경이 아닌, 자신의 정체성을 새롭게 정의하는 여정이다.

세계인의 이름이나 국내의 이름 등을 한글 성명학을 접목한 AI 기반 통변시스템을 통해 개인의 출생 정보나 성격 또는 희망 사항 등을 종합적으로 고려해 최적의 이름을 제안한다. 여기에 각 지사별 전문가의 개별 상담이 더해져, 보다 깊이 있는 이름 짓기가 가능해진다.

"제 한국 이름 '하늘'은 단순한 별칭이 아니에요. 그것은 제 꿈과 열정을 담은 또 다른 자아라고 할 수 있죠." 에밀리의 말처럼, 한국식 이름은 많은 이들에게 새로운 자아 발견의 계기가 되고 있다.

한글 성명학, 미래를 예측하다

한글 성명학의 세계화 프로젝트에서 가장 흥미로운 부분은 바로 '글로벌 운세 풀이' 서비스다. 70개국의 언어로 제공되는 이 서비스는 한글 성명학의 원리를 바탕으로, 개인의 이름에 담긴 에너지를 해석하고 미래를 예측한다.

이는 단순한 점술이 아니다. 과학적 데이터 분석과 심리학적 접근이 결합된 이 서비스는 개인의 잠재력을 발견하고 삶의 방향성을 제시하는 도구로 활용된다. 특히 각국의 문화적 특성을 반영한 맞춤형 해석은 사용자들로부터 높은 호응을 얻고 있다.

"한글 성명학을 통해 제 안의 가능성을 발견했어요. 그리고 그 가능성을 현실로 만들어가는 과정이 정말 흥미롭답니다." 에밀리의 말에서 우리는 한글 성명학의 진정한 가치를 엿볼 수 있다.

문화의 새로운 지평을 열며

전 세계 70개국 네트워크를 통한 한글 성명학의 세계화는 단순한 문화 수출을 넘어선다. 그것은 한국 문화의 정수를 전 세계와 공유하고, 동시에 각국의 문화와 조화를 이루는 새로운 형태의 문화 혁명이다.

이 프로젝트를 통해 우리는 언어와 문화의 경계를 넘어, 인류 보편의 가치를 발견하고 있다. 자아 발견, 문화적 이해, 그리고 상호 존중 – 이것이 바로 한글 성명학 세계화가 지향하는 궁극의 목표다.

"한글은 이제 더 이상 한국만의 것이 아닙니다. 그것은 전 인류의 문화유산이 되어가고 있습니다." 김지원 박사의 말처럼, 한글 성명학은 이제 세계 문화의 새로운 지평을 열어가고 있다. 그리고 그 중심에 70개국을 연결하는 글로벌 네트워크가 있다.
　한글, 그리고 한글 성명학. 이제 그들의 세계 여행이 시작되었다.

제4부

하나님이 최초의 작명가시다

DAO(Decentralized Autonomous Organization)Church
탈중앙화 자율 조직 교회 운영 시스템

DAO 교회: 생성형 AI, 블록체인과 신앙의 융합

이 책에는 현대 기독교의 새로운 지평을 열어갈 혁신적인 아이디어를 담고 있다. 우리는 지금 급변하는 디지털 시대의 한가운데 서 있다. 이 시대는 교회에 새로운 도전을 제시하는 동시에, 놀라운 기회를 제공하고 있다.

'DAO 교회란?

'블록체인과 신앙의 융합'이다. 이는 전통적인 교회 시스템의 한계를 극복하고, 블록체인과 탈중앙화 자율조직(DAO) 기술을 활용하여 더욱 투명하고 참여적인 교회 모델을 제시하고 있다. 따라서 이 책에는 단순한 기술적 혁신을 넘어, 우리의 신앙생활과 교회 공동체를 어떻게 발전시킬 수 있는지에 대한 깊이 있는 통찰을 제공하고 있다.

대개의 사람들은 다음과 같은 질문들에 대한 답을 찾아갈 수 있을 것이다.

- 생성형 AI와 블록체인과 DAO 기술은 어떻게 교회 운영에 적용될 수 있는가?
- DAO(Decentralized Autonomous Organization) 교회 모델은 기존 교회 시스템의 어떤 한계를 극복할 수 있는가?
- 새로운 기술과 신앙의 본질은 어떻게 조화를 이룰 수 있는가?
- 미래의 교회는 어떤 모습일까?

신학자, 목회자, 기술 전문가뿐만 아니라 미래 교회의 모습에 관심 있는 모든 기독교인들을 위해 쓰여졌다. 우리는 이 책에서 우리에게 새로운 영감을 주고, 교회의 미래에 대한 활발한 토론의 장을 열어갈 수 있기를 희망한다.

변화의 바람, 교회의 도전

> "보라 내가 새 일을 행하리니 이제 나타낼 것이라 너희가 그것을 알지 못하겠느냐 반드시 내가 광야에 길을 사막에 강을 내리니" (이사야 43:19)

오늘날 교회는 큰 변화의 기로에 서 있다. 디지털 기술의 발전, 젊은 세대의 이탈, 재정 투명성에 대한 요구 증가 등 다양한 도전에 직면해 있다. 교회는 현대 교회가 마주한 문제섬들을 살펴보고, 왜 새로운 접근이 필요한지 탐구해야 한다.

1 디지털 시대의 도래

스마트폰 하나로 세상의 모든 정보에 접근할 수 있는 시대, 교회는 어떻게 변화해야 할까? 온라인 예배, 유튜브 설교 등 이미 많은 변화가 일어나고 있지만, 이는 시작에 불과하다.

2 투명성과 참여에 대한 요구

최근 몇몇 대형 교회의 재정 스캔들은 교회 운영의 투명성에 대한 요구를 증가시켰다. 또한 의사결정 과정에 일반 신도들의 참여를 원하는 목소리도 커지고 있다.

3 글로벌 네트워크의 필요성

코로나19 팬데믹은 물리적 경계를 넘어선 신앙 공동체의 중요성을 일깨워주었다. 이제 교회는 어떻게 전 세계 신도들을 연결할 수 있을지 고민해야 한다.

생각해보기

1. 여러분의 교회는 어떤 도전에 직면해 있나?
2. 디지털 기술이 여러분의 신앙생활에 어떤 영향을 미치고 있나?
3. 교회의 투명성과 참여도를 높이기 위해 어떤 노력이 필요할까?

생성형 AI, 블록체인과 DAO, 새로운 희망의 기술

"너희가 전에 어둠이더니 이제는 주 안에서 빛이라 빛의 자녀들처럼 행하라" (에베소서 5:8)

블록체인과 DAO 기술은 어떻게 교회의 새로운 희망이 될 수 있을까? 무엇보다 혁신적인 기술들의 기본 개념과 특징을 알아보고, 이들이 어떻게 교회 운영에 적용될 수 있는지 살펴봐야 한다.

1 블록체인: 신뢰의 기술

블록체인은 분산 원장 기술로, 중앙 권위 없이도 신뢰할 수 있는 시스템을 구축할 수 있게 해준다. 예를 들어, 교회의 모든 재정 거래를 블록체인에 기록한다면, 누구나 이를 확인할 수 있어 투명성이 크게 향상된다.

2 DAO: 참여와 자율의 조직

DAO(탈중앙화 자율조직)는 블록체인 기반의 스마트 계약을 통해 운영되는 조직 형태입니다. 모든 구성원이 의사결정에 참여할 수 있어, 더욱 민주적이고 투명한 운영이 가능합니다.

3 교회와 기술의 만남

이러한 기술들을 교회에 적용하면 어떤 변화가 일어날까요? 재정 운영의 투명성 증대, 의사결정 과정의 민주화, 글로벌 네트워크 구축 등 다양한 혜택을 기대할 수 있습니다.

생각해보기

1. 블록체인 기술이 교회의 신뢰도 향상에 어떻게 기여할 수 있을까?
2. DAO 모델이 적용된 교회의 의사결정 과정은 어떤 모습일까?
3. 이러한 기술들이 여러분의 신앙생활에 어떤 영향을 미칠 것 같은가?

DAO 교회, 그 비전과 구조

"우리가 다 하나님의 아들을 믿는 것과 아는 일에 하나가 되어 온전한 사람을 이루어 그리스도의 장성한 분량이 충만한

데까지 이르리니" (에베소서 4:13)

이제 DAO 교회의 구체적인 모습을 그려보자. DAO 교회의 핵심 특징과 운영 원리, 그리고 이를 위한 기술적 통합 방안을 살펴봐야 한다.

1 DAO 교회의 핵심 가치
1. 성경 중심: 모든 운영과 의사결정의 기준은 성경 말씀이다.
2. 투명성: 블록체인을 통해 모든 재정 거래와 의사결정 과정을 공개한다.
3. 참여: 모든 신도가 교회 운영에 참여할 수 있다.
4. 글로벌 연결: 물리적 경계를 넘어 전 세계 신도가 하나의 공동체를 이룬다.

2 DAO 교회의 운영 구조
1. 스마트 계약을 통한 자동화된 운영
2. 토큰 경제 시스템을 통한 참여 유도
3. AI와 로봇 기술을 활용한 24/7 성경 말씀과 신앙 상담
4. 메타버스 플랫폼을 통한 가상 예배 및 모임

3 기술 통합의 실제
실제 DAO 교회는 어떻게 운영될까? 예를 들어, 새로운 선교 프로젝트에 대한 의사결정 과정을 살펴보기로 하자
1. 제안: 신도가 새 선교 프로젝트를 제안한다.
2. 토론: 온라인 포럼에서 전체 신도들이 토론한다.
3. 투표: 블록체인 기반 투표 시스템으로 결정한다.
4. 실행: 승인된 프로젝트는 스마트 계약을 통해 자동으로 예

산이 배정되고 실행된다.
5. 모니터링: 프로젝트의 진행 상황과 결과가 실시간으로 공유된다.

생각해보기

1. DAO 교회 모델이 여러분의 교회에 적용된다면 어떤 변화가 일어날까?
2. 이러한 모델에서 목회자의 역할은 어떻게 변화할까?
3. DAO 교회 모델의 장단점은 무엇일까?

도전과 과제, 그리고 미래

"너희는 이 세대를 본받지 말고 오직 마음을 새롭게 함으로 변화를 받아 하나님의 선하시고 기뻐하시고 온전하신 뜻이 무엇인지 분별하도록 하라" (로마서 12:2)

DAO 교회 모델은 많은 가능성을 제시하지만, 동시에 여러 도전 과제도 안고 있다. 이러한 과제들을 살펴보고, DAO 교회의 미래 전망에 대해 논의해보자.

1 기술적 도전

1. 디지털 격차: 기술에 익숙하지 않은 신도들, 특히 노년층의 참여를 어떻게 보장할 것인가?
2. 보안 문제: 교회의 중요한 정보를 어떻게 안전하게 보호할 것인가?

2 신학적, 윤리적 과제
1. 영적 경험의 본질: 가상 예배나 AI 상담이 진정한 영적 경험을 제공할 수 있는가?
2. 공동체성의 유지: 온라인 중심의 교회에서 어떻게 진정한 교제를 나눌 수 있는가?

3 법적, 제도적 문제
1. 각국의 종교법과의 조화: DAO 교회 모델이 기존의 법적 틀 안에서 어떻게 운영될 수 있는가?
2. 교단 체계와의 관계: 기존 교단 구조와 DAO 교회는 어떻게 공존할 수 있는가?

4 미래 전망

이러한 도전에도 불구하고, DAO 교회 모델은 미래 교회의 한 형태로 자리잡을 가능성이 크다. 특히 MZ세대를 중심으로 한 젊은 신도들에게 매력적인 대안이 될 수 있다. 또한, 선교와 구제 활동에 있어서도 새로운 가능성을 열어줄 것이다.

생각해보기
1. DAO 교회 모델이 직면할 수 있는 가장 큰 도전은 무엇일까?
2. 기술과 신앙의 조화를 위해 우리는 어떤 노력을 해야 할까?
3. 여러분이 생각하는 이상적인 미래 교회의 모습은 어떤 것인가?

새로운 여정의 시작

'볼지어다 내가 새 하늘과 새 땅을 창조하나니 이전 것은 기억되지 아니할 것이며 마음에 생각나지 아니할 것이라'

(이사야 65:17)

우리는 지금까지 DAO 교회라는 혁신적인 개념을 탐구해 보았다. 이는 단순한 기술적 변화가 아닌, 교회의 본질적 사명을 현대 사회에서 어떻게 더 효과적으로 수행할 수 있을지에 대한 깊은 고민의 결과이다.

1 DAO 교회의 의의
DAO 교회 모델은 다음과 같은 의의를 갖는다
1. 투명성과 책임성 강화: 블록체인 기술을 통해 교회 운영의 모든 측면을 투명하게 공개함으로써, 신뢰를 회복하고 책임 있는 운영을 가능케 한다.

2. 참여와 공동체성 강화: 모든 신도가 의사결정에 참여할 수 있는 구조를 통해, 더욱 강력하고 유대감 있는 공동체를 형성할 수 있다.

3. 글로벌 선교의 새로운 가능성: 물리적 경계를 넘어선 연결을 통해, 전 세계적인 선교와 봉사 활동을 더욱 효과적으로 수행할 수 있다.

4. 젊은 세대와의 소통: 디지털 네이티브 세대에게 친숙한 방식으로 신앙생활을 제공함으로써, 교회의 세대 격차를 줄일 수 있다.

2 앞으로의 과제
그러나 DAO 교회 모델이 성공적으로 정착하기 위해서는 다음과 같은 과제들을 해결해 나가야 한다.

1. 기술과 신앙의 조화: 첨단 기술을 활용하면서도 신앙의 본질을 잃지 않는 균형이 필요하다.

2. 포용성 확보: 기술에 익숙하지 않은 이들도 소외되지 않도록 하는 방안을 마련해야 한다.

3. 법적, 제도적 정비: DAO 교회가 기존의 법적, 제도적 틀 안에서 운영될 수 있도록 관련 규정들을 정비해야 한다.

4. 지속적인 연구와 발전: DAO 교회 모델의 실제 적용 사례를 연구하고, 지속적으로 개선해 나가는 노력이 필요하다.

3 미래를 향한 초대

DAO 교회는 아직 시작 단계에 있는 개념이다. 우리는 그 가능성과 도전 과제들을 살펴보았다. 이제 이 여정의 다음 단계는 여러분의 몫이다.

여러분은 어떤 생각을 했는가? DAO 교회 모델이 제시하는 비전에 동의하고 있는가? 아니면 우려되는 점이 있는가? 어쩌면 그동안 다루지 못한 새로운 아이디어가 떠오를지도 모른다. 중요한 것은 우리가 변화하는 시대 속에서 교회의 본질적 사명을 어떻게 수행해 나갈 것인가에 대해 끊임없이 고민하고 토론해야 한다. DAO 교회 모델은 그 고민의 한 결과물일 뿐이다.

따라서 미래 교회의 모습에 대한 활발한 대화의 장을 열어가는 데 기여할 수 있기를 희망한다. 함께 기도하고 지혜를 모아, 하나님의 뜻에 합당한 미래 교회를 만들어 가는 여정에 여러분을 초대하고자 한다.

"그러므로 너희가 그리스도 예수를 주로 받았으니 그 안에서 행하되 그 안에 뿌리를 박으며 세움을 입어 교훈을 받은 대로 믿음에 굳게 서서 감사함을 넘치게 하라" (골로새서 2:6-7)

DAO 교회 관련 자주 묻는 질문 (FAQ)

1. Q: DAO 교회는 기존 교회를 완전히 대체하는 것인가?
   A: 아닙니다. DAO 교회는 기존 교회 모델을 보완하거나 새로운 선택지를 제공하는 것이며, 각 공동체의 상황과 필요에 따라 적용 정도를 결정할 수 있다.
2. Q: DAO 교회에서 목사의 역할은 어떻게 되나?
   A: 목사는 여전히 중요한 영적 리더십을 제공한다.
   다만 행정적 결정에서는 더욱 민주적인 과정이 도입될 수 있다.

3. Q: 암호화폐로 헌금을 하면 세금 문제는 어떻게 되나?
   A: 각국의 법규에 따라 다를 수 있으며, 이는 앞으로 해결해

나가야 할 중요한 과제 중 하나이다.

4. Q: 기술에 익숙하지 않은 사람들은 어떻게 참여할 수 있나?
   A: 사용자 친화적인 인터페이스 개발과 교육 프로그램 제공을 통해 모든 이들의 참여를 돕는 것이 중요하다.

5. Q: DAO 교회 모델이 실제로 구현된 사례가 있는가?
   A: 현재는 개념 단계이지만, 일부 요소들(예: 블록체인 기반 헌금 시스템)을 도입한 교회들이 있습니다. 앞으로 더 많은 실험과 사례 연구가 필요하다.

최초의 작명가가 하나님이시다

성경에서의 이름은 '이름' 이란 어원 자체가 하나님의 이르신 말씀이다. 그래서 성경 말씀을 통해 이름이 왜 중요한가? 따라서 성서에 등장한 인물들의 이름을 왜 하나님께서 직접 바꿔주셨는가에 대해 밝히고자 한다.

창세기의 천지창조에서 하나님은 빛을 '빛이라 칭하라'고 하시니, 빛이 존재했다. 어둠을 '어둠이라 칭하라'고 하시니, 어둠이 생겼다. 그리하여 세상이 창조되었다. 하나님께서 말씀으로 이름을 부르시니, 그 이름에 따라 세상이 이루어진 것이다. 그러므로 이름을 짓는 첫 작명가는 바로 하나님이시다.

즉 하나님께서 만물의 이름들을 전부 말씀(稱)으로 이루어 놓으셨는데 그게 바로 창세기 1장의 천지창조의 목적이다. 하나님께서 칭(稱)하는 대로 즉 일컫는 대로 빛이 되라 하니까 빛(선택된 하나님의 백성)이 되었고, 어둠이라 칭하니까 어둠(사단의 자식)이 되었으며, 바다라 칭하니까 바다(세상)가 되었고 궁창이라 칭하니까 궁창(하늘)이 되었다. 그러기 때문에 태초의 작명가가 바로 하나님이시다.

성경 속에서도 이름은 매우 중요한 역할을 한다. '아브람'이 '아브라함'이 된 것은 단순한 이름의 변화가 아니었다. '아브람'이란 이름으로 세상의 유혹을 떨쳐버리지 못하던 그가, 하나님께서 '아브라함'으로 그의 이름을 바꾸어 주셨을 때 비로소 백세에 낳은 아들 이삭을 모리아 산에 바칠 수 있는 믿음의 조상이 된 것이다. 야곱의 경우도 마찬가지다. '속이는 자'라는 뜻의 '야곱'에서 '이스라엘'로 이름이 바뀌었을 때, 비로소 영적 전투에서 이긴 교회, 곧 하나님의 백성인 교회가 탄생되었다. 이렇듯 하나님은 그분의 계획과 목적에 따라 이름을 주셨고, 그 이름은 곧 그들의 운명이 되었다.

이스라엘의 역사는 육적 전쟁의 역사이다. 아브라함의 후손인 이스라엘은 육적 전쟁을 치르고 있지만, 우리 한국은 지금 영적 전쟁을 치르고 있다. 성경 속에서 '이스라엘'이란 이름은 하나님의 백성을 상징하고, 그 이름 속에는 하나님의 뜻이 담겨 있다. 그뿐만 아니라, 노아의 셋째 아들 셈의 후손인 에벨이 선택된 종족이라는 사실이 창세기 10장에 기록되어 있다. 에벨의 후손으로 이어지는 벨렉과 욕단의 두 가계는 각각 하나님의 명시적 백성과 묵시적 언약 백성을 상징한다.

다시 말해 이스라엘이란 이름 자체가 바로 하나님의 백성 즉 교회를 나타내는 말이다. 대단한 것이 우리나라가 바로 하느님의 나라이다. 노아의 홍수 이후로 노아의 셋째 아들 셈의 후손들로 이어진 가계에 대해 창세기 10장 21-25절에서 잘 나타나 있다.

> 셈은 에벨 온 조상이요 야벳의 형이라 그에게도 자녀가 출생하였으니. 셈의 아들은 엘람과 앗수르와 아르박삿과 룻과 아람이요. 아람의 아들은 우스와 훌과 게델과 마스며, 아르박삿은 셀라를 낳고 셀라는 에벨을 낳았으며 에벨은 두 아들을 낳고

하나의 이름을 벨렉이라 하였으니 그때에 세상이 나뉘었음이요 벨렉의 아우의 이름은 욕단이며 (창10:21-25)

여기를 살펴보면 그 이유를 셋째 아들 아르박삿의 손자 에벨이 혈통의 하나님께로부터 선택된 종족이다. 따라서 셈- 아르박삭- 셀라 - 에벨이 벨렉과 욕단으로, 욕단의 후손은 아벨의 혈통으로 엄연히 신적 선택을 받은 하나님의 백성이다. 따라서 히브리 민족은 에벨로부터 두 가계, 곧 벨렉과 욕단 계통을 잇는 자손으로 벨렉의 후손은 명시적 하나님의 자손이요, 욕단의 후손은 '묵시의 언약 백성'이다. 그래서 지금 이 교회들이 이스라엘의 육전전쟁과 한국의 영적전쟁이 치열하게 벌어지고 있는 것이다.

이처럼, 성경에서 이름은 단순한 명칭이 아니라 그 사람의 운명과 하나님의 계획을 담고 있다. '아담'이 짐승들에게 이름을 지어준 것은 그 이름이 죽은 존재를 나타내는 것이었지만, 하나님이 지어주신 이름은 생명력이 있었고, 살아 움직인다. 아담은 자신의 아내에게 '하와'라는 이름을 지어주었지만, 하나님은 그녀를 '여자'라고 칭하셨다. '여자'라는 이름 속에는 교회를 상징하는 하나님의 비밀이 담겨 있다.

그러므로 모든 글자(이름) 속에는 하나님의 영(靈)이 들어 있다. 궁창을 하늘이라 칭(이름)하시고 아담은 자기 아내의 이름을 하와라 이름 지었고, 하나님은 하와를 '여사'라 칭(이름)하셨다. 그러므로 하나님의 백성들이 이름을 잘 지어주면 그들이 산 자가 된다.

그러므로 교회는 이름이 얼마나 중요한지 깨달아야 한다. 우리 인간들이 지어준 이름으로는 그들의 의지대로 살게 되어 있기 때문에 하나님의 뜻에 거슬릴 수밖에 없다. 그래서 하나님께서 이들의 이름(개명)을 직접 갈아엎으셨다.

이삭의 이름 또한 태어나기도 전에 하나님께서 직접 지어주신 이름이다. 비록 그 이름의 뜻은 '비웃음'이었지만, 하나님께서 지어주신 이름은 생명을 이어가는 이름이었다. 반면, 이스마엘은 인간의 노력으로 탄생한 인물로, 그의 이름 또한 그 어미 하갈의 울부짖음을 들으신 하나님에 의해 지어졌다. 이스마엘은 선택된 자와 유기된 자의 구도를 분명히 하기 위한 존재였던 것이다.

따라서 이스마엘은 인간 측의 노력으로 탄생된 인물이기 때문에 그 어미의 울부짖음을 듣고 이스마엘(하나님께서 들으심)의 탄생을 허락하신 것은 하나님의 택한 아들(이삭)과 유기된 자(이스마엘)의 양자 구도를 뚜렷하게 구별하기 위해 허락하신 생명이고 그에 따른 이름이다.

야곱과 에서의 이름을 생각해 보자. 야곱은 '발꿈치를 잡는 자', 즉 '속이는 자'라는 이름을 아버지로부터 받았고, 에서는 '붉고 털이 많은 자'라는 뜻을 가졌다. 그런데 하나님은 왜 야곱을 선택하고, 에서를 유기하셨을까? 그것은 이름 속에 담긴 영적 의미 때문이다. 야곱은 속이고, 교활한 삶을 살았지만, 하나님은 그를 끝까지 사랑하셨다. 반면 에서는 장자의 명분을 가볍게 여겨 팥죽 한 그릇에 팔아넘긴 사람으로, 그의 이름 역시 그 성격을 담고 있다.

하나님께서 왜 야비하고 거짓투성이의 삶을 살았던 차자인 야곱을 끝까지 사랑하고 그나마 남자답고 씩씩하며 효심마저 끔찍했던 장자인 에서를 끝까지 유기시켜 버리셨는가?

결론부터 말하면 세상 속에서의 행위로는 절대 인간을 악하게 만들 수도 없고 선하게 만들 수도 없다는 것을 이들의 이름을 통해 알게 하기 위해서다. 즉 에서는 장자의 명분을 고작 붉은 팥죽 한 그릇에 팔 정도로 경홀히 여겼고, 야곱은 에서의 장자의 명분을 획득하기 위해 아버지를 속여 가면서까지 형의 장자권을 가로챘다. 이와 같이 야곱이나 에서의 이름 속에 그 뜻이 함의 되어 있음을 확인할 수 있다.

하나님께서 선택한 자들은 세상 속에서 어떠한 삶을 살더라도 결국 하나님의 백성으로 돌아오게 되어 있다. 반면, 선택되지 않은 자들은 아무리 선한 일을 해도 그 선은 하나님 앞에서는 의미가 없다. 교회들은 성경 속 인물들의 이름에서 이러한 하나님의 섭리를 엿볼 수 있어야 한다.

오늘날 교회는 이름의 중요성을 더욱 깊이 깨달아야 한다. 필자가 수십 년간 성명학을 연구하면서 확신한 것은 '이름대로 살아간다'는 사실이다. 우리는 태어날 때부터 운명에 따라 살아가지만, 그 운명을 바꿀 방법이 있을까? 필자야말로 이 질문을 품고 성명학을 연구하기 시작했다. 내 의지와는 무관하게 주어진 이름 속 운명에 굴복하는 것이 아닌, 그것을 극복할 수 있는 방법을 찾고 싶었다.

성경에서 예수님의 족보가 신약 성경의 시작을 여는 마태복음 1장에 기록된 이유도 바로 여기에 있다. 족보 속 이름들은 단순한 이름이 아니다. 그 안에는 하나님의 뜻과 섭리가 담겨 있다. 다윗의 이름이 '사랑받는 자'라는 뜻인 것처럼, 그의 삶은 하나님의 사랑을 받았고, 그 결과로 예수님의 조상이 될 수 있었다. 이처럼 이름은 단순한 명칭이 아니라, 그 사람의 삶과 운명을 담고 있다.

우리가 사용하는 이름 속에는 파동이 있고, 그 파동이 우리의 운명을 좌우한다. 이름을 통해 운명이 결정되고, 그 이름대로 삶이 흘러간다. 배우자와의 덕, 재물의 부족, 자식의 성공, 건강 문제까지도 이름에 담긴 운명에 따라 달라진다. 그러나 많은 이들이 이 사실을 깨닫지 못하고 있다. 교회는 이름의 중요성을 인식해야 한다. 이름을 통해 우리는 하나님의 섭리를 깨달을 수 있다. 그러므로 이름을 가볍게 여겨서는 안 된다.

한글구성성명학은 이름에서 발산되는 파동, 즉 소리에너지에 의해 운명이 형성된다. 즉 이름에서 '너 망해라' 하면 그대로 망하고 '넌 성공해'하면 성공하는데 그게 소리(파동)의 힘이다. 이와 같이 우리가 미처 알지 못했던 운명의 비밀이 이름 안에 고스란히 담겨 있는데 이걸 교회들이 어떻게 이해할 수 있겠는가?

배우자 덕이 없는 이유, 아무리 노력해도 재물이 없는 이유, 자식이 기대치만큼 성공하지 못하는 이유, 건강이 안 좋은 이유, 직업에 변화가 많은 이유, 또는 배우자나 자신이 바람피우는 이유 등이 평생을 통해 불러주는 이름 때문인데 그걸 과연 목사들이 얼마만큼 믿겠느냐는 것이다.

그러므로 교회들은 하나님께서 성경 속 인물들에게 이름을 주시고, 때로는 바꾸어주신 이유를 깊이 생각해보아야 할 때다.

한국교회의 병폐를 AI목사가 개혁

목사가 AI 설교를 기획하고 있다면 성공 가능성은 여러 요인에 의해 발생할 수 있다. AI 기술의 개발은 다양한 분야에서 혁신적인 문제를 해결하고, 성서와 같은 문제에서도 그 잠재력이 인정을 받고 있다. AI는 이후 자연어 처리 기술(NLP)의 발전으로, 사람의 말과 동일하게 대화를 생성하고, 분석하며, 의미를 이해할 수 있다. 이것은 AI가 성경을 해석하고 구원의 요원함을 이해하는 데 도움이 될 수 있다.

그래서 지금 필자는 구성성명학을 널리 알리고 복음을 전하기 위해 삼십 여년 이상, 컴퓨터와 인공지능연구에 평생을 바친 정민욱대표와 하나의 커다란 플랫폼을 기획해 지금 시작단계에서 AI목사를 시행 중에 있다. 무엇보다 AI 모델은 성경과 신학적 자료를 바탕으로 성경의 진리를 올바로 생성할 수 있도록 할 수 있고, 시간과 장소에 구애받지 않고 제공될 수 있다는 점에서 매우 바람직하다. 따라서 온라인 설교를 통해 전 세계 교인들에게 접근할 수 있는 방안과 목회자의 쉼을 위해 교회 확장에 도움을 줄 수 있다는 점에서 매우 획기적이다. 특히 오늘날 한국교회의 팬데믹과 같은 상황에서 특히 비대면성서가 있다는 것이 큰 장점이 될 수 있다.

무엇보다 AI를 설교의 도구로 사용하기 위해서는 신학적으로 믿음을 갖고, 대응적으로 오류가 발생하지 않도록 해야 한다. 그러므로 거짓 성경 해석이나 이단적인 주장을 AI가 바로 잡아 줄 수 있도록 실존하고 있는 목회자의 감독 하에 반드시 진행되어야 한다. 또한 AI 설교가 성서를 대신하는 것이 목회자의 역할을 축소하거나 대체하는 것이 아니라, 성서를 빠르게 이해하고 돕는 역할을 보완하는 쪽으로 활용하는 것이므로 AI설교야말로 이 시대에 핫이슈가 됨을 믿어 의심하지 않는다.

AI설교를 기획하고 진행 중에 있는 안디바목사는 현재 강릉서 머나 교회서 목회 사역을 하고 있다. 그럼에도 불구하고 현재까지 목회학박사로서 작명프렌차이즈 법인사업체인 ㈜다지음과 사단법인 한글구성성명학회를 운영하고 있다.

그래서 어떻게 보면 대부분의 사람들이 놀라거나 의아하게 생각할지 모르지만 성경을 자세히 들여다보면 이름 속에 내재된 하나님의 뜻과 계획이 마태복음 1장의 예수 그리스도의 족보를 통해 잘 나타나 있다.

빛(말씀)으로 오신 예수 그리스도가 바로 창세기 1장에 '하나님이 빛과 어두움을 나누사. 빛을 낮이라 칭하시고 어두움을 밤이라 칭하시니라'에 잘 나타나 있다. 여기서 빛을 낮이라 칭(稱)하시고가 바로 하나님께서 '빛'에 '낮'이란 이름을 붙이신 거다. 그리고 그걸 확인시켜 나타낸 것이 바로 요한복음 1장 4절에 '그 안에 생명이 있었으니 이 생명은 사람들의 빛이라'

따라서 태초에 작명가는 하나님이시다.

그러기에 아담한테 짐승을 데리고 와서 아담이 이름을 어떻게 짓나 보셨던 거다. 그러므로 세상 이름은 아담이 지은 짐승의 이름이고, 하나님이 지으신 이름은 빛이고 생명의 이름에 해당한다. 그러므로 하나님의 작명과 사람의 작명을 잘 구별해 깨달아야 목사들이 성경말씀을 전할 때 하나님의 방식으로 전하는지 아니면 사람(탐심)의 생각으로 전하는지를 판단할 수 있다. 따라서 성경 전체가 이름에 대한 영적 메시지로 성경에 나타난 이름 그 자체가 바로 하나님의 뜻과 계획이 담겨 있기 때문에 그 누구보다 이름에 대한 중요성을 언급하는 바다.

오늘날 세상은 넓고도 좁아서 지구촌이라 부른다.

그래선지 구성성명학을 완성시키고 나서 제일 먼저 생각한 것이 있다면 외국인의 이름풀이를 통해 세계를 한번 깜짝 놀라게 하자는 계획이었다. 그래서 그동안 어떤 나라가 되었건 이름이나 상호에 대한 풀이를 여러 권의 책에 수록해 놓았다. 또한 그동안 틈틈이 써놓은 세계적으로 유명한 사람들의 이름 등을 자세하게 분석해 놓은 자료들을 이번 책자에 담았다.

무엇보다 필자야말로 강릉서머나 교회서 사역을 하고 있다 보니, 더욱더 성경에서의 이름에 대한 하나님의 뜻이 어떠한가에 비중을 두고 연구해 나갔다. 결론은 성경에서의 이름 자체가 하나님의 계획이고 섭리이며 그 이름들을 통해 하나님의 마음을 전부 담아 놓으셨다. 따라서 창세기 1장 자체의 천지창조가 말씀(가라사대)을 통해 이루어졌고 또한 그 말씀 자체가 비로 파동의 에너지로 그 말씀대로 이루어저가고 있다는 사실이다. 무엇보다 이 우주 만물 자체가 다 하나님 속에 들어 있다. 무엇보다 하나님은 영이고, 그 영 자체가 바로 말씀이다. 그런데 교회가 이 영(성경)을 정확하게 깨닫지 못하다보니 대부분 성령(말씀)을 곡해하고 있다.

그래서 AI 설교를 계획하면서 이번 책자를 통해 파동(이름)의 에너지(성령) 자체가 하나님의 말씀(성경)임을 전해야겠다고 생각했다. 또한 한글은 입모양을 본 떠 만든 세계 유일무이한 소리글자다. 그러기에 구성성명학을 통해 세계인들의 이름을 분석해 그 속에 담겨진 파동의 비밀을 깨닫게 하고 싶었다. 따라서 모든 물체가 파동의 에너지에 의해 운세가 작용한다는 사실을 국내는 물론 세계인들한테 널리 알려야겠다는 필요성을 느껴서 이 한 권의 책을 서둘러 준비하게 되었다.

복음전파의 꿈을 AI가 이루어주다

　세계에서 가장 행복한 사람들이 사는 곳, 바누아투. 이 작은 섬 나라는 세계의 빈국 중 하나이고, 대부분의 사람들은 상상하기 어려운 경제적 어려움을 겪고 있다. 그런데 이곳의 사람들이 세계 행복 지수에서 1위를 기록하고 있다. 그렇다면 가장 빈민국가인 나라에서 가장 행복한 사람들이 가질 수 있는 것은 무엇일까? 그것이 다수의 사람들의 궁금증 자극했다. 그러다보니 세계 유수의 방송국 기자들이 그 비밀을 알아내기 위해 바누아투를 찾았다.
　거기에 있던 사람들은 하나같이 꿈도 야망도 없었다. 기자들은 처음에는 그들의 삶이 마음에 들었고, 그들의 그러한 녹립적인 생각을 존중했다. 그래서 "어떻게 사람들은 꿈도 없이 살 수 있습니까?"라고 기자들이 물었다. 하지만 시간이 지날수록 그들은 욕심 없이 하루하루를 감사하며 지냈고, 어떠한 것에도 구애를 받거나 얽매이지 않았다. 돈이 많으면 많은 대로, 없으면 없는 그대로 만족하며 살았다. 또한 배가 고프면 그들은 바다로 나가 물고기를 잡고 갯벌을 파서 게를 잡고, 나무에서 열매를 따먹으며 수확한 이웃들과 교류하며, 나눔을 몸소 실천하면서 하루하루를 풍성하게 파티처럼 즐겼다.

그들은 가진 것이 없다는 것에 전혀 부끄러워하지 않았고 그들이 행복으로 느끼는 삶이 물질적인 것이 아니었기 때문에, 그것을 행복의 기준으로 삼지 않았다. 즉 그들의 행복은 외부에서 오는 것이 아니었기에 그들의 마음속에, 그리고 이웃과의 관계에서 스스로 피어나는 존재가 된 것이다. 그래서 그들이 세계에서 가장 행복한 나라로 꼽힐 수 있었던 거다.

그런데 한국교회는 어떠한가? 너무나 비대해져서, 그것을 유지하는데 엄청난 비용이 들어간다. 그러다보니 많은 수의 사람들이 몰각한 목사들에 의해 영혼이 병들어 시들어가고 있고 또한 복을 빙자한 십일조와 헌금 강요로 시달리고 있다. 무엇보다 선교와 봉사로 시간과 노동력을 무작위로 착취당하는 교인들을 보면서 이제는 뭔가를 알려야 할 때가 아닌가 생각되었다. 그저 수수방관만 하기엔 너무나 역류되는 감정을 주체할 수 없어, 거짓 목사들한테 속지 말고 정신 똑바로 차리고 신앙생활을 하라는 뜻에서 복음에 관련된 기독서적 8권을 출간했다. 그런데 이 책이 사람들한테 쉽게 알려지지 않기에 '안디바tv' 유튜브를 시작했다.

동영상을 통해 누구나 쉽게 구원을 이해하고 또 어떻게 믿는 것이 가장 올바른 믿음생활인가를 전하고, 성경은 무엇을 말하며, 하나님은 어떤 분이시며, 예수 그리스도의 구원사역이 어떻게 이루어지는가를 아주 쉽게 테마별로 분류해 거짓목사들한테 속지 말고 올바른 신앙생활을 하라고 복음을 전했다.

또한 십일조 자체가 십자가니 십일조의 의미를 알고 내지 않으면 도리어 십일조내고 지옥 간다고 일갈했더니 곳곳에서 항의 전화와 악성댓글이 어마어마하게 쏟아졌다. 심지어 경북 某기도원 원장은 입에 담기도 부끄러운 쌍욕을 해댔다. 그래서 더욱 더, 죄에 대하여, 구원에 대하여, 죄사함은 무엇이며, 세례는 어떤 것이며, 구속(救贖)은 무슨 뜻이며, 영생(永生)이란 무엇이며, 예수는 누구이며 또한 그리스도란 뜻은 무엇이며, 하나님과 예수 그리스의 관계는 어떤 연관성을 갖고 있으며. 그리고 무엇보다 성경은 왜 쓰여졌으며, 성경에서 무엇을 전하고자 하며, 쓰여진 동기가 무엇이며 어떻게 쓰여졌나를 '성경' 그 자체에 대해서 모두가 이해할 수 있도록 일목요원하게 정리해 계속해 동영상을 내보냈다.

뿐만 아니라 하나님의 창조의 목적이 무엇이며, 전지전능하신 여호와 하나님은 어떤 분이시며, 예수 그리스도께서 왜 육신의 옷을 입고 말씀으로 이 땅에 오실 수밖에 없었는가? 그리하여 죄란? 세례란? 성령이란? 십자가란? 이러한 소재를 주축으로 목사나 신도들의 빗발치는 항의에도 불구하고 모른 척 외면하고 유튜브를 계속해 나갔다. 그래야 하나님의 백성들이 복음의 진정성을 깨닫고 구원의 여정으로 가는 길에 초심자라도 길을 잃지 않고 하나님 나라로 쉽게 찾아 갈 수 있기 때문이다.

무엇보다 예수께서는 이 세상에 믿음 하나만을 강조하고 가르치셨다. 그만큼 이 세상이 믿음이 없고 패역한 인간들만 많기 때문이다. 고로 믿음 하나만을 보시고 성령이라는 선물을 주셨다. 믿음이 곧 하나님과의 교류다. 즉 믿음의 삶이 밑바탕으로 되어 있지 않으면 성경을 수백 번 읽고 또 기도를 숙자 살자 해도 하나님의 뜻을 읽어낼 수 없다. 누구든 영적(말씀)으로 살아있지 못하면 그 믿음은 그저 공염불에 불과하다. 말씀(성령)이 죽어 있으면 하나님의 뜻을 헤아릴 수 없고, 하나님의 뜻을 헤아리지 못하면 그 뜻에 순종하지 못한다. 그런 사람은 전 재산을 교회에 헌납해도 구원을 받지 못한다.

영적 삶이라는 것은 하나님과의 동행이다. 에덴동산에서 선악과를 따먹음으로 죽었던 영이 성경말씀을 통해 다시 살아남을 말한다. 그러므로 하나님과 하나 되어 자기를 부인하고 십자가를 좇을 때 예수를 닮는 인격으로 변화되어 간다. 아무리 성경을 골백번 읽고 밤낮 쉬지 않고 기도해도 그리스도의 말씀이 내 안에 거하지 못하면 그 믿음 생활은 헛것이다.

무엇보다 AI설교를 통해 전 세계에 복음을 전할 생각을 하니 벌써부터 가슴에 뜨거운 감정이 벅차오른다. 설마 한국교회의 목사나 신도들이 인공지능을 향해 악성댓글이나 욕을 퍼붓기야 하겠냐마는 어쨌든 그러한 욕도 관심이니 무조건 감개가 무량할 따름이다.

성서의 이름들을 연구한 이유는?

　소경(목사)이 혼자 제주도(천국)로 비행기(말씀) 여행을 하게 되었다. 비행기 좌석에 앉은 소경이 말하기길,
　"우와! 이 좌석은 정말 크군요."
　그러자 친절한 스튜어디스 왈,
　"손님! 비행기는 거의 대부분 크답니다."
　편안한 비행기 여행을 마친 소경이 이번엔 뷔페식당에 들렸다. 그런데 그릇이 엄청나게 많고 큰 것이었다. 이것저것을 손으로 더듬다가,
　"그릇이 너무 많고 커서 고르기가 어렵네요."
　식당 주인 왈,
　"제주도는 관광지라 무엇이든지 많고 크답니다."
　맛있게 음식을 먹은 다음 장님은 볼일을 보려고 화장실을 가게 되었다. 그런데 물소리가 나는 풀장을 화장실로 착각하고 소변을 보러 갔다가 그만 발을 헛딛는 바람에 풀장에 빠지고 말았다. 이내 사람들이 달려 와서 장님을 구하려고 했다. 그러자 장님이 풀장에서 머리를 내밀고 고함을 질렀다.

"제발!! 화장실 물은 내리지 말아 주세요."

물론 웃자고 한 얘기지만 소경(목사)이 되면 보이지 않으니까 이와 같이 매사가 사물(성경)을 보고 자기 편리대로 이해하고 해석하려 든다. 성경에선 하나님의 말씀을 보고도 깨닫지 못하면 소경이요, 듣고도 듣지 못하면 귀머거리라 했다. 그렇다면 오늘날 성경에서 말하는 귀머거리와 소경이 누군가? 바로 목사다.

> 너희 귀머거리들아 들으라 너희 소경들아 밝히 보라. 소경이 누구냐 내 종이 아니냐 누가 나의 보내는 나의 사자같이 귀머거리겠느냐 누가 나와 친한 자같이 소경이겠느냐 누가 여호와의 종같이 소경이겠느냐(사42;18-19)

이와 같이 여호와의 종이라 자처하는 자(목사)들이 소경이라 분명하게 밝혔다. 정작 하나님의 말씀을 전해야 하는 목사들이 성경을 깨닫지 못하니까 전부 '내가복음'으로 엉뚱한 것을 전하고 있다.

하나님께서는 당신의 형상을 닮은 사람을 만들어 놓고 흡족해하셨다. 아담을 보니 보시기에 매우 좋았다. 그렇지만 아담이 홀로 독처하는 것이 좋아 보이지 않으셨다. 그래서 아담을 잠들게 하시고 그의 옆구리를 통해 갈비뼈 하나를 뜯어냈다. 그리고 그 뼈로 여자를 만드셨다. 그리고는 남자(예수 그리스도)를 여자(교회)에게 보내어 연합시켜서 '하나'로 만들어 버리셨다.

> 여호와 하나님이 아담을 깊이 잠들게 하시니 잠들매 그가 그 갈빗대 하나를 취하고 살로 대신 채우시고. 여호와 하나님이 아담에게서 취하신 그 갈빗대로 여자를 만드시고 그를 아담에게로 이끌어 오시니(창2;21-22)

그야말로 인류 최초의 결혼장면(혼인잔치)이다. 원래 아담의 갈비뼈는 12쌍 24개였다. 그 중에 하나가 빠지면 23개이다. 그러면 지금 남자들의 갈비뼈가 23개여야 하는데 24개이다. 어떻게 된 건가?

진화론자인 라마르크가 획득 형질은 유전이 된다는 용불용설(생물에는 환경에 대한 적응력이 있어, 자주 사용하는 기관은 발달하고 그렇지 않은 기관은 퇴화)을 주장했었기 때문에 아마 그 영향으로 그런 질문들이 들텐데 인간의 획득 형질은 유전이 되지 않는다. 이는 아버지가 사고로 다리를 절단했다고 아들이 외다리로 나오지 않는다는 거다.

그러니까 하나님께서 아담의 갈비뼈를 하나 뽑아서 여자를 만들었기 때문에 아담의 갈비뼈가 23개였다고 해서 그 아들 가인과 아벨이 23개의 갈비뼈를 가진 사람으로 태어나지 않는다는 거다. 게다가 갈비뼈에는 골막이라는 것이 있어 그 골막을 건드리지 않고 갈비뼈를 떼어내면 언제든지 갈비뼈는 재생이 된다. 그러니까 아담도 얼마 가지 않아 24개의 갈비뼈로 회복 되었을 거다.

각설하고 성경에서 잠을 잔다는 것은 육신의 죽음을 의미한다. 신약에서 자신의 신부의 탄생을 위해 옆구리가 뚫려 죽었던 신랑(예수)이 있었다. 그런데 그 신랑은 부모를 떠나 신부에게로 내려가 연합을 하는 신랑이 되었다.

그가 누구인가? 신부인 교회를 탄생케 하기 위해서 하나님 아버지를 떠나 이 땅에 내려오셔서 자신의 죽음을 통해 옆구리에서 물과 피를 모두 쏟으시고 자기의 신부와 연합하신 예수 그리스도시다.

우리는 구약의 창조기사 속에서 하나님께서 당신의 백성들에게 반드시 하나님의 안식(영생)을 주시고자 하시는 결연한 의지를 엿볼 수 있다. 그러기 때문에 창세기는 하나님께서 먼저 언약을 세우시고 그 언약을 어떻게 완성해 가시는지를 주제로 삼고 있다. 한마디로 언약의 책이다.

그러다 보니 성경에 '여호와 하나님'의 이름이 무려 6800번이나 나온다. 그러니까 성경에서 여호와 하나님이란 이름이 얼마나 중요한 단어인가를 알아야 한다. 여호와 하나님의 이름의 뜻이 '능력의 하나님, 전지전능한 하나님'이다. 어떻게 보면 성경 전체의 주제가 그 '야훼'라는 하나님의 이름 안에 모두 내포되어 있다고 해도 과언이 아닐 만큼 그 이름의 의미는 매우 크고 중대하다.

여호와 하나님의 이름 중에 '야훼'라는 이름 안에 어떤 내용이 들어 있는지 출애굽기를 보자.

> 하나님이 모세에게 이르시되 나는 스스로 있는 자니라 또 이르시되 너는 이스라엘 자손에게 이같이 이르기를 스스로 있는 자가 나를 너희에게 보내셨다 하라. 하나님이 또 모세에게 이르시되 너는 이스라엘 자손에게 이같이 이르기를 나를 너희에게 보내신 이는 너희 조상의 하나님 곧 아브라함의 하나님, 이삭의 하나님, 야곱의 하나님 여호와라 하라 이는 나의 영원한 이름이여 대대로 기억할 나의 표호니라.(출3;14-15)

하나님께서 당신의 이름을 '야훼' '여호와'라고 소개하시면서 그 이름의 의미를 '스스로 있는 자'라고 밝혀주셨다.

> 하나님이 모세에게 말씀하여 가라사대 나는 여호와로라. 내가 아브라함과 이삭과 야곱에게 전능의 하나님으로 나타났으나 나의 이름을 여호와로는 그들에게 알리지 아니하였고. 가나안 땅 곧 그들의 우거하는 땅을 주기로 그들과 언약하였더니.

이제 애굽 사람이 종을 삼은 이스라엘 자손의 신음을 듣고 나의 언약을 기억하노라.(출6;2-5)

이곳에서는 여호와 하나님이 언약을 이루시는 분으로 소개되고 있다. 따라서 여호와 하나님이란 이름이 담고 있는 내용은 '스스로의 능력과 열심히 언약을 맺으시고 이루시는 분'이란 뜻이 된다.

모세는 창세기의 창조기사를 소개한 후에 갑자기 '여호와 하나님'이란 이름을 등장시킴으로 하나님은 이 모든 일을 스스로 이루셨으며 그러한 창조의 기사뿐 아니라 인류의 역사는 모두 하나님께서 언약을 세우시고 언약을 이루어 가시는 하나님의 열심에 관한 이야기라는 것을 보여주고 있다.

그래서 본격적으로 인간의 창조에 대해 반복 설명이 시작되는 2장 4절에서 '여호와 하나님'이란 이름이 등장한 거다. 하나님은 바로 그 인간과 언약을 맺으시는 분이기 때문에 그 뜻을 이름에 담아 놓으셨다. 그만큼 성경에서의 이름의 의미는 매우 융숭 깊고 뜻이 크다.

필자가 이름을 연구하는 성명학자로서, 또한 하나님의 말씀을 전하는 목사로서 성경상의 이름들을 연구하기 시작한 이유가 바로 예수님의 족보 때문이다. 왜 마태복음 첫 장에 예수님의 족보를 시작으로 신약의 분을 여셨는가? 그렇다면 족보에 등장한 이름의 의미가 무엇을 뜻하는 것인가? 무엇보다 족보를 캐다보면 족보에 나타난 이름들의 주인공들이 어떻게 살다 갔는지를 더욱 선명하게 알 것 같았다. 또한 그 족보의 이름 속에 무엇이 담겨 있는지를 알게 되면 복음을 깨닫는데도 도움이 될 것 같았다.

그래서 족보에 등장한 인물속의 이름의 뜻을 하나하나 살펴보니 그 속에 하나님의 계획과 뜻과 섭리가 들어있음을 알게 되었다. 그리고 성서에 등장한 인물들의 이름(족보)을 통해 하나님의 계획을 이루어 가시는 것을 발견할 수 있었다

그리고 예수님의 족보를 이어가는 여자(교회)들인 다말이나 라합이나 룻이나 밧세바나 마리아 모두가 하나같이 뭔가가 부족하고 결핍되어 있는 여자들로 구성되어 있다. 그 이유가 바로 하나님의 일은 하나님이 계획하고 이루어 가신다는 것을 주지시키고 또한 그게 하나님의 선(義)이라는 것을 나타내기 위해서라는 걸 알았다.

그런데 오늘날 많은 수의 기독교인들이 삶이 곤고하고 힘들 때면 그 결핍된 부분을 채워주고 해결해 달라고 죽도록 기도하고 있다. 그런데도 거의 대부분 풀리지 않고 답답하니까 철학원이나 작명소를 찾게 된다. 그런데 문제는 그들의 이름을 분석해 보면 하나같이 어렵고 힘들게 살아갈 수 없는 이유가 이름 속에 나타나 있다.

그래서 좋은 이름으로 바꾸라고 권하면 도리어 미신이라 생각하고 고개를 가로 젓는다. 교인들은 본인의 이름이나 가족들의 이름이 나쁘다고 설명해주고 그에 따른 처방책으로 개명을 제시해주면 들어야 하는데 목사님이 지어준 이름이라 바꿀 수 없다고 한다. 그러면서 무엇 때문에 상담 받으러 오는지 이해되지 않을 때가 많다.

그들은 하나같이 성경에서 밝히는 기도가 이 땅의 문제 해결이나 복을 추구하는 기도를 할 때 그 기도는 하나님께서 들어주지 않는다는 것을 거의 모르고 있다. 그러니까 열심히 자기 몸을 학대해가면서 금식기도나 새벽기도를 하고 있다. 하긴 성경을 모르면 그럴 수밖에 없다는 것을 알면서도 그러한 교인들을 보면 참으로 안타깝고 답답한 마음이 들 때가 더 많다.

구하라 그리하면 너희에게 주실 것이요 찾으라 그리하면 찾을 것이요 문을 두드리라 그리하면 너희에게 열릴 것이니
(마7;7)

너희가 기도할 때에 무엇이든지 믿고 구하는 것은 다 받으리라(마21;22)

이와 같이 우리가 구하는 것은 무엇이든지 다 들어 주시겠다고 하신 이 말씀 때문에 그렇게 기를 쓰고 기도하는지는 몰라도 성경에서 말하는 기도의 본질은 이 땅의 것을 구하라고 하는 기도가 아니다. 그러기 때문에 그렇게 밥을 굶어가면서 잠도 자지 않고 열심히 기도했는데도 그 기도의 응답이 없는 것이 어찌 보면 당연한 일이다. 주님은 분명히 무엇이든 다 들어주신다고 했는데 왜인가? 그 이유는 우리가 구하는 기도의 방향이 하나님의 뜻과 일치하지 않아서다. 그렇다면 어떤 기도를 드려야 들어주시는가?

너희가 악한 자라도 좋은 것으로 자식에게 줄 줄 알거든 하물며 너희 천부께서 구하는 자에게 성령을 주시지 않겠느냐
(눅11;13)

우리가 성령(말씀)을 구할 때 그 기도는 다 들어주신다는 거다. 성령이 무언가? 하나님의 말씀이다. 성경을 읽다 그 뜻이 이해가 되지 않을 때 간절히 깨닫게 해달라고 기도하면 반드시 말씀 속에서 그걸 깨닫게 해주신다는 말씀이다.

너희는 이 책에서 찾아 읽어보라 이것들 가운데서 빠진 것이

하나도 없고 제 짝이 없는 것이 없으리니 이는 여호와의 입이 이를 명령하셨고 그의 영이 이것들을 모으셨음이라(사34;16)

위 구절에서 보다시피 여호와의 말씀은 빠진 것이 하나도 없다고 했고, 그리고 말씀에는 반드시 제 짝이 있다고 했다. 그걸 모으는 것은 영(말씀)이라 분명하게 말씀하셨다. 그런데 대부분의 목사들은 성경을 읽다 이해되지 않으면 그 부분을 성경 안에서 풀려고 노력하지 않고 모르면 무조건 육신의 생각으로 억지로 풀려고 한다.

또 그 모든 편지에도 이런 일에 관하여 말하였으되 그 중에 알기 어려운 것이 더러 있으니 무식한 자들과 굳세지 못한 자들이 다른 성경과 같이 그것도 억지로 풀다가 스스로 멸망에 이르느니라(벧후3;16)

성경 말씀을 억지로 풀면 멸망(지옥)한다고 분명하게 밝혔는데 목사들이 무식하고 겁도 없다보니 육신의 생각으로 성경을 마구잡이로 풀고 있다. 그러니까 교회가 온통 바벨로 혼잡 되어 처처에 기근(영적고갈)으로 허덕이고 있다. 그렇게 혼잡으로 물들다 보니 종말의 때에 하나님께서 코로나(멸망)로 교회들을 심판하고 있는 거다. 특히 그렇게 전하는 자(목사)들은 성경에서 전부 죽임을 당한다고 했으니까 목사들이야말로 정신 똑바로 차리고 성경을 대해야 한다.

내가 그들의 형제 중에 너와 같은 선지자 하나를 그들을 위하여 일으키고 내 말을 그 입에 두리니 내가 그에게 명하는 것을 그가 무리에게 다 고하리라. 무릇 그가 내 이름으로 고하는 내 말을 듣지 아니하는 자는 내게 벌을 받을 것이요. 내가 고하라고 명하지 아니한 말을 어떤 선지지가 만일 방자히 내 이름으로 고하든지 다른 신들의 이름으로 말하면 그 선지자는 죽임을 당하리라 하셨느니라(신18;18-20)

이와 같이 목사들이 다른 신들의 이름을 부르면서 마치 하나님의 이름인양 방자히 고하면 벌주고 죽인다는 무서운 경고의 말씀을 하고 있다. 그런데도 어떻게 된 게 오늘날의 목사들은 눈 하나 깜빡하지 않고 천연덕스럽게 거짓말만 하고 있다.

위 구절에서 하나님의 이름으로 고할 때 그 이름으로 고하지 않고 다른 신들의 이름으로 고하면 죽이겠다고 하셨는가 하면, 하나님의 이름 속에는 그분의 계획과 뜻과 섭리가 들어 있기 때문이다. 그런데 이를 왜곡하여 전하게 되면 그 자체가 바로 다른 신들의 이름으로 전하는 것이 되는 것이기에 죽인다고 하셨다. 따라서 성경에서의 모든 이름들은 하나님의 명령과 언약이 들어 있어 이름을 매우 중하게 여겼던 거다.

인간 세상사도 성경과 마찬가지다. 하나님 아버지가 당신 백성들을 위해 친히 이름을 지어 주셨고 이를 중히 여기셨듯이 이 땅의 부모들도 똑같은 심정으로 자신의 이름은 물론 자식들의 이름들도 중히 여겨야 한다. 하나님께서 이름을 소중이 여기셨듯이 세상 속 부모들도 자식을 향한 마음을 이름 속에 하나님과 같은 마음으로 담아야 한다. 그런데 이를 무시하고 이름을 제멋대로 짓는다면 본인은 물론 자식을 망치는 것이나 다름없게 된다.

성서의 이름에는 하나님의 섭리가

 어느 장로의 웃기지도 않는 재미난 이야기다. 그는 장로지만 이상하게 술의 유혹을 이기지 못해 비교적 자주 마시는 편이다.
 어느 날 그날도 상당한 술을 마시고 운전을 하고 가는데 음주운전 경찰에 검문을 당했다. 음주로 적발되어 이제 막 경찰서로 이송되어 가려던 중에 앞쪽에서 갑자기 교통사고가 났다. 경찰은 다급한 마음에 즉시 사고 현장으로 달려갔다. 장로는 이때다 싶어 자동차를 몰고 손살 같이 줄행랑을 쳤다.
 집으로 돌아온 장로는 자동차를 차고지에 넣고 방에 들어가 거나해진 술 때문에 옷을 입은 채로 잠이 들었다. 그리고 몇 시간 후 현관의 벨 소리가 울리더니 장로 부인이 부리나케 남편을 깨웠다.
 "여보, 밖에 누가 왔어요. 얼른 일어나 봐요"
 장로가 눈을 비비며 문을 열었더니 경찰이 서 있었다.
 "몇 시간 전 음주 운전으로 걸린 일 있지요?"
 어떻게 이곳까지 알고 찾아왔을까 싶어 깜짝 놀랐지만 장로가 시치미를 뚝 떼고 말했다.

"난 그런 일 없습니다. 잘못 찾아 오셨군요."

그때 경찰이 빙그레 웃으며,

"정말 그럴까요? 그럼 차고지 문을 한번 열어보시지요."

장로가 차고 문을 열자, 그 안에 경찰차 위에 빨갛고 파란 색등이 깜박이고 있었다.

"아니, 이럴 수가!"

경찰이 말했다.

"차를 바꿔 타고 가셨더군요. 그렇지 않았다면 내가 이곳까지 올 필요도 없었을 텐데……"

그 사건이 일어난 후로, 장로는 여전히 술을 마시기는 했지만 면허 취소로 운전을 하지 못했다. 그리고 상당량의 벌금 때문에 한동안 생활비 부족으로 긴축생활을 감행해야 했다.

이와 같이 우리 삶에 닥치는 시험이나 흉년은 거의 죄의 증상들로 인해 발생하는 일들이 대부분이다. 그렇지만 하늘백성들한테의 시험과 흉년은 이와는 매우 다르다. 이들은 창세전에 창조의 목적과 함께 이미 정해진 하나님의 백성들로 이루어진 하나님의 사랑하는 자들이다. 그러기 때문에 이들이 하나님의 뜻을 따르지 않고 세상적인 일에 마음을 빼앗기고 살게 되면 가차 없이 그 모든 것들을 빼앗아 버린다. 처음엔 작은 매질로 시작되었다가 그래도 듣지 않으면 차츰 그 매질의 수위가 높아져 그 다음은 죽지 않을 만큼 더 큰 매실로 나스리신나.

그것이 바로 하나님의 징계인 거다. 성도라면 그 징계가 바로 우리를 사랑하시는 하나님의 사랑 방법임을 깨달아야 한다. 그렇지만 그 시험은 대부분 감당할만한 매질이다. 왜냐하면 뚜렷한 목적의식을 갖고 있는 사람은 그러한 환난과 시험에 각오가 결연히 서 있다. 따라서 성도는 뚜렷한 자기 삶의 목적지(구원)를 확인하고 그 목적지에 안착시키기 위해 하나님께서 우리에게 허락

하시는 인생의 흉년과 여러 가지 시험을 치를 각오를 갖고 항상 인내로 대비해야한다.

먹는 것을 좋아하는 사람한테 억지로 굶기는 것은 학대고 고문이다. 그러나 한 달 동안 5kg를 빼고야 말겠다는 목표를 갖고 하루에 우유 한 잔과 고구마 한 개로 연명하는 사람의 배고픔은 전자의 것과는 완전히 다른 배고픔이다. 다이어트를 위해 굶는 사람은 하루하루 줄어가는 체중을 보며 기쁘게 밥을 굶지만, 타인에 의해 억지로 굶고 있는 사람의 굶주림은 고통의 굶주림이다. 그처럼 삶의 목적을 확인하는 일은 성도에게 있어서 치명적으로 아주 중요한 거다.

이름도 마찬가지다. 흉한 이름 때문에 자신의 삶이 힘들고 고통스럽다는 것을 알았을 때, 그 고난 또한 구원의 도구로 주신 하나님의 뜻이라고 생각해 기꺼이 감내하겠다는 믿음이라면 모르지만, 그 고난이 견디기 힘들어 하나님께 자신의 문제 해결을 위해 기도하는 사람이라면 차라리 좋은 이름으로 개명하는 것이 믿음생활에 훨씬 도움이 된다는 사실이다.

고난도 하나님이 주시는 거고 행복도 하나님이 주시는 거다. 고난을 주실 때는 그것을 감당할 만한 사람한테 주시는 거고, 행복을 주시는 것도 갖고 있는 것으로 자만하지 않을 사람한테 주시는 거다.

그래서 성경에 등장한 인물들이나 성경 책 이름조차도 그에 합당한 이름들로 지어진 거다. 왜냐하면 그 이름 속에 하나님의 계획과 섭리가 들어 있기 때문이다.

따라서 다윗의 아들 솔로몬 이름의 뜻은 '평화의 왕' 이라는 의미다. 이는 솔로몬의 겸손함과 백성을 공의롭게 다스리려는 마음을 하나님께서 아셨기에 생전에 평화를 주실 것에 대해 '솔로몬' 이란 이름으로 대신 말씀하신 거다. 그리고 솔로몬이 성전을 건축할 것에 대해 그 아비 다윗에게 언급하셨지만 그에 반해 솔로몬이 이방여자들을 좋아하여 그들의 신에게 우상숭배 할 것도 미리 알고 계셨다. 그래서 하나님께서 예수님이 재림하여 새로운 성전을 세우실 것을 말씀하신 것이 바로 '솔로몬'이란 이름 속에 그 뜻이 다 담겨 있다. 이에 대하여 알 수 있는 것이 사무엘하 7장의 '영원히'의 말씀에서다.

> 네 집과 네 나라가 내 앞에서 영원히 보전되고 네 위가 영원히 견고하리라 하셨다 하라(삼하7;16)

이와 같이 구약에서 솔로몬 시대와는 다르게 새로운 성전에 대해 분명하게 구분하여 기록해 놓으셨다. 따라서 모든 성경은 하나님의 감동으로 쓴 책이라고 바울의 서신서에 밝혀 놓았듯이 교훈과 책망과 바르게 함과 의로 교육하기에 유익한 책이 성경이란 사실이다.

> 모든 성경은 하나님의 감농으로 된 것으로 교훈과 책망과 바르게 함과 의로 교육하기에 유익하니(딤후3;16)

그렇다면 하나님의 감동에 의해 쓰여진 책이니까, 성경저자들의 이름 속에 분명 하나님의 뜻이 함의되어 있다는 것도 알 수 있을 거다. 과연 저자들의 이름 속에 무슨 뜻이 담겨 있는지 신약부터 살펴보자.

마태의 이름의 뜻은 '하나님의 은혜'
마가의 뜻은 '여호와는 은혜로우시다.'
누가의 뜻은 '총명하다, 빛나다.'
요한의 뜻은 '여호와는 은혜로우시다.'

빌립의 뜻은 '말(horses)을 사랑하는 자'
골로새의 뜻은 '버림'
데살로니가의 뜻은 '데쌀리의 승리'
디모데의 뜻은 '하나님을 영화롭게 하는 자, 하나님을 찬양하는 자'
디도의 뜻은 '공경하다'
빌레몬의 뜻은 '사랑을 간직한 자'
히브리의 뜻은 '강을 건너온 사람'
야고보의 뜻은 '발꿈치를 잡다'
베드로의 뜻은 '반석, 돌, 바위'
유다의 뜻은 '찬양(감사, 신앙)하다, 찬송(하나님은 찬송을 받을지어다)'

아울러 구약의 이름을 살펴보면 다음과 같다.
레위의 뜻은 '연합하다, 결합하다'
민수기의 뜻은 '수를 세다'
여호수아의 뜻은 '예수, 호세아, 하나님이 구원 하신다'
룻의 뜻은 '아름다움, 친구, 우정, 자손'
사무엘의 뜻은 '기도하여 얻은 아들'
에스라의 뜻은 '도움'
느헤미야의 뜻은 '여호와께서 위로 하셨다.'
에스더의 뜻은 '별, 처녀'
욥의 뜻은 '울부짖는다, 핍박받는다, 회개한다, 사랑을 입는다, 원한다'
아가의 뜻은 '노래들 중에 노래'
이사야의 뜻은 '여호와께서 구원하신다.'
예레미야의 뜻은 '여호와께서 높여 주신다. 세우신다. 들어 올리신다'

에스겔의 이름의 뜻은 '하나님께서 강하게 하신다'
다니엘의 이름의 뜻은 '하나님은 나의 심판, 지혜로운 자'
호세아의 뜻은 '여호와께서 구원하신다.'
요엘의 뜻은 '여호와께서 하나님이시다.'
아모스의 뜻은 '주님을 짊어진 사람, 무거운 짐진 자, 양심이 있는 양치기'
오바댜의 뜻은 '여호와의 종'
요나의 뜻은 '비둘기'
미가의 뜻은 '누가 여호와와 같은가?'
나훔의 뜻은 '위로하는 자, 인정 많은, 위로, 동정'
하박국의 뜻은 '포옹하다, 껴안은 자, 박하'
스바냐의 뜻은 '여호와는 감추심, 여호와께서 비축해(숨겨)두셨다.'
학개의 뜻은 '축제, 명절, 즐거움'
스가랴의 뜻은 '여호와께 기억된 자'
말라기의 뜻은 '나의 사자'

무엇보다 구약의 마지막 책이 말라기다. 이는 '내가 나의 사자를 보내리라'이다. 즉 인간 스스로는 절대 회개가 되지 않는다는 것을 폭로하시고 구약의 문을 닫으면서 하나님의 사자를 보내겠다는 하나님의 선포다. 그러면서 마태로 문을 여시면서 첫 포문으로 예수의 족보가 등장한 거다. 족보에는 하나님의 뜻과 계획가 섭리가 고스란히 담겨 있다는 것을 나타내기 위해서다.

따라서 이러한 이름들을 대략적으로 간추리면 나훔의 이름은 '위로'라는 뜻이다. 그래서 나훔서의 내용을 보면 이스라엘이 심판 속에서도 위로를 받을 것이란 내용이 들어 있다. 학개는 축제, 잔치, 절기라는 뜻이다. 따라서 학개서는 성전이 재건되고 축제의 잔치가 열리며 성전에서 절기를 지키는 일들이 기록되어 있다. 스가랴는 '하나님이 기억하심'이란 뜻이고 요나는 어리석은 비둘기(성령)라는 뜻이다.

뿐만 아니라 인류를 다루시는 하나님의 성품에 따른 다양한 이름이 구약성경 안에서 자세히 밝히고 있다. 즉 야훼, 하나님, 여호와, 엘로힘, 아도나이, 엘샤다이, 엘(EL), 여호와 샬롬, 여호와 삼마 등 이러한 하나님의 여러 이름들은 각각 하나님의 성품과 양상을 계시하여 밝혀주고 있다. 그 이름들의 의미와 중요성은 구약시대뿐만 아니라 오늘날에도 마찬가지이다.

하나님에 대한 지식은 성경을 통해 예수 그리스도를 아는 것뿐만 아니라 '예수'란 이름 속에 내포되어 있는 구원의 메시지가 세상을 살아감에 있어 성도에게 가장 필수적인 것임을 깨달아 알라는 거다. 아울러 '예수'란 이름 속에 담긴 그 뜻이 바로 다른 지식들을 전부 합한 것보다 훨씬 방대하고 그 의미가 매우 깊다는 것을 나타내고 있다는 뜻이다. 그만큼 이름에 나타나는 모든 이름 속에는 하나님의 뜻과 섭리가 고스란히 우리에게 전가되고 암시되어 있다.

이러한 연유로 성경에서의 이름들을 연구해 나아갈 때 구약시대에 나타난 여호와 하나님의 다양한 이름들뿐만 아니라, 신약시대에 예수님의 다양한 이름 속에서도 그 하나님의 섭리를 느낄 수 있어야 한다. 즉 임마누엘. 메시야, 그리스도, 퀴리오스, 호산나 등의 호칭에서 그분의 인격과 사역 안에서 그 각각의 이름들이 온전히 나타났을 뿐만 아니라 성취되었음도 발견할 수 있다. 그만큼 이름에는 하나님의 뜻과 섭리가 숨어 있기 때문이다.

성경에서의 이름에 하나님의 뜻과 섭리가 담겨 있듯이, 이 세상 부모들 또한 자식을 향한 염원과 바람을 이름 안에 똑같이 담고 싶어 한다는 점이다. 그런 부모들의 마음을 누구보다 필자가 성경을 통해 너무나 잘 알고 있기에 교회들한테 이름에 대한 중요성을 언급하는 바다.

　모든 소리에는 그 소리만이 갖고 있는 파동의 에너지가 있다. 천지창조가 바로 하나님의 '가라사대'의 말씀(파동)에 의해 만물이 창조되었듯이, 구성성명학 또한 입에서 불리워지는 파동의 에너지에 따라 그 소리에 담겨 있는 기운이 당사자한테 고스란히 전달된다. 그러기 때문에 이름이 흉하면 흉한 기운 그대로 전달되고, 좋으면 좋은 기운 그대로 당사자한테 전달되는 것이 파동의 힘인 구성성명학의 이름의 본질이다. 하나님의 이르신 말씀이 이름 속에 고스란히 담겨 있는 이름의 뜻을 교회가 성경을 통해 알고 있다면, 오늘날의 이름 또한 가볍게 여길 수는 없다는 것이 필자의 지론임을 피력하는 바다.

이름을 통한 정명석교주의 실체는

 정명석 말에 의하면 대둔산과 용문산 등지에서 수도생활을 통해 항상 기도하고 금식하면서 성경을 2천 번을 읽었다고 한다. 왜 2천 번 읽었냐고 물으면 성경의 비유를 해석하기 위해 읽었다고 하면서 여기서 JMS 교리가 나온 거라 자랑했다. 그러나 정명석은 1974년에 통일교에 입단해 거기서 강사로 일했고 그러다가 통일교를 탈퇴해 신촌에서 대학생 4명을 전도했다. 이들을 주축으로 대학생들을 포섭하는데 성공했고 또한 대중가요와 트로트를 개사해 찬송가로 쓰면서 제법 세(勢)를 모았다.
 그러한 신도들을 활용해 잡다한 장사로 앵벌이를 시키면서 재산을 늘려갔고, 그 돈으로 벤츠를 타고 다니면서 키 크고 늘씬한 신도들만 골라 색을 탐닉했다. 그렇게 잘 나가던 정명석의 실체가 주요 방송사를 통해 보도되자 신도가 급속히 줄었고 또한 성범죄 행위가 드러나 쫓기는 신세까지 되었다. 그로인해 범죄자로 몰리자 해외도피를 하면서도 그의 염색행각은 멈추지 않았고, 그렇게 그는 수십 년간 국제적으로 성인여성 및 미성년자한테 강간치상이나 성폭행을 수시로 자행했다. 그렇다면 그가 왜 그토록

성 집착증에서 벗어나지 못하는지 그 이유를 '정명석'이란 이름을 통해 분석해 보기로 하겠다.

1945년
588 418 682
정 명 석
144 074 248

'정'의 5.8.8은 그의 머릿속 생각이 온통 돈과 여자로 꽉 차 있는데다 '명'의 1.8과 '석'의 8.2가 이를 더욱 부추기고 있다. 아울러 남성 이름에 7.8이 1.2를 보면 여자에 대한 욕구와 재물에 대한 탐욕이 매우 강하다. 여자나 재물에 대한 탐심이 강하다보니 그의 생각은 1.4.4에 의해 온통 허황된 생각으로 꽉 차 있다. 상관(4)의 특성은 염세주의자로 매사 부정적이며 괴팍한 성격이라 주변 사람과 잘 어울리지 못한다. 자기중심적인 성향이라 감정을 억제하지 못해 자기 자신을 학대하고 그것으로도 풀지 못하면 정신이상이나 우울증에 시달려 성적획대를 자행힌다. 매시기 즉흥적이다 보니 한번 폭발했다하면 불화쟁론에 휩싸이고 사기로 인해 패가망신한다. 그래선지 그의 사기행각은 타의 추정을 불허할 만큼 하나님을 팔아먹을 정도로 대범했고 그걸 빌미로 수많은 여성들의 성 착취 행각도 서슴없이 사행했다.

다큐멘터리 '나는 신이다'의 방송프로는 사이비 종교의 폐해를 고발한 시사프로로 그동안 정명석한테 성폭행을 당한 피해여성들의 증언과 거기에 세뇌당한 여성 신도들의 고발을 동영상에 생생하게 담았다. 그는 '1만명 여성과의 성관계'가 지상과제라는 그야말로 말만 들어도 끔찍한 충격적인 말을 서슴지 않고 했다.

1980년대의 서울 신촌 대학가 근방에서 활기차게 오가는 학생들 중심으로 서서히 세력을 확장해 나갔고 자칭 '재림 예수'라 불리는 인물이었다. 그의 주변에는 젊고 똑똑한 사람들이 모여들었다. 그는 사람들의 마음을 사로잡는 특유의 카리스마와 교묘한 설득력으로 점점 더 많은 이들을 자신의 신도들로 끌어들였다. 시간이 흘러 그의 영향력은 단순히 대학가에만 머무르지 않았다. 고등 교육을 받은 사람들, 심지어 검찰과 국정원 같은 국가의 주요 기관에 속한 엘리트들까지도 그의 말에 빠져들었다. 그들이 겉으로는 공직자의 모습으로 사회 정의를 외치고 있었으나, 그들의 내면에는 사이비 종교의 맹목적인 신앙이 자리 잡고 있었다.

그러나 더욱 충격적인 것은 이들 중 일부가 정명석을 비호하기 시작했다는 사실이었다. 이들이 가진 권력과 지위는 정명석의 보호막이 되었고, 그를 둘러싼 의혹과 비난은 쉽게 묻혀버리곤 했다. 그들은 어떻게, 왜 이토록 맹신에 빠져 그의 사상을 따르게 되었을까? 지적 능력으로는 도저히 설명되지 않는 이들의 신앙심은 사람들 사이에서 큰 논란을 일으켰.

수십 년간 그를 추적해온 한 교수는 이러한 사실들을 알게 되었을 때 경악을 금치 못했다. 대학가에서 시작된 작은 움직임이 이제는 국가 기관의 권력자들까지도 휘어잡는 거대한 조직이 된 것이다. 이 교수의 조사는 끝이 보이지 않았고, 갈수록 더 많은 충격적인 진실들이 드러나고 있었다.

정명석이라는 한 남자의 이름은 단순한 사이비 교주를 넘어, 이제는 사회 전반에 깊숙이 뿌리내린 어둠의 상징이 되어가고 있었다.

한국은 유독 JMS 같은 사이비 종교집단이 발흥하기 쉬운 환경으로 꼽히고 있다. 교단과 종단이 900개 이상이 활동 중인 종교 다원사회인 데다, 기독교라 자처하는 교회들마저도 샤머니즘과 다름없는 '신유은사'(병을 치료하는 초자연적 능력)와 '이적'(불가

사의한 일)을 '성령'이라 사칭하며 중요시하고 있다. 그러다보니 사이비 집단 즉 신천지를 비롯하여 주로 노리는 대상이 심리발달상 정체감이 미숙하고 정서적으로 결핍된 청소년들이다. 과외나 취업상담, mbti 같은 무료 심리검사로 접근해 친밀한 관계를 형성한 뒤 종교 활동으로 끌어들여 성, 노동 또는 재산을 착취해 왔다.

그렇다면 이러한 피해자들이 왜 생기며 또 여기서 벗어나지 못하는 이유가 무엇까? 심리학자 레온 페스팅거는 1950년대 '종말의 날'을 맞히는데 실패한 사이비 교주를 신도들이 변함없이 신뢰한 사건에 착안해 '인지부조화' 이론을 만들었다. 헌신했던 대상이 한낱 협잡꾼에 불과하다는 객관적 사실을 인정하기에는 심리적 고통이 너무 크기 때문에 기존의 믿음에 집착하는 편을 택한다는 거다. 정명석은 자기를 예수와 동급인 메시아로 취급하면서 '탈퇴하면 저주받고 부모가 죽을 것' 이렇게 가스라이팅 하므로 전형적인 종교사기꾼의 모습을 보이고 있다.

그런데 그런 괴상망측한 괴변도 '명석'이란 이름에서 충분히 엿볼 수 있나. '명'의 4.1.8은 생각 자체가 돈과 여자에 집결되어 있고 '석'의 6.8.2가 그러한 생각들을 부추기게 하는 에너지를 촉발시키므로 그러한 해괴망측한 행동도 할 수 있는 거다.

그런데 그의 계속되던 사기행각이 드러날 수 있었던 것도 카이스트였던 김某 학생이 JMS에 들어온 때문이나. 그가 '현내종교'의 기사를 보고 JMS에 대한 모순점을 조목조목 따지기 시작하자 경호원이 사정없이 폭행했다. 그걸 계기로 김某 학생이 JMS에 대한 끝없는 추적에 나서게 되었고, '그것이 알고 싶다'에 제보하게 되므로 정명석의 사기행각이 대중에게 널리 알려졌다.

정명석한테 강간당한 대부분의 여성들은 기독교 단체인 줄 알고 학교 선배 따라 모임에 갔다가 성폭행 당한 뒤 그곳에 갇혀 몇 년 동안을 억지로 성 노리개로 살았다. 이러한 여대생들의 이야기가 방송을 타자 사람들은 경악을 금치 못했고 그의 파렴치한 성행위에 모든 부모들이 분노했다. 그동안 정명석한테 당한 공개된 피해 수기들을 보면 글로 담기도 민망할 정도의 작태들이 무수하게 많다. 이러한 피해여성들의 얘기가 전부 사실이라면 그의 성 집착증은 과히 병적이라 할 수 있다. 그동안 수시로 교도소를 드나드는 것도, 어떻게 보면 관재구설을 나타내는 3.4가 7.8을 마주하는 수리배합이 '명석'이란 이름에 반복적으로 나타나 있기 때문이다.

따라서 구성성명학은 이러한 파동의 원리와 사주 푸는 방식을 성명학에 접목시킨 학문이라 당사자의 모든 것을 알아낼 수 있다.

신천지는 하나님이 쓰시는 사단의 도구다

얼마 전, 인천시민들이 문화집회 시설로 위장해 지역사회로 편입하려는 이단 신천지예수교(신천지)와 이들의 건축을 허가하려는 자치단체들과의 문제점들을 규탄하는 대규모 집회가 열었다.

이만희는 지난 1984년 신천지를 창립한 이후 이른 바 추수꾼(교회침투요원)을 교회 안에 잠입시켜 교회 분쟁을 일으키고 성도들을 유인했다. 그래서 오늘날의 교회들은 오래 전부디 교인들을 빼내가는 신천지의 존재를 두려워하고 있다.

그렇다면 그가 왜 그 보잘 것 없고 작고 왜소한 인물에 학벌조차 제대로 갖추지 못한 그가 정부까지 좌지우지할 정도로 활약하고 있는지, '이만희'란 이름과 함께 그의 발사취를 너듬어 그 실체를 벗겨보고자 한다.

1931년
42 086 31
이 만 희
20 864 19

이만희는 청계산과 관악산을 마주보고 있는 과천면 막계리에서 신앙촌의 박태선과 이만희와 그외 다수가 과천 장막 성전에 들어와 조직체를 꾸몄다.

그때 함께 도모한 전도관의 박태선이나 통일교의 문선명을 비롯한 우두머리들은 지금 거의 다 죽고, 이만희만 겨우 살아남아 있다. 그렇다면 이만희 그는 어떤 인물인가? 이름으로 풀이하기에 앞서 그의 행적부터 밝혀야 할 필요성이 있다.

한국교회가 근본적으로 타락할 수밖에 없는 원인을 살펴보면 기복신앙 때문이다. 우리나라는 옛적부터 샤머니즘에 길들여진 나라다. 미신(迷信)이란 개념은 믿으려고 하지만 자기의 머리로는 믿을 만한 근거를 인정할 수 없고, 또 안 믿으려 해도 이해할 수 없는 사실과 현상이 나타나고 있기 때문에 믿게 되는 것이 미신이다.

그러다보니 목사들의 입에서 성령의 계시로 병든 자를 고치고 실패한 사업도 성공하게 하고 막혔던 문제들이 해결되었다고 말하면 믿게 되는 것이 한국교회의 정서다. 더군다나 그런 미신짓거리를 성령의 계시로 했다는데 누가 감히 보이지 않는 성령을 부인하겠는가. 실제로 그런 능력을 보이는 목사들이 인기가 많고 또한 그런 교회일수록 부흥되어 신도수가 어마어마하다. 그러니 거기에 속지 않을 사람이 어디 있겠는가!

이만희는 독창적이며 고정관념을 벗어난 사고로 새로운 아이디어를 제시하는 능력을 갖추고 있다. 그는 새로운 도전에 열정을 느끼며, 특히 모두가 불가능하다고 생각하는 일에 더욱 흥미를 갖는다. 토론을 즐기고, 논리적인 협상을 통해 혁신적인 변화를 이끌어내는데 뛰어나다. 반복적인 일보다는 새로운 방식과 해결책을 찾는데 집중하고, 이를 통해 조직에 활력을 불어넣는 능력이 탁월하다. 다만 때때로 자신의 목표를 달성하기 위해 진실을 유연하게 다루는 경우도 있다.

그러나 우리가 조금만 성경을 깨우쳐도 이들의 행위가 바로 귀신의 장난인 것을 금방 눈치 챌 수 있다. 즉 미신(샤머니즘)은 현실적으로 노출되었을 때는 이것을 부인하려고 해도 부인 할 수 없지만, 이것이 일정한 시간을 경과해도 반복적으로 나타나면, 그대로 진리로 둔갑하게 되는 것이 귀신(거짓악령)들의 실체인데 그 짓을 한국교회가 버젓이 행하고 있다. 이러한 귀신 장난도 작금의 교회가 물질만능, 비전, 성령치유, 기적 같은 것에 물들어 있는 탓 때문이다.

나는 주역과 동양철학을 오랫동안 연구한 역학자. 우주의 생성원리와 인간의 운명이 절묘하게 조화를 이루는 것에 매료되어 기독교인임에도 불구하고 수십 년을 사주명리학을 중심으로 하락이수, 육효, 구성학, 풍수, 관상학, 성명학, 주역 등을 연구해왔다. 그러나 근 삼십 여년 이상을 성경 외적인 것에서 진리를 찾겠다고 무던히도 애써왔지만 결국에는 십자가의 도(道)를 통과하지 않고는 그 어디에도 영생에 이르는 길에 도달할 수 없다는 것을 깨닫고 다시 하나님 영(말씀) 안으로 회귀(回歸)하여 돌아와 지금은 강릉서머나교회 사역자로 일하고 있다.

그러다가 계시록을 연구하게 되었는데 우연찮게 우리나라가 태초의 한님(하나님)의 나라라는 것을 한단고기(桓檀古記)를 통해 깨닫게 되었다. 한단고기는 그 내용이 삼성기와 단군세기, 북부여기, 태백일사 4종의 사서(史書)를 하나로 묶은 고서(古書)다. 그 중에 삼성기는 환인, 환웅시대의 이야기를 담고 있다. 이는 우리 민족의 시발인 환국(桓國)시대의 환인으로부터 7세 단인까지 3301년의 역사와 신시시대의 환웅으로부터 18세 단웅까지 1563년의 역사를 압축해 기록해 놓은 것이 바로 삼성기다.

한단고기는 우리 민족의 고대 역사를 중심으로 신앙, 풍습, 정치, 경제, 철학, 교육, 지리, 예술 등 다양한 분야의 자료를 풍부하게 담고 있다. 삼국시대가 최초의 고대 국가로 여겨지던 시절, 그 이전에도 이미 환인, 환웅, 단군의 시대가 찬란한 문화를 꽃피우고 있었음을 이 책은 생생하게 증명한다. 그 시대의 역사는 단순한 신화나 전설이 아닌, 실재했던 역사의 한 부분으로 자리 잡고 있었다.

그러나 오늘날의 한국교회는 점점 어긋나고 있었다. 겉으로는 번성해 보였지만, 그 속은 이미 균열이 가고 있었다. 교회의 강단에는 더 이상 진리의 울림이 아닌, 허황된 약속과 현세적 축복을 강조하는 목소리들이 넘쳐났다. 거짓 목사들은 화려한 말솜씨와 유려한 설교로 사람들을 휘어잡았고, 사이비 종교는 그 빈틈을 비집고 들어와 교묘하게 신앙을 왜곡하고 있었다. 사람들은 복과 성공을 약속하는 말에 귀를 기울였고, 눈앞의 이익에 마음을 빼앗겼다. 기복신앙에 빠진 교회는 더 이상 진리를 찾지 않았고, 본질을 잃어버린 채 그저 축복만을 갈망하는 집단으로 변해버렸다. 그 틈을 타 거짓된 가르침들이 점점 더 힘을 얻었고, 진실과 거짓의 경계가 흐려지기 시작했다. 믿음의 뿌리는 얕아졌고, 신앙의 의미는 점차 희미해졌다. 그럼에도 사람들은 여전히 답을 찾지 못한 채, 혼란 속에서 방황하고 있었다.

특히 신천지가 활개 치는 것도 상생으로만 이루어진 '이만희'의 이름 때문이다. '이'의 4.2와 2.0은 대중을 설득하는 임기응변에 뛰어나고 처세에 탁월한 능력을 갖고 있어 정치력을 발휘한다. 설득력이 있는 타입으로 많은 사람들을 한꺼번에 장악하고 탈재의 기운이 강해 수만금을 바라는 요행심리가 작용해 무모한 행동을 서슴지 않는다.

그래선지 이만희는 1957년에 박태선이 운영하던 신앙촌에서 12년간 활동했고 유재열의 장막성전과 재창조교회, 통일교 등을 거치면서 거기서 배운 지식과 경험을 습득해 신천지예수교를 창립하고, 경기도 과천시에 본부를 두고 전국적으로 세력을 확장해 교리를 전파하였다

이 또한 '만'의 0.8.6과 '희'의 3.1이 상생으로 이어준 파동에너지에 의해 이루어질 수 있었던 것을 이름에서 말해주고 있다. 또한 지지(地支)의 8.6.4가 이만희가 육체 영생을 위한 '14만 4천' 조건부 종말론으로 교세를 급격히 증가하게 한 일등공신이 되었다. 세속화 된 한국교회의 목사들한테 실망한 교인들에게 이만희가 무료성경신학인 시온기독교선교센터를 전략적으로 계획하여 교회에 접근한 것이 주효했기 때문이다.

신천지의 전략은 그야말로 치밀했다. 특히 이만희가 청년과 대학생을 포교의 최우선 목표로 삼은 것이 결정적이었다. 그는 유동인구가 많은 역세권이나 번화가에서 삼삼오오 그룹을 조직해 사람들에게 접근하도록 했다. 그들은 처음에는 자신들의 정체를 숨기고, 설문조사나 심리테스트 같은 무해한 방식으로 청년들의 관심을 끌었다. 그런 뒤, 자연스럽게 연락처를 확보하고 점차 친분을 쌓아가면서 그늘의 교리를 슬며시 주입했다.

처음에는 아무것도 모른 채 시작된 대화가 어느새 그들을 이만희의 가르침 속으로 끌어들이고 있었다. 언론 보도에 따르면 이만희는 자신을 믿어야 구원을 받을 수 있다고 가르쳤고, 그의 신도들은 그를 영생하는 재림 예수로 숭배하고 있었다. 이 모든 과정은 마치 정교하게 짜인 거미줄처럼, 사람들을 한 번 걸려들면 벗어날 수 없게 만들었다.

그리고 그 거미줄에 걸린 청년들은 자신도 모르게 이 교리에 빠져들었고, 어느새 그들의 믿음은 이만희에게 집중되었다. 안타깝게도, 이들은 진실을 보지 못한 채 어둠 속에서 헤매고 있다.

이름에는 하나님의 뜻과 계획이

　운동장 맞은 편 길가에 나무로 생활용품을 깎아 파는 노인이 있었다. 마침 칼국수용 널따란 도마가 필요해 주문을 했다. 마땅한 크기의 나무를 고루더니 열심히 깎아 나갔다. 처음에는 빨리 깎는 거 같더니 이리 돌려보고 저리 돌려보며 굼뜨더니 자꾸만 더 깎는 것이었다. 곁에서 보기에 그만하면 다 된 것 같은데 계속해 깎아 나갔다.
　시외로 떠나는 차 시간 때문에 조바심이 나서 이젠 다 됐으니 그냥 달라고 했다. 그런데도 못들은 척했다. 그래서 반복하여 더 깎지 않아도 좋으니 그냥 달라고 했다. 그랬더니 신경질적인 말투로,
　"끓을 만큼 끓어야 밥이 되지 생쌀을 재촉한다고 밥이 되우?"
　이렇게 짜증스럽게 대꾸하고 계속 모른 척 했다.
　"그래도 살 사람이 좋다는데 그냥 주시죠?"
　그러자 노인이 퉁명스럽게,
　"다른데 가서 사우. 난 팔지 않을 테니"
　그렇지만 요즘은 수제로 만든 나무 도마를 구하기가 어려운 때

라 포기하고 그냥 갈 수가 없었다.
"어르신 차 시간이 없어서 그래요."
그런데도 계속 못들은 척하는 노인장 때문에 어쩔 수 없이 체념하고 기다리고 있는데 그 앞에 목판으로 새긴 '盧誠眞'이란 한자가 궁금해 물었다.
"어르신 함잔가요?"
'노성진'이란 문구가 상호인지 이름인지 몰라 목판을 가리키며 물었다.
"그렇다우"
딸만 일곱인 집에 아버님이 당신을 오십 넘어 낳은 아들이라 했다. 그러면서 훈장이셨던 조부가 정성 성(誠), 참 진(眞)으로 지어주셨다는 말까지 덧붙였다. 젊은 시절부터 부친 밑에서 목공을 배운 노인은 늘 듣는 소리가 '너는 이름값을 해야 한다'는 소리였다. 이름 자체가 정성 성에, 참 진이니 꼭 그렇게 살아야 한다는 부친의 당부였다.
비록 길가에 앉아 나무를 깎아 파는 목공예로 평생을 살았지만 노인은 자신이 하는 일에 애착과 긍지를 갖고 있었다. 만약 단지 돈벌이의 수단으로 그 일을 하고 있었다면 대충 깎아 하나라도 더 만들어 팔았을 게다. 그러나 노인은 자신이 하는 일에 대충하고 돈 받고 싶은 마음은 없었다. 그런 올 곧은 성정이 행여 이름 때문이 아닌가 싶어,
"연세가 어떻게 되세요?"
"보기보다 그리 많지 않다우"
그러면서 48년생 쥐띠라고 했다. 우선 노(盧)씨 성에 천간(天干) 3.7과 이름 끝자 진의 지지(地支)가 3.4.8로 되어 있어 평생을 목공예로 살아갈 수밖에 없는 이름이었다. 7.8이 직업인데 3.4의 파극(破剋)을 받으면 죽었다 깨어나도 직장(조직)생활

을 못한다. 아울러 이름 첫 자에 9.2.2는 모든 세력이 자기를 중심으로 집중되어 있어 한번 마음먹은 일은 무엇이든 굽히는 법이 없고, '진'의 0.9.3 또한 융통성 부족으로 사람들과의 융화가 어렵다. 그러므로 이런 이름의 주인공들은 혼자 하는 일이 적성에 가장 잘 맞는다. 따라서 노인이 평생 동안 목공예를 하게 된 삶 또한 어떻게 보면 생활비를 버는 방편이 아니라 그의 재능의 목적이었다고 볼 수 있고 삶 자체였다고 볼 수 있다.

완성된 도마를 포장해 건네주면서 나무 깎는 일은 정성과 마음이 들어가야 좋은 제품이 되는 거라면서 자기처럼 외길 인생을 살다 가신 아버님을 지금도 존경한다고 했다. 이 세상에 끝까지 아들을 믿고 기다려준 분은 아버님 한분밖에 없었다는 말을 곁들이면서 많이 기다리게 해 미안하다는 인사까지 했다.

"나무를 깎는 일 자체가 내 삶의 인생을 깎고 다듬는 일이라우"
다소 철학적인 말을 건네며 연한 미소를 지었다.
"어쨌거나 완성되지 않은 상태에서 줄 수 없었다우"
자신의 고집스런 성격을 이해하고 기다려 줘서 고맙다며 거듭 인사했다.

도마를 받아들고 돌아서는 마음 한 켠에, 오래 전에 돌아가신 부친을 지금도 존경하고 신뢰한다는 노인의 말이 자꾸 귓가에 맴돌았다. 그리고 '너는 이름값을 해야 한다'는 그 말이 성명학을 연구하는 사람으로서 다시 한 번 실감나게 했다.

모든 사람들은 자신과 꼭 닮은 자녀를 갖기를 소망한다. 그래서 손(孫)이 귀한 아들일수록 자식의 이름을 짓는데 심사숙고하면서 오랫동안 고심한다. 이름을 지으면서 그 이름에 뜻을 더하고, 그 뜻과 같이 자식의 잘 되길 바라는 마음을 담는다. 그리고 인생을 살아가는 동안 좋은 일과 행복한 일만 가득하길 이름을 통해 그렇게 살게 되기를 부모라면 누구나 다 똑같이 바라는 마음이다.

　세상사의 아버지도 이와 같은데 하물며 우리를 위해 천지를 창조하신 하나님 아버지의 마음은 어떠하시겠는가? 그래서 창세기 1장을 시작으로 요한계시록까지 그 마음의 표현을 이름에 다 담아 놓으신 거다.

　따라서 빛의 백성한테는 '그리스도인'이란 이름이 붙는다. 그러므로 다른 이름을 내려 하지 말아야 한다. 그래야 우리의 이름이 생명책에 기록이 된다. 그런 의미에서 호랑이는 죽어서 가죽을 남기고 사람은 죽어서 이름을 남긴다는 격언은 기독교인들한테는 옳지 않다. 격언에서의 이름은 자기애(愛)다. 즉 자신의 업적이나 공로를 하나님보다 우선으로 삼는 것을 말한다.

> 무릇 내 이름으로 일컫는 자 곧 내가 내 영광을 위하여 창조한 자를 오게 하라 그들을 내가 지었고 만들었느니라
> (사43:7)

　하늘(빛) 백성들은 하나님의 이름을 위해 살게 되는 자들이다. 그들을 위해 하나님께서 천지를 창조하셨기 때문에 그들의 이름은 이미 하늘나라의 생명책에 기록해 놓으셨다고 하셨다. 주님은 교회더러 그것이 곧 기쁨의 근원이 되어야 한다고 말씀 하셨다.

> 그러나 귀신들이 너희에게 항복하는 것으로 기뻐하지 말고 너희 이름이 하늘에 기록된 것으로 기뻐하라 하시니라
> (눅10:20)

　따라서 이 구절은 예수님에 의해 파송이 되었던 제자들이 귀신도 쫓아내고 병도 고치고 하는 기적을 경험한 뒤에 기쁨에 겨워

주님께로 돌아왔다. 그런데 주님은 그런 기적과 능력으로 기뻐하지 말고 너희의 이름이 하나님 나라에 기록된 것으로 기뻐하라고 말씀하셨다.

그만큼 이름은 성경에서도 이와 같이 가장 중요하게 여기는 부분이다. 그러기 때문에 이 세상에서 행한 능력과 업적과 평가는 곧 사라질 것이지만 하나님 나라에 기록된 이름은 영원히 지워지지 않을 것이기 때문에 그것으로 기뻐하라고 하신 거다.

따라서 고대 사회에서 이름은 그 사람의 성품이나 인생의 내용과 그 사람의 정체성을 나타낸다. 그래서 아브람의 이름을 하나님께서 아브라함으로 바꿔주신 이유도 바로 그거다. 요즘말로 하면 그게 개명이다.

아브람의 이름은 '존귀한 아버지' 라는 뜻이다. 그러나 하나님께서는 아브라함의 이름을 통해 '믿음의 조상'으로서의 삶을 살도록 나타내신 거다. 즉 믿음의 조상이란 이름을 선택하신 뜻을 다음과 같이 말씀하셨다. '내가 아브라함을 선택한 것은, 그가 자식들과 자손을 잘 가르쳐서, 나에게 순종하게 하고, 옳고 바른 일을 하도록 가르치라는 뜻에서 한 것이다. 그의 자손이 아브라함에게 배운 대로 하면, 나는 아브라함에게 약속한 대로 다 이루어 주겠다.'

그러므로 이때부터 말씀을 성취하기 시작하셨고, 하나님 아버지께서 계획하신 영원한 언약들을 믿음의 조상 아브라함을 통해 그대로 이루어 가셨다. 아브람(존귀한 아버지)을 아브라함(모든 민족의 아버지, 믿음의 조상)으로 개명하여 주시기까지 약 24년 동안 아브람은 인본주의적인 믿음으로 살았고 하나님에 대하여 제대로 알지 못했다. 그래서 99세에 아들을 주시겠다는 하나님의 말씀에 아내(사래)까지 웃었다. 그때까지만 해도 아브람은 여호와 하나님을 인간적인 생각으로 믿었기에 하나님께서 언약하신 아들에 대한 약속도 그냥 인간적인 생각으로 흘러들었다. 그래서 자식에 대한 소망이 사라졌다고 생각되어 아내의 이야기를 듣고 아내의 몸종 하갈과 관계하여 아들을 낳게 된 거다. 그로인해 오늘날의 아랍민족의 조상으로 이스마엘, 즉 현재 이슬람 종교를 세상에 존재케 한 근원이 되었다. '이스마엘' 이름의 뜻은 '하나님께서 들으신다.' 라는 의미를 가지고 있다. 이 이름의 배경은 이러하다. 사래의 몸종으로서 아브람의 아들을 가진 하갈이 후에 자신의 상전인 사래를 임신의 무기로 업신여겼다. 이를 사래가 분내어 남편에게 얘기 했을 때 아브람은 당신의 몸종이니 알아서 처리하라고 했다. 그 후로 사래가 하갈을 심하게 핍박하므로 하갈은 임신한 몸을 이끌고 도망갔지만 사막에서 마실 물을 얻지 못하자 기도하면서 울부짖었을 때에 하나님께서 들으시고, 장차 이스마엘을 통하여 세상에 있게 될 세상 나라에 대해 말씀 하시면서 하갈에게 주인한테 돌아가 순종하며 살라고 하셨다. 그 후 하갈과 아브람 사이에 태어난 아들의 이름을 '이스마엘'이라 지었고, 그가 태어날 즈음 아브람의 나이는 여든 여섯이었다.

이와 같이 모든 이름은 하나님의 뜻과 계획에 의해 행해지고 있음을 성경을 통해 익히 알 수 있다. 하나님은 이 역사 속에서 그것을 증명하기 위해 일부러 이름을 지어주면서 이 세상 자체가 하나님의 뜻과 계획에 의해 움직여지고 있음을 성경에 등장하는 이름들을 통해 암시하고 있다. 그게 바로 하늘나라의 숙소반으로 하나님께서 이름을 지어주시고 개명하시는 것도 이런 연유에서다.

그 증거가 하나님의 말씀(성경) 속에 등장 하는 인물들의 이름 안에 그 뜻이 다 함축되어 있기 때문이다. 따라서 아담이 지은 이름들은 짐승의 이름이었으나 하나님이 지어주신 이름은 바로 사람(아담)이다. 사람 속에 하나님의 생명력을 불어 넣으시므로 사람인 아담만이 생령된 자가 되었다. 따라서 하나님께서 모든 영혼을 창조하시고, 그 뜻을 모든 사람에게 알리기 위해 성경에 등장한 인물들의 이름을 지어주셨다. 그 이름 속에 함축된 뜻에 따라 하나님의 계획이 성취되고 이루어져 가고 있음을 교회들은 알아야 한다. 그래서 이삭의 이름의 뜻이 '웃음'이다. 하나님의 말씀을 경홀히 여겨 아들을 주마고 약속했을 때 사래가 웃었기 때문에 지어진 이름이다.

성서에 등장한 이름의 뜻을 살펴보면

환경미화원인 아버지와 작은 고물상을 운영하는 어머니가 어느 날 아들이 입고 들어온 고급 브랜드의 청바지가 의심이 들었다. 어떻게 된 거냐고 다그쳐 묻는 부모님의 성화에 아들이 사실대로 털어 놓았다.
"죄송해요. 버스 정류장서 손지갑을 훔쳤어요."
아들의 말에 아버지는 그만 그 자리에 털썩 주저앉고 말았다.
"내 아들이 남의 돈을 훔치다니……"
잠시 뒤 정신을 가다듬은 아버지가,
"환경이 어렵다고 잘못된 길로 빠지는 것을 그냥 둘 수는 없다"
눈물을 흘리며 아들의 손을 꽉 잡고 경찰서로 내려가 자수를 시켰다. 여느 부모들은 돈을 써가며 아들의 범죄를 용인해 달라고 사정을 하는 반면에 도리어 자식을 범죄를 단단히 치르게 해 달라고 일부러 데리고 온 아버지의 행동이 경찰은 의아했지만 조사를 시작했다.
경찰 조사 과정에서 아들의 범죄사실이 하나 더 밝혀지게 되었고 그로인해 아들은 결국 법정에 서게 되었다. 그 사이, 아버지는 어려운 살림 때문에 아들이 남의 돈을 훔친 것도 마음 아팠지만 자신의 손으로 아들을 직접 범죄자로 만든 죄책감에 시달리다가 극도의 스트레스로 우울증에 걸려 극단적인 선택을 하고 말았다.

재판이 있는 날, 법정에서 어머니가 울먹이며 변론했다.
"세상을 떠난 남편의 유언이니 아들한테 엄한 벌을 내려 다시는 나쁜 짓을 하지 않도록 해 주세요"

그때 아들도 눈물을 흘리면서,
"아버지가 저 때문에 돌아가셨습니다."

그러니까 어떠한 엄중한 처벌도 달게 받겠다는 거였다. 이를 지켜보던 사람들이 모두 숙연해졌고 그때 판사는 '불기소 처분'의 판결을 내렸다. 당연히 형이 집행될 줄 알았는데 뜻밖의 판결이 내려지자 거기 모인 대부분의 사람들이 어리둥절해 서로 쳐다보고 있었다. 그때 판사가 그 이유를 간단하게 밝혔다.

"우리는 이처럼 훌륭한 아버지의 아들을 믿기 때문입니다."

이러한 판결을 내릴 수 있었던 것은 그 어떤 사람보다 아버지의 자식 사랑하는 마음을 판사가 읽었기 때문에 그의 마음을 움직여 그가 지혜로운 판결을 내릴 수 있도록 한 거였다.

이와 같이 아버지의 자식 사랑은 스스로 목숨을 끊어서라도 자식을 지키고 보호하려는 마음인 거다. 그게 구속이고 죄 사함이며 믿음이다. 아버지는 아들을 믿고 그러한 자기를 믿어주는 아버지를 아들이 신뢰하며 믿는 게 그리스도인의 삶의 방식이다. 그럼에도 불구하고 오늘 날의 교회는 하나님의 사랑과 은혜를 너무 모르고 있다. 그러기 때문에 하나님은 우리의 죄가 무엇인지, 그리고 그러한 죄에서 너희가 어떻게 구원을 받았는지를 깨닫게 하기 위해서 우리의 연약함과 우리의 죄악성을 계속 폭로시키고 있다.

그래야 은혜가 무엇인지를 깨달을 수 있기에 하나님 아버지께서는 그 기대와 바람대로 세상을 이끌어 가라고 이름 속에 당신의 계획을 담아 넣으셨다. 그러므로 고대 사람들의 이름은 그 사람의 성품을 나타내기도 하고, 그 사람의 정체성은 물론 그의 인생 전체를 총망라한 요약이기도 하다. 그래서 성경에 등장한 인물들의 이름에는 하나같이 하나님의 뜻과 계획이 담겨져 있다.

몇 가지 예를 들어보면 보아스의 이름은 '쾌속, 빠름', '그 안에 능력이 있다.' '여호와께서 힘이 있으니 왕은 기뻐한다.' 이러한 의미가 있고, 룻의 시아버지의 이름은 엘리멜렉인데, 그 이름의 뜻은 '나의 하나님이 왕이시다.' 그리고 룻의 시어머니의 이름은 나오미인데 그 뜻은 '기쁨'이다. 그리고 룻의 남편의 이름은 말론인데, 그 뜻은 '질병'이고, 말론의 동생의 이름은 기룐인데, 그 뜻은 '황폐'다.

나오미의 아들들은 이와 같이 이름 그대로 그렇게 질병과 고통으로 황폐한 삶을 살다가 갔다. 따라서 사무엘 어머니의 이름이 한나인데 그 뜻은 '풍성한 은혜'다. 한나는 아들 사무엘을 하나님께 바치므로 이름대로 하나님의 은혜의 풍성함을 충만하게 느끼며 살았다. 사무엘 아버지 엘가나의 이름의 뜻은 '하나님은 소유하셨다.(얻으셨다.)' 아울러 바울의 이름의 뜻은 '작은 자, 작음'이다.

이와 같이 성서의 인물들의 이름은, 하나님의 계획과 섭리가 이름의 뜻 가운데 이루어 가고 있음을 교회가 알 수 있도록 그 이름에 맞는 이름을 지어 선포하신 거다. 그러므로 이들은 전부 이름 속에 내제된 그 파동의 기운 따라 그렇게 살다가 갔다.

그러기 때문에 모든 성경의 주축이 되는 예수 그리스도의 이름 또한 하나님의 구속사를 교회에게 전적으로 알리기 위해 '예수'라 이름 지으신 거다.

'예수'의 이름의 뜻은 '자기 백성을 죄에서 구원하신다.', '하나님은 구원해 주신다' 이다. 또한 이러한 예수의 이름이 가장 최초로 녹아져 있는 곳이 바로 '노아'란 이름 속에 담겨 있는 '안식'으로 그게 바로 노아의 홍수사건이다.

하나님은 노아와 홍수 사건을 통해 궁극적으로 당신의 백성들에게 주어질 하나님의 안식에 대해 성경의 수신자인 교회들에게 그 이름을 통해 설명하고 계셨다. 그런데 그 안식이 어떻게 오게 되는가? 그 안식은 더러운 것들을 깨끗하게 씻어내심으로 완성이 된다는 것을 의미한다. 그게 홍수다.

따라서 노아의 이름의 뜻을 살펴보면 '안식' 속에는 '위로, 안위, 휴식'이란 뜻과 같이 노아의 후손들로 인하여 하나님의 노여움으로부터 세상이 위로를 받게 된다는 뜻이다. 그게 바로 예수 그리스도를 통하여 안위 받는 거다.

사탄(뱀)이 휘두르는 사망의 권세 때문에 무거운 짐을 지고 이 땅에서 노예로 살 수밖에 없었던 아담들에게 예수 그리스도의 십자가야말로 은혜의 사랑으로 주어지는 휴식(쉼)인 거다.

> 수고하고 무거운 짐 진 자들아 다 내게로 오라 내가 너희를 쉬게 하리라. 나는 마음이 온유하고 겸손하니 나의 멍에를 메고 내게 배우라 그러면 너희 마음이 쉼을 얻으리니
> (마11;28-29)

이와 같이 우리의 죄 짐을 주님께서 골고다 언덕에서 다 떠맡아 안으시므로 우리한테 쉼(휴식)이 공짜로 주어졌다. 죄로 인하여 쉬지 못하고 세상을 떠돌았던 존재에서 그리스도로 인하여 휴식을 얻게 될 것을 노아란 이름 속에 함의하듯, 예수란 이름 속에 바로 그 뜻이 내포되어 우리에게 주어진 거다.

최초의 사람 아담과 하와로 인해 시작된 불순종이 결국 죄(사단)로 인해 하나님과의 관계가 차단되므로 하나님의 영이 떠나 버림으로, 우리는 첫 번째 물 심판인 노아의 방주로 부터 시작하여 예수 그리스도의 은혜로 다시 살아나는 복음의 진정성을 노아(안식)란 이름 속에서 깨달아야 한다.

복 받기위해 기도할 거면 차라리 개명을!

이름은 험난한 세상을 살아가는데 가장 중요한 필수조건이다. 교인들은 이름을 마치 우상숭배로 착각하면서도 막상 아기가 태어나면 자기가 몸담고 있는 교회 목사한테 이름을 의뢰한다.

필자의 고객 중에 80%가 기독교인들이다. 자신의 삶이 자식이나 남편 때문에 팍팍하고 힘이 들 때 교회 가서 그 문제를 놓고 열심히 기도한다. 금식해가며 지극정성으로 문제 해결을 놓고 하나님께 기도하지만 풀리지 않을 때가 더 많다. 대개의 경우는 그 원인이 무엇인지 궁금하여 철학관이나 작명원을 찾게 된다. 타고난 운명이야 신의 영역이니 주어진 운명대로 힘들게 사는 거야 어쩔 수 없다. 그렇지만 이름에 의해 힘들게 사는 사람들을 보면 매우 안타깝다. 그래서 개명을 권유하면 한사코 목사님이 지어준 이름이라 바꿀 수 없다는 생각이다. 그런 교인들을 보면 성경을 몰라도 너무 모른다는 생각이 들어 답답할 때가 많다.

그야말로 하나님이야말로 말(稱)로 세상을 창조하셨고 그 말씀으로 하나님의 백성들과 유기된 백성들을 창세기 1장에서 나누어 놓았는데 그 뜻을 모르고 율법에 사로잡혀 엉뚱하게 고집피우고 있어 안타까워하는 얘기다.

　하나님의 말씀 자체가 성경이고, 성경 자체가 하나님의 뜻과 계획이기 때문에 창세기 1장에서 모든 만물에 하나님께서 직접 이름을 붙이셨다. 그런데 그 본질 자체를 깨닫지 못하고 이름을 무조건 미신으로 치부하고 있다.

　교인들 대부분이 흉한 이름 때문에 어렵고 힘들게 살고 있고 그로인해 고통스런 삶의 문제를 해결하기 위해 열심히 기도한다. 삶이 척박하고 곤고하다보니 잠을 설쳐가며 새벽기도나 철야예배나 금식기도를 통해 고난의 문제를 해결해 보려고 무던히 애를 쓴다. 그렇게 열심히 교회나 기도원서 기도해 보지만 정작 그 원인이 흉한이름 때문이란 걸 대다수가 모르고 있다.

　그런데 많은 교회들이 이름에 대해 오해하고 있다. 특히 교인들은 이름을 마치 미신(우상숭배)인양 치부하는데 성경에서 말하는 우상숭배가 무엇인가? 그게 바로 탐심이고 간음이다. 하늘백성들은 오직 눈에 보이지 않는 하나님나라만 바라보고 살아야 한다. 그런데 교회가 세상 것에 눈을 돌리고 하나님보다 이 세상 것에 마음을 더 쓰고 있다. 하나님보다 세상을 더 사랑하는 것을 성경은 그걸 간음이라 한다. 그런데 그 간음이 무엇 때문에 생기는가? 바로 탐심 때문이다. 성경은 탐심이 우상숭배라고 분명하게 밝히고 있다.

　　그러므로 땅에 있는 지체를 죽이라 곧 음란과 부정과 사욕과
　　악한 정욕과 탐심이니 탐심은 우상숭배니라(골3;5)

　오늘날 처처에 수많은 교회들이 우상숭배를 하고 있음에도 그게 우상숭배인줄 모르고 있다는 사실이 더 무섭다. 그러다보니 수많은 교회들이 예수를 믿으면 이 땅에서 잘 먹고 잘산다고 생

각하고 있다. 예수를 잘 믿어야 하나님께서 복을 주어 잘 살수 있다고 가르치고 있으니 모두가 그렇게 믿고 있다.

그건 기독교의 본질이 아니다. 기독교는 부와 명예를 얻어 세상 사람들에게 자신을 증명하는 그런 종교가 아니다. 기독교는 자기의 죄인 됨을 고백하고 주님이 아니면 아무런 희망이 없는 더럽고 추악한 죄인임을 인정하고 십자가의 은혜 뒤로 숨는 거다.

이 땅에 사는 죄인들의 유일한 목적은 다른 이들보다 위에 서는 거다. 인간들은 오로지 남들 앞에서의 자랑을 위해 산다. 그게 아담이었다. 내가 하나님 같이 된다니까 뱀의 유혹에 쉽게 넘어갔다. 바로 그런 인간들의 마음위에 하나님께서 진노의 물(홍수)을 쏟아 부으셨다.

기독교는 눈에 보이는 것을 추구하는 종교가 아니다. 기독교는 비록 눈에 보이지 않아도 하나님의 약속이 있기에 그것을 실제로 받아들이는 믿음을 발휘하며 사는 자들이다.

노아는 비가 오지 않는 산꼭대기에서 아직 눈에 보이지 않는 하나님의 약속만을 믿고 120년 동안 배를 만들었다. 그리고 비 한 방울 오지 않는 그때에 방주 속으로 들어갔다. 그걸 믿음이라 한다. 노아가 만일 눈에 보이는 세상 부귀영화와 체면과 자랑을 챙기는 자였다면 절대 그렇게 하지 못했을 거다. 세상 모든 이들이 그를 조롱했다. 그런데 그 조롱을 참으며 그는 오로지 하나님만을 바라보았다. 그게 믿음이다. 우리는 그렇게 눈에 보이는 것이 나에게 주어지지 않을 때에 방주로 들어가는 것이 신앙생활이고 그게 교회다.

하나님은 우리에게 눈에 보이지 않는 믿음의 삶을 끝없이 요구하신다. 그때 영원한 하늘나라가 당장은 눈에 보이지 않더라도 노아가 그리했듯이 그러한 믿음을 매번 발휘해 보일 수 있어야 한다. 그게 영생을 준비하는 믿음의 선진들이다. 노아는 몇 년도 아닌 그야말로 120년 동안 맑고 청명한 하늘 아래에서 하나님의 약속만을 믿고 홍수를 대비했다.

이와 같이 기독교는 눈에 보이지 않는 영생이란 하나님의 언약의 말씀만을 믿고 사는 사람들이지 문제 해결을 위해 하나님을 믿는 것이 아니다. 이 세상 문제 해결이나 복을 받기 위해 교회를 다닌다거나 기도하는 것이라면 차라리 좋은 이름으로 바꾸는 것이 훨씬 신앙생활에 도움이 된다. 이는 교회에서 복을 구하는 것보다 현실적으로 개명이 빠르게 나타나기 때문이다. 왜냐하면 모든 사람들은 그야말로 불러주는 이름대로 살아간다. 이름이 좋으면 풍요롭고 여유로운 삶을 살고 이름이 흉하면 궁핍하고 척박한 삶을 살게 된다. 즉 좋은 이름은 행복하게 살고 흉한 이름은 불행하게 산다는 말이다.

그러니까 교회에서 영생의 복이 아닌 엉뚱한 복(물질) 구하지 말고 차라리 힘들고 어려우면 좋은 이름으로 개명하라는 거다. 무엇보다 현실 속의 어려운 문제는 좋은 이름을 통해 극복하는 것이 오히려 그것이 신잉생활에 도움이 된다. 그리니끼 교회서는 하늘나라(영생)만 소망하며 기도하고, 현실적인 어려움의 문제 해결은 좋은 이름으로 바꾸어 안온한 가운데 신앙생활에 임하라는 거다. 그리고 그것이 도리어 올바른 믿음생활이라는 것을 깨달으라는 거다.

이름(稱) 속에 담긴 의미는?

　하나님께서 천지를 창조하시면서 가장 먼저 하신 일이 이름을 짓는 일이었다.
　그 이유는 말(성경)이 영(하나님)이니까. 따라서 모든 이름 속에는 하나님의 영(말씀)이 들어 있다. 즉 하나님의 계획과 섭리가 들어 있기 때문에 이름이야말로 매우 중요하다. 따라서 하나님께서 창세기 1장에 만물마다 그 각각의 이름을 지어 놓고 그 이름들에 호칭을 명확하게 구분지어 구별시켜 놓으셨다.

　　하나님이 가라사대 빛이 있으라 하시매 빛이 있었고. 그 빛
　　이 하나님이 보시기에 좋았더라 하나님이 빛과 어두움을 나누
　　사. 빛을 낮이라 칭하시고 어두움을 밤이라 칭하시니라
　　(창1;3-5)

　하나님께서 빛을 낮이라 칭(이름)하시고 어두움을 밤이라 칭(이름)하셨다. 칭(稱) 자체가 일컫는다는 뜻이다. 따라서 모든 성경은 일컫는다는 '칭(이름)'에 초점이 있다.

> 하나님이 가라사대 물 가운데 궁창이 있어 물과 물로 나뉘게 하리라 하시고. 하나님이 궁창을 만드사 궁창 아래의 물과 궁창 위의 물로 나뉘게 하시매 그대로 되니라. 하나님이 궁창을 하늘이라 칭하시고. 하나님이 뭍을 땅이라 칭하시고 모인 물을 바다라 칭하시니라. (창1;6-8.10)

이와 같이 모인 물을 바다라 칭(이름)하시고, 뭍을 땅이라 칭(이름)하시고, 궁창을 하늘이라 칭(이름)하신 그게 바로 이름(하나님의 뜻)이다. 칭(이름)하심 속에는 하나님의 엄청난 비밀들이 들어있다. 따라서 이름 자체의 글자의 '이'는 '이것을' 가리키는 것이고 '름' 속에는 '름'은 '이르는 말'의 뜻을 담고 있다. 그러므로 예수님도 부활하신 후 제자들에게 아버지와 아들과 성령의 이름으로 세례를 주라고 하셨다.

> 너희는 가서 모든 족속으로 제자를 삼아 아버지와 아들과 성령의 이름으로 세례를 주고(마28;19)

그 이유는 하늘과 땅의 모든 권세를 갖고 계신 주님이 세상 끝날까지 우리와 항상 함께 있으실 것이기 때문에 그런 분부를 하신 거다. 그래서 삼영(三靈:성부, 성자, 성령)의 이름으로 세례를 주라 하신 거다. 그러면 우리의 모든 기도를 하나님께서 판단하시고 들어주신다는 거다. 이와 같이 이름에는 하나님의 명령과 하나님의 이르신 말씀이 이름 속에 전부 함의 되어 있다. 아담이 아내의 이름을 하와라 이름지어 주자 산 자의 어미가 되었고, 그러자 하나님께서 가죽옷을 지어 입혀주셨다.

> 아담이 그 아내를 하와라 이름하였으니 그는 모든 산 자의

어미가 됨이더라. 여호와 하나님이 아담과 그 아내를 위하여 가죽옷을 지어 입히시니라(창3;20)

아울러 '옷을 입힌다.'는 말씀(이름) 속에는 '가리운다' 즉 허물을 가리운다는 뜻이 내포 되어 있다. 따라서 '옷을 입히고'의 이 한 단어 속에 어둠에 거할 때 빛이 이르면 어두움이 가리 운다(물러간다)가 담겨 있다.

그러므로 모든 글자(이름) 속에는 하나님의 영(靈)이 들어 있다. 궁창을 하늘이라 칭(이름)하시고 아담은 자기 아내의 이름을 하와라 이름 지었고, 하나님은 하와를 '여자'라 칭(이름)하셨다. 따라서 여자(교회)라고 칭하신 그 이름 속에 하나님의 비밀이 있다. 그러므로 하나님의 백성들이 이름을 잘 지어주면 그들이 산 자가 된다.

아담이 지어준 이름은 짐승이라 죽은 이름들이다. 그러나 하나님이 지어주신 이름은 생명력이 있어 살아 움직인다. 그래서 이삭은 태어나기도 전에 하늘에서 먼저 지어준 이름이다. 따라서 이삭의 이름의 뜻은 '비웃음'의 뜻이지만 본질적으로 산자의 이름으로 생명을 이어가는 이름이다.

아울러 하나님께서 선택한 자들은 이 세상에 야곱과 같은 치사하고 야비한 삶을 살면서도 하나님의 백성으로 회귀하게 되는 것이고, 또한 하나님의 선택에서 제외된 이들은 아무리 선한 일을 한다 해도 그게 하나님 앞에 선으로 카운트 되지 않는다는 것을, 성경을 근거로 이를 잘 이해할 수 있어야 한다.

하나님의 백성은 이미 창세전에 하나님의 선택을 받은 자들로서 이 세상에 존재하는 하나님을 떠난 인류와는 완전히 다른 새로운 인류다. 그들이 세상에 잠시 내려와 죄 된 육신의 몸을 입고 죄와 그 증상들의 추악함과 더러움과 어두움을 경험하면서 하늘

백성으로서의 삶을 배우고 그 나라를 진정으로 기대하며 소망하는 자로 회귀하게 되는 전 과정을 구속사라 한다.

따라서 우리는 옛 사람을 벗어 버리는 자기 부인의 삶을 열심히 살아냄으로 우리 안에 실체로 자리하고 있는 작은 예수를 밖으로 드러내는 거다.

그렇다면 하나님의 백성들 이외의 다른 이들은 모두 지옥에 가기위해 태어난 것인가? 그들은 이 땅에서 아무리 열심히 선한 일에 매진해도 자신의 선함에 전혀 기여를 할 수 없다는 말인가?

엄밀히 말하면 그렇다. 그러나 이에 대한 표현을 좀 달리해야 한다. 불신자들은 지옥에 가기위해 태어난 것이 아니라 타락을 하여 죄를 짓고 지옥에 가는 거다. 절대 하나님의 구속에 죄인으로 역할을 배정받아 열심히 하나님이 시키는 대로 죄를 짓다가 지옥에 가는 것이 아니다. 그렇다면 그건 너무 불공평하다. 인간은 하나님과 관계없는 모든 것들은 티끌에 불과하다.

하나님은 그것들을 빈 것으로 또는 아무것도 아닌 것으로 보신다. 그렇다고 하나님께서 죄를 지을 자를 만들어서 죄를 조장하는 것은 아니다. 성경은 인간이 악을 행하는 것은 하나님과 아무 상관이 없는 것이라고 명확하게 밝히고 있다.

> 사람이 시험을 받을 때에 내가 하나님께 시험을 받는다 하지 말지니 하나님은 악에게 시험을 받지도 아니하시고 친히 아무도 시험하지 아니 하시느니라. 오직 각 사람이 시험을 받는 것은 자기 욕심에 끌려 미혹됨이니. 욕심이 잉태한즉 죄를 낳고 죄가 장성한즉 사망을 낳느니라. 내 사랑하는 형제들아 속지 말라(약1:13-16)

이와 같이 사람이 죄를 짓고 악을 행하는 것은 하나님이 시키신 것이 아니라 자기들 스스로 자기 욕심에 이끌려 그렇게 행하더라는 거다.

모든 사람의 결국이 일반인 그것은 해 아래서 모든 일 중에 악한 것이니 곧 인생의 마음에 악이 가득하여 평생에 미친 마음을 품다가 후에는 죽은 자에게로 돌아가는 것이라(전9:3)

모든 사람이 같은 운명을 당하는데 하늘 아래서 벌어지는 일 중에서 잘못되지 않은 것이 무엇이 있겠는가? 그러므로 사람들의 마음은 악으로 차고 넘쳐 얼빠진 생각을 하며 살다가 죽을 수밖에 없다.

사람이 미련하므로 자기 길을 굽게 하고 마음으로 여호와를 원망하느니라(잠19:3)

이렇게 인간들은 미련한 마음을 갖고 스스로 죄를 짓는 것이고 스스로 악을 행하는 거다. 따라서 성경에서의 선과 악은 절대 유교나 윤리나 도덕이나 사회법으로 이해하면 안 된다.

기독교에서의 선은 하나님을 알고 하나님의 뜻에 순종하는 것을 선이라 하고 하나님을 알지 못하고 그분의 뜻에 어긋나는 사고와 행위를 하는 것을 악이라 하고 죄라 한다.

따라서 하나님의 은혜가 부어지지 않아서 하나님을 알지 못하는 모든 인간들은 단 한 순간도 선한 행위를 할 수가 없다. 하나님의 뜻에 맞는 행위가 선한 행위인데 하나님을 알지도 못하는 이들이 어떻게 선을 행하겠는가?

하나님께서 살인을 명령하셨을 때 살인을 하는 것이 선이고, 거짓말을 하라고 하실 때 거짓말 하는 것이 선이다. 하나님께서 나라를 팔아먹으라 하시면 기생 라합처럼 나라를 팔아먹는 것이 선이다. 그걸 확실하게 알아야 한다.

모든 인간은 아담 안에서 타락을 하여 하나님과 단절된 관계 속으로 들어가 버렸기 때문에 그들은 선의 본체이신 하나님과 완전한 반대편에서 악의 삶을 살게 된다. 인간은 하나님의 생명력인 복을 충만히 받고 있을 때 비로소 선을 행할 수 있다. 그러나 죄를 지은 인간들에게서는 하나님이 떠나 버리셨기 때문에 그러한 자들의 모든 행위는 그게 아무리 선해 보인다 하더라도 '악'이다.

우리의 인생도 누가 하나님의 백성이고 누가 하나님의 백성이 아닌가는 하나님의 작정 속에서 이미 결정되어 있다. 하나님은 우리 성도에게 영생이라는 복을 주시기로 이미 창세전에 결정하고 확정하셨다. 그리고 우리는 하나님이 마련해 주신 새 옷을 입고 새로운 하늘과 새로운 땅에서 살기로 결정이 된 사람들이다.

그러니까 이미 창세전에 하나님의 선택에 의해 하나님의 백성으로 완성된 자들은 옛 사람이라는 껍질을 벗어버리고 완성된 자리로 회귀 하는 거다. 그런데 우리가 입고 있는 이 옛 사람의 옷은 하나님을 떠난 자들이 스스로의 힘으로 행복과 만족을 쟁취할 수 있다고 하는 아담표 옷인데 우리 스스로는 절대 그 옷을 자력으로 벗어 버릴 수 없다. 그래서 하나님과 옛 사람과의 씨름이 필연적으로 수반이 되는 거다. 야곱의 압복강 사건이 바로 그러한 내용을 축약하고 있다.

야곱은 어머니 복중에서, 영원 속에서 하나님의 택함을 받은 사람이다. 그는 아직 태어나기도 전에 하나님의 사랑을 받은 하나님의 백성으로 완성된 사람이다. 그에게는 이미 복 받은 자라는 확정된 미래가 있다. 그러한 그가 야곱이란 옛 사람의 옷을 입고 하나님과의 씨름을 통과하므로 그 옷을 벗으면서 이스라엘이라는 새로운 이름으로 그의 신분을 찾아가는 거다.

하나님은 유약하고, 비열하며, 사기성 많은 야곱을 끝까지 쫓아가시며 당신의 복을 약속하셨다. 그가 뭘 잘해서가 아니고 대단한 자격이 있어서가 아니다. 그의 신분과 미래가 이미 창세전에 하나님 아들로 확정이 되었기 때문에 하나님은 그가 이 세상에서 어떤 옷을 입고 있든 거기에 관심 두지 않는다.

그가 사기꾼일 수도 있고, 도둑놈일 수도 있으며, 파렴치한일 수도 있다. 그건 하나님이 그가 어떤 옷을 입고 있건 결국 그의 옛 사람의 옷을 씨름하여 벗겨 버리실 것이기 때문이다.

그래서 하나님의 약속의 후손들이 아브라함으로부터 시작하여 하나같이 미련하고, 우매하며, 유약하고, 야비한 모습으로 등장한 거다. 하나님께서 그들의 인생에 깊이 간섭하고 씨름하셔서 그들의 옷을 벗겨 버리고 마침내 당신이 확정해 놓으신 복 받은 자들로 회복시켜 내시는 거다.

하나님은 야곱이라는 옷을 벗기기 위해 그를 쫓아다니면서 그가 복 받은 자라는 것을 상기시키셨다. 야곱은 열심히 자기의 꾀를 이용하며 자기 살 궁리를 하고 있는데 하나님은 계속 쫓아가시면서 '내가 너에게 복을 주고 네 자손을 번성케 하겠다.'는 약속을 하셨다. 그건 하나님께서 그러한 야곱의 삶에 만족하지도 못하고 만족할 수도 없다는 하나님의 의사표시였다. 왜냐하면 당신의 사랑하는 아들이 옛 세상 안에서 야곱이라는 이름의 옷을 입고 거기에 만족하고 거기에 안주하기를 원하지 않기 때문이다.

하나님은 그와 씨름을 하여 그 옷을 벗겨내는 분이지 그 야곱이란 옷에 금장을 둘러 주시는 분이 아니다. 그러한 하나님의 복된 추격이 야곱을 얍복강 나루에 세우신 거다.

그리고 그곳에서 그와의 본격적인 씨름이 시작된 거다. 아니, 엄밀히 말하면 하나님과 야곱의 씨름은 그가 이 세상에 태어나는 순간부터 시작이 되었다. 그 얍복 강가에서의 씨름은 하나님께서 수십 년 동안 야곱을 방치해 두셨다가 어느 날 찾아오셔서 시작된 씨름이 아니다. 아울러 그 얍복 강가에서의 씨름은 전체 교회의 인생을 단적으로 아주 잘 표현해 놓은 훌륭한 축약인 거다.

하나님과의 씨름에서 야곱이 벗어야 할 그 옷이 얼마나 추한 것인지 성경은 상세하게 기록 하고 있다. 야곱은 형으로부터 유산 상속권을 빼앗기 위해 형의 배고픔을 이용하여 장자 권을 사기도 하고, 장자에게 주어지는 아버지의 축복을 도취(盜取)하기 위해 염소 새끼 가죽을 뒤집어쓰고 아버지를 속이기도 했다. 심지어 벧엘에 나타나신 하나님과 흥정을 하기도 했다. 자기를 도와주면 섭섭지 않게 보답하겠다는 약속이다.

결국 외삼촌 집으로 쫓겨 간 야곱은 그곳에서도 여전히 자기의 꾀만을 의지하여 온갖 권모술수와 임기응변을 발휘하여 많은 재산을 모았다. 그런데 그러한 외삼촌이 자기를 시기하고 질투하여 안색이 안 좋다는 것을 간파하게 되자 그 재산을 지키기 위해 그 외삼촌을 떠날 계획을 세웠다.

외삼촌이 양털을 깎으러 나가자 야곱은 자기의 가축들과 식솔들을 모두 챙겨 황급히 도망을 쳤다. 어찌되었든 도망자인 자신을 거두어 주었고 자기에게 두 딸을 준 장인어른이다. 그런데 인사 한 마디 없이 줄행랑을 친 거다.

당시 목축을 하던 사람들에게 양털을 깎는 일은 일 년의 농사를 추수하는 것과 같은 것이었다. 그래서 몇날 며칠 계획을 잡고 모든 노비들과 가족들을 다 동원하여 해야 하는 큰 행사였다. 야곱은 그 기회를 놓치지 않고 자기 것을 모두 챙겨 도망 쳤다. 그 과정에서 야곱이 사랑하는 아내 라헬이 자기 집의 수호신인 드라빔을 훔쳐서 달아나는 사건을 성경이 기록하고 있는 것을 눈여겨 봐야 한다.

하나님은 지금 그러한 일련의 에피소드들을 통해 하나님이 씨름하여 죽여 버려야 할 야곱이라 하는 이름의 실상을 낱낱이 폭로하고 계신 거다.

우리는 모두 그러한 자들이었다. 우리는 모두 자기의 안전과 보호, 그리고 자신의 유익을 위해 다른 이는 어떻게 되든 말든 그들의 재산권까지도 훔쳐내고 강탈하여 자신의 힘과 부를 챙기는 그러한 존재들이었다. 그게 야곱의 '속이는 자' 이름 속에 담겨 있는 이 세상의 모습이다. 하나님은 그러한 야곱들과 씨름을 하면서 그들의 옷을 벗겨 내시는 거다. 그러니까 우리 성도들의 인생은 한 마디로 하나님과의 씨름이라 정의할 수 있다.

이와 같이 성경은 하나님과의 씨름에서 철저하게 패배해야 할 야곱의 이름 속에 숨어있는 야비함을 계속해 폭로하고 있다. 그런 연후에 인간이 지은 야곱이란 이름을 바꾸어 주므로 야곱이 이스라엘(교회)로 환골탈퇴하면서 하늘백성들이 탄생한 거다. 그게 성경에서 나타내고자 하는 이름의 의미고 실체다.

이와 같이 '야곱'이나 '에서'의 이름 속에 하나님의 뜻이 함의 되어 있음을 성경 곳곳에 기록해 놓았다. 그래서 이름의 중요성을 교인들에게 인식시키기 위해 '성경과 이름'이란 책을 출간했다. 왜냐하면 우리나라에 교인 숫자가 천만이다. 그런데 교회가 이름을 미신으로 오해 하고 있다 보니 흉한 이름 때문에 힘들게 살아가는 사람들이 너무 많다. 그래서 성경에서 말하는 이름이란 무엇인가? 그걸 밝혀 교인들이 좋은 이름으로 개명하여 좀 더 나은 삶을 통해 온전한 신앙생활을 하길 바라는 마음에서 집필한 책이다.

참람 된 이름들이란?

 이교도가 어느 날, 어거스틴에게 자기가 섬기는 작은 나무 우상을 보이면서 질문했다.
 "나의 신은 여기 있는데 당신의 신은 어디에 있습니까?"
 당신들은 하나님, 하나님 하지만 눈에 보이질 않으니 어디 믿을 수 있겠느냐는 거였다. 그때 어거스틴이 이렇게 대답했다.
 "나의 하나님을 당신에게 보일 수 없다. 그것은 하나님이 없어서가 아니라 당신이 하나님을 볼 수 있는 눈을 가지지 않았기 때문이다"
 이는 이교도들뿐만이 아니라 오늘날의 교회들도 하나님을 볼 수 있는 눈이 없다보니 성경을 수없이 읽어도 그 말씀의 신의를 깨닫지 못하고 있다. 말씀을 깨달아 알 수 있는 눈(靈)이 없으면 바로 들짐승(신천지)한테 다 잡혀간다.
 따라서 성경 자체가 하나님의 말씀(稱)이고 그분의 계획과 섭리가 바로 진리의 말씀(성경)이다. 그러기 때문에 성경에 등장한 인물들 이름 하나하나에는 그 속에 하나님의 뜻이 있고 그 뜻에 따라 하나님의 계획을 기록하셨으며 또한 그 이름들을 통해 하나님께서 하나하나 이루셨으며 지금도 계속해 이루어 가고 계신다는 사실이다.

따라서 창세기 1장에 아담이 지어준 이름들은 전부 짐승의 이름이다. 그러므로 첫 사람 아담에 속한 것은 짐승이란 뜻이다. 짐승은 계시록 13장의 바다에서 올라온 뿔이 열이요 머리가 일곱인 교회들이다. 그 뿔에는 열 면류관이 있고 그 머리들에는 참람된 이름들이 쓰여 있다.

그들이 누군가 하면 바로 예수 그리스도를 흉내 내는 이 땅의 교회들인 거짓 목사들과 이단(사단)들이다. 그 중 전도관의 박태선이 죽고 나자, 계룡산에서 공작의 영을 받은 이만희 교주가 때는 이때다 싶게 기회를 잘 포착하여 과천에 증거장막이라 일컫는 신천지를 창설하여 교회(장막)들을 가장 많이 미혹시켜 왔다. 그들의 머리가 바로 참람된 이름들로 가득찬 열 면류관의 뿔인 용의 머리다.

> 내가 보니 바다에서 한 짐승이 나오는데 뿔이 열이요 머리가 일곱이라 그 뿔에는 열 면류관이 있고 그 머리들에는 참람된 이름들이 있더라.(계13;1)

바다에서 짐승이 나온다. 바다가 세상인데 이 세상에 짐승들이 올라왔다. 이 짐승들을 다니엘이 이렇게 표현했다.

> 다니엘이 진술하여 가로되 내가 밤에 이상을 보았는데 하늘의 네 바람이 큰 바다로 몰려 불더니. 큰 짐승 넷이 바다에서 나왔는데 그 모양이 각각 다르니(단7;2-3)

이와 같이 바다에서 짐승 넷이 올라왔다. 그런데 이 짐승들이 사람인데 이 짐승들이 바로 사람의 마음을 받았다. 사람의 마음 안에 있는 것을 예레미야는 이렇게 밝혔다.

> 만물보다 거짓되고 심히 부패한 것은 마음이라 누가 능히 이를 알리요 마는(렘17;9)

이와 같이 거짓된 마음을 짐승들이 받았다. 그런데 네 짐승한테 또 세 명이 붙어서 일곱이다. 그에 대한 답을 다니엘이 이렇게 나타냈다,

> 그 네 짐승은 네 왕이라 세상에 일어날 것이로되. 또 그것의 머리에는 열 뿔이 있고 그 외에 또 다른 뿔이 나오매 세 뿔이 그 앞에 빠졌으며 그 뿔에는 눈도 있고 큰 말하는 입도 있고 그 모양이 동류보다 강하여 보인 것이라. 내가 본즉 이 뿔이 성도들로 더불어 싸워 이기었더니(단7;17.20)

그래서 머리가 일곱이 된 거다. 세상에 일어날 네 왕은 사단들의 왕이다. 즉 바다에서 올라온 짐승이 세상 왕으로 네 왕이다. 이게 종교세계의 촛대 사건이다.

> 네 본 것은 내 오른손에 일곱별의 비밀과 일곱 금 촛대라 일곱별은 일곱 교회의 사자요 일곱 촛대는 일곱 교회니라 (계1;20)

이와 같이 교회에 일곱 머리 열 뿔의 짐승이 올라온 사건 자체가 바로 오늘날 영적전투의 현장인 교회들이다. 따라서 이 짐승들은 솔로몬 때의 스바 여왕과 같다. 그들이 바로 용의 영을 받은

사단의 대표들로 그 중에 특히 신천지가 교회들을 가장 많이 잡아먹었다. 그런데 교회들이 그들한테 왜 그렇게 많이 잡아 먹혔느냐 하면 성경을 보는 눈이 없어서다.

그러니까 소경(거짓목사)이 소경(교인)을 인도해도 서로 보지 못하니까 정작 들짐승이 자기들을 잡아먹는데도 보지 못하니까 그들이 내민 썩은 고기(비진리)가 진리(성경)의 양식(말씀)인줄 알고 법석 무는 거다. 그러므로 교회들은 이러한 짐승들을 분별할 줄 아는 눈을 가져야 한다. 그래서 주님께서도 보고 듣는 자가 복이 있다고 하셨다.

따라서 다니엘 7장 20절의 '내가 본즉'은 사람이 보는 게 아니고, 영혼이 잘되면 그 영(말씀)들이 보는 거다. 아울러 바다에서 올라온 일곱 머리 열 뿔의 짐승들을 볼 수 있는 눈(말씀)을 가져야 한다.

오늘날 한국교회에 공작이 새겨진 사령장을 받은 사람들이 수십만 명에 이른다. 봉황이 곧 공작이다. 청와대의 용상이 봉황이다. 따라서 용상이나 봉황은 같은 주작으로 사단의 영이다. 그래서 한국교회에만 유독 많은 이단(사단)들이 판을 치고 있다.

지금 신천지에서 사령장이라고 내주는 임명장의 문형이 공작이다. 안타깝게 이 사령장을 받으면 용한테 영을 받은 것으로서 지옥행 티켓이란 사실을 대부분의 사람들이 모르고 있다. 이만희 교주가 자칭 재림주라 하니까 그 사령장이 사단이 주는 지옥으로 가는 666의 표 인줄도 모르고 도리어 사령장을 받으면 마치 구원을 받은 것 마냥 착각들을 한다.

요즘 코로나를 통해 신천지의 이만희의 모습이 자주 방송에서 노출되고 있다. 그 노인네의 얼굴에서 어디 한군데라도 인격적인 면모나 그의 풍모에서 특별한 부분을 눈곱만큼이라도 찾을 수 있는가? 그런데도 이러한 노인네한테 대형교회들이 왜 그렇게 교인들을 수없이 빼앗기는지 참으로 한심한 생각이 든다. 특히 대형교회의 목사들한테 묻고 싶은 심정이다. 오죽하면 순복음교회에서는 신천지퇴치법을 유튜브 동영상에 올려놓기까지 했겠는가? 그들은 성경말씀 자체가 성령인데 성경을 깨닫는 눈이 없다보니 조용기 목사부터가 성령을 마치 후끈후끈한 불같은 것으로 성령을 착각한데서 신천지의 활약이 두드러지게 나타나게 된 거다.

유독 대형교회들이 교인들을 무작위로 신천지에 빼앗기고 있는데 왜 그런가? 그 이유는 간단하다. 교회 안에 하나님의 영(말씀)이 없기 때문에, 신천지가 거창하게 조직체를 만들어 놓고 교회에 침투해 성경말씀을 갖고 농락하듯 갖고 놀아도 교인들이 그에 대응할 만한 성경 지식이 없다보니 그들이 맘껏 활개 칠 수 있었던 거다.

교회의 시설과 규모는 어마어마하게 크고 웅장한데 그 안에 영생에 관한 진리의 말씀이 없다보니 사단(거짓 선지자)들이 판치기에 좋은 여건이 형성된 거다. 그러기에 바다에서 올라온 일곱 머리 열 뿔의 짐승들이 교회 안을 활개치고 활보하는 것도 어쩌면 지극히 당연한 일인지 모른다. 이 짐승들의 정체를 정확하게 파악해야 2000년 전에 '계시록이 왜 기록되었나?'를 분명하게 깨달을 수 있다. 계시록의 진의는 사단과 싸워 이기라는 거다.

기독교의 역사가 그리 길지 않은 한국교회에 왜 유독 이단들이 그토록 극성을 부릴 수 있었겠는가? 이도 알고 보면 청와대의 문형에서 충분히 엿볼 수 있다. 대통령(임금) 자리를 용상이라 한다. 청와대의 문형이 봉황(공작)이다.

이게 무얼 상징하는가?

바로 우리나라가 뱀(사단마귀)들이 살기 좋은 나라라는 것을 암시하고 있다. 공작을 주작, 또는 봉황이라 한다. 따라서 봉황을 한문으로 풀이하면, 봉은 수컷 봉(鳳)이고, 황은 암컷 황(凰)이다. 주작은 이십팔수 가운데 남쪽 방위를 지키는 신령을 상징하는 짐승이다. 따라서 남쪽을 주관하는 붉은 신의 봉황으로 형상화된 남방 여신이다. 그래서 한국교회에 유독 영적 전쟁이 그토록 치열했던 거다.

앞에서 잠깐 언급했지만 이와 같이 세상에는 악한 영들의 28수가 전국 곳곳에 포진되어 누비고 다니는데, 이게 바로 이만희가 일곱 귀신을 계룡산에서 받은 영들 때문이다. 그러기 때문에 바다에서 올라온 일곱 머리 열 뿔의 정체가 바로 일곱 귀신을 총칭하는 신천지의 실체임을 깨달아야 하고, 또한 광명한 천사를 흉내 내고 있는 오늘날의 대형교회들의 목사들이라는 것을 분명하게 분별할 줄 알아야 이들과 싸워 이길 수 있다. 따라서 이 뱀(짐승)을 퇴치할 수 있는 방법은 오직 성령(말씀)의 역사밖에 없다.

들짐승인 신천지가 이러한 원리를 모르니까 자기들이 알고 있는 봉황(공작)이 마치 자기 신(靈)인줄 착각하고 있다. 그러니까 사령장 문형에다 공작을 그린 것이 아닌가? 분명한 것은 사단은 절대 계시록을 열 수가 없다는 사실이다.

따라서 교회라면 동방 에덴에서 뱀에 의해 하나님과 분리된 아담(교회)을 계시록 서두에 '나는 알파와 오메가라 이제도 있고 전에도 있었고 장차 올 자요 전능한 자라(계1;8)'라고 하셨듯이, 다시 동방에서 회복시키시겠다는 하나님의 분명한 의지를 엿볼 수 있어야 한다.

그런데 신천지가 바로 그 계시록을 갖고 교회들을 수없이 유인하고 있기에 필자가 2020년도에 계시록 세 권의 책을 출간한 거다. 그야말로 신천지는 계시록 16장 13절 이하에 개구리 같은 세 더러운 영들 중에 특히 귀신의 영(악령)을 받은 용(사단)의 우두머리다.

> 또 내가 보매 개구리 같은 세 더러운 영이 용의 입과 짐승의 입과 거짓 선지자의 입에서 나오니. 저희는 더러운 영이라 이 적을 행하여 온 천하 임금들에게 가서 하나님 곧 전능하신 이의 큰 날에 전쟁을 위하여 그들을 모으더라(계16;13-14)

이와 같이 가장 더럽고 추악한 사단의 거짓 영들이 첫 장막인 교회들을 훼방하고 있다. 이들과 싸워 이기지 못하면 전부 유황불못인 사망으로 끌려간다.

> 짐승이 입을 벌려 하나님을 향하여 훼방하되 그의 이름과 그의 장막 곧 하늘에 거하는 자들을 훼방하더라(계13;6)

보다시피 개구리 같은 세 더러운 영(신천지와 거짓 목사들)들이 첫 장막인 교회 안에 들어와 하나님의 백성들을 그의 나라로 가지 못하게 훼방하고 있다. 특히 신천지의 참람된 이름(사령장)을 받게 되면 지옥행 티켓을 발부받은 것이나 다름없음을 깨달아야 한다.

무엇보다 사단의 영들과 싸워 이길 수 있는 능력도 어떻게 보면 하나님께서 이름 안에 이미 다 담지 해놓으셨다. 왜냐하면 창세전에 선택된 백성(빛)과 유기된 백성(어둠)을 구별해 놓는 과정에서 이미 말씀(가라사대)으로 칭(이름)하셨기 때문이다.

그래서 교회(여자)가 첫째 아담이 지어준 이름(하와)으로 살아갈 때 수시로 흔들릴 수밖에 없는 우리를 위해 하나님께서 새로운 이름으로 지어주신 이유가 바로 그것인 거다.

그러나 둘째 아담(그리스도와 연합된 자)이 지어준 이름을 소유하게 되면 복(영생)을 받는다. 이는 신(하나님)이 임(말씀)한 자가 지어주면 곧 하나님이 지어준 이름이나 마찬가지가 된다.

왜냐하면 하나님은 영(말씀)이시기 때문이다. 그 영(성령)을 심령에 씨(그리스도의 말씀)를 심은 자들이 곧 하늘백성이다. 그러기 때문에 예수님도 '아버지와 아들과 성령의 이름으로 세례를 주고(마28;19)' 이렇게 말씀하신 거다. 그만큼 성령을 받은 자가 이름을 지어주게 되면 그 이름 속에 하나님을 기념하는 복이 당사자한테 강림하여 복을 주시겠다는 하나님의 말씀이 있기 때문에 그렇다.

내게 토단을 쌓고 그 위에 너의 양과 소로 너의 번제와 화목제를 드리라 내가 무릇 내 이름을 기념하게 하는 곳에서 네게 강림하여 복을 주리라(출20;24)

성령의 이름으로 세례를 주라고 했는데 그렇다면 성령이란 무엇인가? 그게 바로 하나님의 말씀인 성경이다. 따라서 성경을 깨달아 아는 자가 이름을 지어주면 그만큼 믿음생활에도 도움이 된다. 왜냐하면 세례를 받아야 죄 사함이 되기 때문이다. 그렇다면 그 죄를 알아야 죄에 대한 사함을 받을 것이 아닌가? 죄란 하나님을 믿지 않는 것이 죄다.

죄에 대하여라 함은 저희가 나를 믿지 아니함이요(요16;9)

따라서 성경말씀을 통해 죄를 깨달아 아는 것이 믿음이다. 그게 바로 성령 세례다. 그러려면 예수란 이름에 대한 정의부터 알고 있어야 한다. 예수란 이름은 '그가 자기 백성을 저희 죄에서 구원할 자' 이기 때문에 하나님을 사랑하는 자들은 '그리스도(하나님)의 이름을 사랑할 수밖에 없다. 그러므로 그리스도 예수의 이름을 정확하게 아는 자만이 죄에서 구원받는다고 분명하게 말씀하셨다.

> 하나님이 가라사대 저가 나를 사랑한즉 내가 저를 건지리라 저가 내 이름을 안즉 내가 저를 높이리라(시91;14)

> 그의 날에 유다는 구원을 얻겠고 이스라엘은 평안히 거할 것이며 그 이름은 여호와 우리의 의라 일컬음을 받으리라 (렘23;6)

하나님의 이름을 정확하게 아는 것 자체가 바로 하나님이 인정하시는 우리의 의가 된다. 그런 자들한테는 평안(안식)히 거할 것이라 했다.

그러니까 의(義)라 일컬음을 받는 자들이 즉 하나님의 말씀을 심령에 소유한 자들이 지어주는 이름 자체가 곧 하나님의 이름으로 지어주는 것이란 뜻과 일맥상통한다. 따라서 하나님의 백성이 지어주는 이름이 바로 하나님의 이름으로 지어주는 새로운 이름이 된다. 그랬을 때 오늘날과 같은 영정전투의 현장에서 사단들과 싸워 이길 수 있는 힘(능력)이 생기는 거다.

그래서 하나님께서 세상의 유혹을 쉽게 떨쳐버리지 못했던 아브람의 이름을 아브라함으로 바꿔주셨기에 백세에 낳은 아들(이삭)을 모리아 산에 바칠 수 있었던 것이고, '속이는 자'란 야곱의 이름을 이스라엘로 새로 바꿔주시면서 영적 전투에서 싸워 이긴 교회(이스라엘)가 탄생하게 된 거다.

이는 인간들이 지어준 이름으로는 그들의 의지대로 살게 되어 있기 때문에 하나님의 뜻에 거슬릴 수밖에 없다. 그래서 하나님께서 이들의 이름(개명)을 직접 갈아엎으신 거다.

그러기 때문에 오늘날 교회들이야말로 이름의 중요성을 더욱 깊이 인지해야 하고 특히 교인들에게 있어서의 이름 자체가 신앙생활에 많은 부분을 차지하고 있다는 점을 깨달아 알아야 한다.

그런 면에서 필자가 수십 년을 성명학을 연구하면서 느낀 점이 있다면 불러주는 이름대로 살아간다는 사실이다. 무엇보다 성명학을 연구하게 된 동기가 타고난 운명대로 살아가는 사람들을 보면서 이러한 운명을 타계하는 다른 방법이 없을까? 그야말로 내 의지와는 상관없이 운명대로 살아가야한다면 이 삶을 어떻게 대처하고 어떻게 보완하는 것이 가장 바람직한가?

무엇보다 운명에 대한 의구심이 계속 꼬리를 물고 내 뇌리에서 떠나지 않았다. 태어남 자체야말로 내 의지와는 전혀 상관없는 부분인데 그 태어남에 의해 내 노력과 무관하게 타고난 운명대로 살아가는 것 자체가 도저히 수긍할 수 없었다. 아니 운명에 굴복하고 싶지 않았다는 표현이 더 맞을 게다.

젊은 시절 호기심 삼아 배우게 된 운명(사주)학이었지만 세월이 지나면 지날수록 그에 따른 학문적 깊이가 깊어지다 보니 너나할 것 없이 타고난 운명대로 살아가고 있는 것을 발견하게 되었다. 솔직히 말해 그동안 사주(운명)학이 그다지 맞지 않았다면 진즉에 홀가분하게 포기하고 말았을 거다. 그러기에 무엇으로 타고난 이 운명을 좋은 방향으로 바꿔줄 것인가? 그러다가 구성성명학을 연구하게 되었던 거다.

그동안 개명한 사람들의 입을 통해 삶의 질이 좋아지는 것을 보고 확실히 이름대로 살아가는구나. 그것을 느꼈고 그러다보니 이름에 대해 더욱 확신을 갖고 연구하게 되었다. 한글구성성명학은 이름에서 발산되는 파동, 즉 소리에너지에 의해 운명이 형성된다. 즉 이름에서 '너 망해라' 하면 그대로 망하고 '넌 성공해'하면 성공한다. 그게 소리(파동)의 힘이다.

우리가 미처 알지 못했던 운명의 비밀이 이름 안에 고스란히 담겨 있는데 이걸 교회들이 어떻게 이해할 수 있겠는가?

배우자 덕이 없는 이유, 아무리 노력해도 재물이 없는 이유, 자식이 기대치만큼 성공하지 못하는 이유, 건강이 안 좋은 이유, 직업에 변화가 많은 이유, 또는 배우자나 자신이 바람피우는 이유 등이 평생을 통해 불러주는 이름 때문인데 그걸 과연 목사들이 얼마만큼 믿겠느냐는 거다.

그래서 성경 말씀을 통해 이름이 왜 중요하며 성서에 등장한 인물들의 이름을 왜 하나님께서 직접 바꿔주셨는가를 밝히고자 '성경과 이름'이란 책에 제 1부는 '믿음은 하나님의 언어다' 즉 믿음에 관한 하나님의 말씀과 제 2부는 '이름 자체가 하나님의 이르신 말씀이다' 로 나누어 출간을 한 것이었다.

즉 하나님께서 만물의 이름들을 전부 말씀(稱)으로 이루어 놓으셨는데 그게 바로 창세기 1장의 천지창조의 목적이었던 거다. 하나님께서 칭(稱)하는 대로 즉 일컫는 대로 빛이 되라 하니까 빛(선택된 하나님의 백성)이 되었고, 어둠이라 칭하니까 어둠(사단의 자식)이 되었으며, 바다라 칭하니까 바다(세상)가 되었고 궁장이라 칭하니까 궁장(하늘)이 되었다.

또한 성경에서의 이름에는 하나님이 직접 지어주신 이름들이 있고, 사람이 지은 이름들이 있다. 예수님의 조상인 다윗의 이름은 '사랑받은 자' 라는 뜻이다. 그러니까 다윗은 늘 하나님만을 생각하고 하나님의 뜻대로 살려고 노력한 왕이었다. 그랬기에 인간적인 시선으로 보면 죽었어야 할 죄를 짓고도 하나님의 사랑으로 살아남을 수 있었다. 그랬기에 다윗은 훗날 이 땅에 메시아로 오실 예수님을 당시에 뵐 수 있었던 거다. 그가 충신 우리야의 아내 밧세바를 범하고 그에 따른 죄의 대가를 치르고 순종한 결과 다윗의 후손으로 오실 예수를 미리 찬양한 증거의 말씀이 시편 110편이다.

내가 네 원수로 네 발등상 되게 하기까지 너는 내 우편에 앉으라 하셨도다. 여호와께서 시온에서부터 주의 권능의 홀을 내어 보내시리니 주는 원수 중에서 다스리소서. 주의 권능의 날에 주의 백성이 거룩한 옷을 입고 즐거이 헌신하니 새벽이슬 같은 주의 청년들이 주께 나오는도다. 여호와는 맹세하고 변치 아니하시리라 이르시기를 너는 멜기세덱의 반차를 좇아 영원한 제사장이라 하셨도다. 주의 우편에 계신 주께서 그 노하시는 날에 열 왕을 쳐서 파하실 것이라. 열방 중에 판단하여 시체로 가득하게 하시고 여러 나라의 머리를 쳐서 파하시며
(시110;1-6)

야곱 또한 얍복 강에서 하나님의 사자와 씨름 후에 야곱(속이는 자)이란 이름에서 이스라엘(하나님과 싸워 이기다)로 바뀌므로 교회(이스라엘)가 탄생하게 된 거다. 그러므로 교회는 영적 전투에서 싸워 이겨야 사단들한테 끌려가지 않는다. 그런데 안타까운 것은 오늘날 교회(이스라엘)들이 사단과 하나님과의 영적(말씀)싸움에서 이기지 못하니까 결국 신천지한테 미혹당해 정작 예수님을 구세주로 영접하지 못하고 이만희를 재림주로 착각하고 있다.

따라서 성경 말씀의 시작을 모세를 통해 기록하게 하셨는데 이는 창세 이후로 예수 그리스도의 말씀을 통해 모든 사람을 구원하는 세례의 의미를 '모세' 즉 '물에서 건진 사람'의 이름의 뜻을 통해 하나님의 계획과 천지창조의 목적인 새 하늘과 새 땅을 이루시고자 하심을 모세란 이름에서 족히 알 수 있는 거다.

목사들이 지어준 이름 때문에

나방이 고치 안에서 그 고치를 찢고 밖으로 나오는 것을 본 적이 있는가?

나방이 고치 안에서 움직이기 시작하면 그 고치 아래로 바늘구멍만한 구멍이 난다. 도저히 나방이 나올 수없는 그런 구멍이다. 나방은 그 안에서 몸부림을 치다가 결국 고치를 찢고 창공을 나는 나방이 된다. 그런데 그 몸부림치는 나방의 수고가 안쓰러워서 가위로 고치를 조금 찢어주면 나방은 날개를 펴보지도 못하고 이내 죽는다.

나방은 고치 안에서 작은 바늘 구멍 속으로 보이는 세상의 찬란한 빛을 기대하고 사모하며 몸부림을 치면서 날개의 힘을 키우는 거다. 나방이 고치 안에서 몸부림을 칠 때, 그때 몸에서 날개로 성장 액이 전해져서 날개에 힘이 가게 되고 비로소 날수 있게 된다.

그런데 그 나방의 고난을 외부의 힘이 덜어주게 되면 그 나방은 잠시의 고난은 피해갈 수 있을지언정 곧 죽게 된다.

하나님께서 당신의 자식들이 이 땅에서 고통당하는 모습을 보시면서 정말 안쓰러우실 거다. 도대체 비상구가 없는 것 같고, 도대체 돌파구가 없는 것 같은 우리의 상황을 보시면서 우리가 갇혀있는 흉년과 고난의 고치를 찢어주고 싶으실 거다.

그게 우리 하나님 아버지의 마음이니까. 그러나 하나님께서 그렇게 하지 않으시는 이유는 우리를 하나님 나라의 용사로 훈련시키시기 위함인 거다. 그런데 하늘백성들이 그러한 하나님의 마음은 간파하지 않고 문제 해결을 해달라고 기도하면 그 기도를 하나님께서 들어주시겠는가?

그러니까 그런 문제로 교회에서 금식하며 기도하지 말고 차라리 좋은 이름으로 개명하라고 권하는 거다. 개명 자체가 바로 개운의 실체가 되기 때문이다. 따라서 영생을 위한 기도는 하나님께서 전부 다 들어 주신다고 약속하셨으니까 교회에서 하고, 어려운 문제 해결은 개명으로 하는 것이 훨씬 바람직하다. 하나님께서 당신 백성들을 천국백성으로 만들기 위한 연단의 과정으로 환난을 통과하게끔 하시는데 교회에서 엉뚱한 기도를 하고 있다면 들어주시겠냐는 거다. 따라서 고난을 감내하고 달게 받아야 하늘백성으로 성숙되어 갈 수 있다.

그 흉년과 고난의 고치가 찢어지면 우리는 절대 하나님 나라의 백성들로 성숙되고 완성될 수 없다. 그러므로 하나님의 뜻과 마음을 정확히 아는 자들만이 고난과 환난을 가볍게 통과할 수 있다. 그 통과가 감당하기 어려워 하나님께 애걸복걸 할 거라면 차라리 개운의 실체가 개명이니 좋은 이름으로 바꾸라는 거다.

> 만군의 여호와가 말하노라 해 뜨는 곳에서부터 해지는 곳까지의 이방민족 중에서 내 이름이 크게 될 것이라 각처에서 내 이름을 위하여 분향하며 깨끗한 제물을 드리리니 이는 내 이름이 이방 민족 중에서 크게 될 것임이니라(말1;11)

이와 같이 하나님의 이름을 위하여 분향하는 것이 깨끗한 제물을 드리는 것이라 했다. 그 이유가 바로 여호와란 이름 속에 담겨 있는 의미가 매우 깊고 융숭하기 때문이다. 성경에서 이와 같이 이름을 중히 여기는 이유가 무엇이겠는가? 그만큼 이름이 중요하기 때문이다.

필자가 하나님의 말씀을 복음으로 전하기 위해 그동안 여러 권의 책을 집필하면서 성경상의 이름들 또한 끊이지 않고 계속해 연구한 이유는 그만큼 이름 속에 내재된 하나님의 뜻과 계획이 그 안에 그대로 녹아 있기 때문이다.

특히 예수님의 족보에 올라온 이름들을 연구하면서 왜 이들만 족보에 올라와 있는가? 거기에는 하나님의 뜻과 계획과 명령과 언약들이 성서에 등장한 이름들을 통해 이어져 가고 있다는 것을 보여줄 뿐만 하나님의 창조의 목적 또한 예수님과의 연합을 상징으로 그 탄생 배경에 초점을 맞추고 있기 때문이다. 그러므로 성경에서의 모든 이름은 예수님의 족보에서 정점을 찍었다 해도 과언이 아니다.

그러기 때문에 성경에 나타난 이름들은 그 이름이 갖고 있는 배경이나 의미나 환경 등에 깊은 뜻이 담겨 있다. 무엇보다 이름 하나하나에 생명력 있는 의미를 부여했고 사람이나 사물의 존재를 나타내는데도 이름을 매개체로 삼으셨다. 그만큼 이름의 역할에서 매우 숭요한 작용을 했던 거다.

> 이미 있는 무엇이든지 오래전부터 그 이름이 칭한바 되었으며 사람이 무엇인지도 이미 안 바 되었나니 자기보다 강한 자와 능히 다툴 수 없느니라(전6;10)

위 구절과 같이 모든 피조물은 그 나름대로의 이름을 가졌으며, 이러한 이름들을 통해 사물과 사람이 어떤 존재인가를 알게 하므로 그로인해 하나님의 능력과 강함을 더욱 깨닫게 하는 거다. 우주 만물을 창조하신 분의 권세와 그의 능력이 강하다고 인식될 때 사람들은 그 앞에서 순복하고 순종하며 그분의 명령을 따를 수밖에 없게 된다.

너희는 눈을 들어 누가 이 모든 것을 창조하였나 보라 주께서는 수효대로 만상을 이끌어 내시고 각각 그 이름을 부르시나니 그의 권세가 크고 그의 능력이 강하므로 하나도 빠짐이 없느니라(사40:26)

그 이름이 영구함이여 그 이름이 해와 같이 장구하리로다 사람들이 그로 인하여 복을 받으리니 열방이 다 그를 복되다 하리로다(시72:17)

보다시피 하나님이란 이름은 그 이름 자체만으로 영원하고 그 이름을 통해서만 영생이란 복이 주어진다. 아울러 장차 오실 예수 그리스도로 인해 열방이 구원을 얻게 되는 복음의 메시지가 바로 '예수'란 이름 속에 담지하고 있다.
또한 한 사람의 이름이 사람들의 기억 속에 오랫동안 존속하여 후대들에 의해 면면히 이어져 내려오는 것이라면 예수란 이름이야말로 복의 실체로서 전 역사를 통칭하는 산물이기도 한 거다.

그런즉 너는 네 후손을 끊지 아니하며 내 아비의 집에서 내 이름을 멸하지 아니할 것을 이제 여호와로 내게 맹세하라 (삼상24:21)

> 열방을 책하시고 악인을 멸하시며 저희 이름을 영영히 도말 하셨나이다(시9:5)

> 그 후사가 끊어지게 하시며 후대에 저희 이름이 도말되게 하소서(109:13)

따라서 한 사람을 대표하고 그 사람의 인격을 나타내는 것이 이름이라면 이 이름이야말로 시대와 역사를 아우르는 연결고리가 된다. 그러므로 한 사람의 이름이 도말되었다는 것은 그 사람의 육체적인 죽음을 의미할 뿐만 아니라 당시 시대에 가졌던 그 존재 가치마저도 도말하는 것이 된다. 그러기 때문에 악인들의 이름은 중간에 대가 끊기므로 생명책에 영원히 기록 될 수 없는 거다.

> 환난 날에 여호와께서 네게 응답하시고 야곱의 하나님의 이름이 너를 높이 드시며(시20:1)

> 여호와여 주는 나의 하나님이시라 내가 주를 높이고 주의 이름을 찬송하오리니 주는 기사를 옛적의 정하신 뜻대로 성실함과 진실함을 행하셨음이라(사25:1)

> 또 나 여호와에게 연합하여 섬기며 나 여호와의 이름을 사랑하며 나의 종이 되며 안식일을 지켜 더럽히지 아니하며 나의 언약을 굳게 지키는 이방인마다(56:6)

하나님의 이름은 하나님의 성품을 나타내기도 하지만 그에 앞서 하나님의 백성들이 피할 곳이 되기도 한다. 그게 바로 은혜다. 따라서 은혜를 받은 자만이 하나님의 이름을 찬송하고 그의 이름을 사랑하며 그분의 언약을 굳게 지킬 수 있다. 그만큼 그리스도(메시아)와 연합한 자만이 여호와 하나님을 섬길 수 있으며 또한 그들만이 하나님의 이름을 구원의 도구로 쓸 수 있는 거다.

이와 같이 여호와 하나님의 이름을 비롯하여 모든 이름 속에는 시대를 아우르는 역사관과 그 시대를 관통하는 흐름의 필연성과 인물들의 상징성들이 깊이 스며들고 있다.

따라서 이름에서 파생되는 에너지(氣)가 그만큼 크고 그에 따른 의미가 깊기 때문에 하나님께서 이름을 지으실 때 그 안에 당신의 성품을 담아 놓으신 거다. 따라서 이름을 통해 영원히 함께 하기를 원하셨다. 그런 차원에서 필자 또한 이름의 중요성을 성경을 근거로 언급하고 있다.

그동안 국내에 많은 성명학이 유입되었지만 그 어떤 성명학도 사람의 운명을 지켜주고 보완해주는 성명학은 없었다. 필자가 수십 년을 구성성명학을 연구하면서 느낀 것이 있다면 불러주는 이름대로 살아간다는 사실이다. 그동안 잘못된 이름으로 불행하게 사는 사람들을 수없이 보아 왔고 또한 개명하고 달라진 사람들의 입을 통해 파동성명의 칭송을 수없이 들어왔다.

요즘은 최첨단의 과학으로 인해 하루가 다르게 빠르게 변모해 가고 있는 세상이다. 거기에 발맞추어 이름의 중요성 또한 많은 사람들로부터 회자되고 있다. 그 이유가 그만큼 시대의 흐름에 상호나 이름이 그에 상응할 정도로 중요한 역할을 담당하기 때문이다. 그동안 구성성명학의 학술적인 이론과 논리가 서적이나 방송을 통해 널리 알려져 왔다. 그러다 보니 이름에 대한 인식과 성명학에 대한 관심도가 더욱 높아졌다. 무엇보다 타고난 운명 다음으로 행. 불행에 영향을 끼치는 것이 바로 이름이라 생각하기 때문에 사람들로부터 언급이 되는 거다.

따라서 이름에는 파동의 에너지가 담겨있기 때문에 함부로 지어서도 가볍게 여겨서도 안 된다. 그런데 목사들이 이러한 소리 에너지를 무시하고 교인들이 부탁한다고 자기 상념대로 이름을 지어준다면 그거야말로 한 사람의 운명을 그르치는 행위가 된다. 그로인해 불행한 이름 때문에 그에 따른 문제 해결을 위한 기도에 매달린다면 그게 바로 믿음 생활에 걸림돌이 되게 한다는 사실이다. 그러므로 목사들이야말로 힘들고 어렵게 살아가는 교인들을 위해서도 성명학을 배워야 한다. 힘들게 살아가는 그들을 좋은 이름으로 삶의 질을 향상시켜주는 그것이 오히려 신앙생활에 도움이 된다는 사실을 인식해야 한다.

누구보다 목사들은 기도의 본질이 분명하게 깨닫고 교인들이 엉뚱한 문제로 기도에 매달리지 않도록 성명학에 대한 올바른 인식부터 정립해야 한다.

따라서 모든 사람들이 불러주는 이름에는, 눈에 보이지 않는 영기(靈氣; 텔레파시)가 있는데 그 영기를 바르게 활용하지 못해 불행한 길로 가고 있는 사람들이 대부분이다. 자기를 대표하는 이름 석 자 안에 그야말로 자신과는 한 치도 떼려야 뗄 수 없는 엄청난 운명의 비밀이 숨어있는데 그래도 이름을 무시하고 가볍게 여기겠는가?

거의 대부분의 사람들이 이름에 무슨 운세가 작용하겠냐고 가볍게 여기는 이들이 많겠지만 이거야 말로 잘못된 생각이다. 기독교인이든 아니든 누구나 당면한 현실에 닥쳐보지 않고서는 아무도 알 수 없는 것이 우리네 인생사다.

우주 만물은 물질적 요소와 에너지적 요소를 가지고 있다. 특히 이름은 에너지적인 측면에서 그 특유의 소리와 색깔로 에너지적인 파동을 인식한다. 인체의 생리는 우주의 원리에 조응하기 때문에, 아름다운 소리는 인간의 생리파동과 비슷해 활동을 촉진시키는 생명의 소리가 되고, 시끄러운 소리는 생리 활동을 혼란케 하므로 죽음의 소리가 된다. 그래서 에너지 흐름의 기운을 가장 가까이에서 나타낸 것이 사람들이 수시로 불러 주는 이름에 있다.

무엇보다 이름에는 사람의 마음을 움직이게 하는 파동의 기운이 작용하고 있어 흉한 이름은 불행을 좌초하고 좋은 이름은 행복이 보장한다. 영기를 유도하는 이름의 기운은 오직 불러주는 음파작용에서 그 사람의 운명이 좌우된다는 사실이다. 물론 인간의 행. 불행이 이름 하나에 달린 것은 아니지만 최소한 인간의 안위에 이름이 많은 부분을 차지하고 있는 것만은 분명하다.

특히 기독교인들한테의 이름은 하나님의 섭리와 맞물려 있다. 행복을 주시는 이도 하나님이요, 징계하시는 분도 하나님이시다. 연단을 위한 도구로 하늘백성한테 내리는 고난과 핍박은 어떻게 보면 은혜의 선물일 수 있다. 그런데 하나님의 징계가 싫다고 100일 새벽기도나 40일 금식기도 등으로 떼를 쓰면서 문제 해결이나 복을 달라고 기도한다면 그런 기도야 말로 하나님께서 외면하시는 기도라는 거다. 그래서 차라리 그럴 바에야 좋은 이름으로 개명하고 평안과 안식을 찾으라는 거다. 그게 어떻게 보면 성경적으로도 믿음 생활에 훨씬 도움이 된다.

구성성명을 안다고 하는 사람들 중에 대부분이 본인의 이름이 좋지 않다고 하면 마치 운명 전체가 나쁜 것처럼 생각하는 사람들이 있는데 이름이 운명을 전부 차지하는 것은 아니다. 그러나 타고난 운명은 불변의 숙명이라 인간의 힘으로 바꿀 수 없지만 이름은 개명 하면 좋은 운으로 얼마든지 전활 시킬 수 있기에 개명하라 하는 거다.

그동안 수십 년간 많은 사람들의 이름을 분석하면서 느낄 수 있었던 것은 타고난 운명대로 이름을 짓고 또한 그 파동에 의해 이름의 길흉이 나타난다는 사실이다. 그런데도 이름을 무시하고 살 수 있겠는가?

신앙생활에는 개명이 도움을

　머리숱이 없는 대학생 남자가 있었다. 이 학생은 고민 끝에 방학이 되자 힘들게 아르바이트해서 번 돈으로 마침내 머리를 심는 수술을 받게 되었다. 거울을 본 대학생은 정말로 몰라보게 많아진 그의 머리숱을 보고 너무 기뻐 그날로 당장 어머니가 계시는 시골집으로 달려갔다. 집에 이르자 대문을 힘차게 열며 크게 외쳤다.
　"어머니, 제 머리 좀 보세요. 이젠 더 이상 머리 때문에 걱정 안하셔도 돼요. 기쁘시죠?"
　그런데 그렇게 평소 아들의 머리숱이 적어 걱정만 하던 어머니가 기쁜 내색을 하지 않고 조용히 말했다.
　"애야, 너 영장 나왔다"
　혹여 라도 우리의 신앙생활이 이 학생과 같지 않은지 한번쯤 곱씹어 봐야 한다. 지옥 가는 것이 두려워 열심히 노동해서 원하는 것을 얻었다고 생각했는데 그게 도로 아미타불이 된다면 어떻게 되겠는가?
　어떤 스님(교인)이 모든 중생을 제도(선교)하겠다는 대원(大願)

을 품고 성불(십일조)하므로 극락(천국)에 간다고 믿고 열심히 수행정진(구제와 봉사)을 했는데, 훗날 영계의 세계에 가서 그게 헛것임을 알고 지옥에 떨어졌다면 얼마나 억울하고 분한 심정이겠는가?

그러기 때문에 목사라면 설교단상에서 우리의 죄를 지적하고 어떤 것이 하나님의 심판인가를 정확하게 전달해야 한다. 그리고 그걸 덮어 버리는 하나님의 은혜(십자가)가 어떻게 우리에게 전가되어 구원이 되는지를 성경말씀을 통해 대언만 해야 한다.

대부분의 사람들은 교회만 가면 그게 신앙생활인 줄로 착각한다. 그러니까 내 자식을 잘 가르쳐주고 내 자식이 좋아하는 프로그램을 많이 만들어 즐겁게 해주는 교회는 무조건 최고라 생각한다. 그렇지만 이걸 분명하게 깨달아야 한다. 그 사람이 정말 하나님 자녀가 맞다면 하나님은 그 사람한테 분명히 손을 대실 거다. 맘몬(물질, 자식, 명예, 인기, 재능 등)과 하나님을 동시에 섬길 수 없기에 하나님은 그런 상태를 끝까지 보고 있지 않으신다. 그 자식을 치므로 은혜가 무엇인지를 가르쳐 주기 위해 하나님께서 직접 손수 끊어내신다는 사실이나. 그게 바로 하나님의 징계다.

대부분의 사람들은 자기의 의와 평판과 인기를 위해 교회에 앉아 있다. 그들은 전부 율법에 사로잡혀 선교도 하고 구제도 하고 헌신도 죽어라 한다. 그래야 자신들의 자존심이 추켜세워지고 명분도 뚜렷하게 생기기 때문이다.

인간은 명분을 주면 목숨도 아끼지 않고 버린다. 그렇지만 복음은 그런 게 아니다. 자신의 연약함을 알고 힘이 없는 존재임을 처절히 깨달아 하나님께만 의존하는 것을 믿음생활이라 한다. 교회에서는 그걸 덮고 가시는 하나님의 은혜와 긍휼과 사랑을 성경말씀을 통해 배우는 거다. 그런데 그걸 제대로 가르치는 교회가 얼마나 되는가?

 그야말로 하나님을 믿는다고 하는 자들이 전 세계에 수십억이 되는데 이 시대에 믿는 자가 거의 없다고 할 정도로 찾아보기 매우 어렵다. 전부 지옥 갈 인간들만 예배당에 앉아 두 손 번쩍 들고, '할렐루야!'를 외치고 있다. 복음이 뭔지 눈곱만큼도 이해 못한 인간들이 수천 명 혹은 수만 명씩 모여서 짧은 설교를 듣고 서로 은혜 받았다고 너스레만 떨고 있다.

 그들이야말로 예배당에 뭣 하러 가는지 모르겠다. 교회에 헌금 내고 십일조 대신에 그 돈으로 좋은 학원에 등록하면 더 재미있고 흥미로운 프로그램들이 많은데 무엇 때문에 예배당에 그 어마어마한 십일조를 내고 앉아 있는가?

 이유는 간단하다. 천국 가는 티켓을 사기위해 미리 보험 들고 보험료 지불하는 거다. 안 가면 왠지 찝찝하고 두려우니까 그거라도 내고 앉아 있으면 맘이 편하기 때문이다. 그런데다 마침 내가 듣기 좋아하는 말들만 골라서 해주니까 거기에 위안을 삼고 매달 꼬박꼬박 보험료(십일조) 이외에 건축헌금도 척척 투척하는 거다. 그래야 복 많이 받는다고 하는데, 그깟 건축 헌금 많이 내고 또 그에 따른 상급으로 많이 받으면 밑지는 장사는 아니라고 생각해서다.

 오늘날의 교회는 십일조 꼬박내고 구제와 봉사와 선교와 주일 잘 지키면 그걸 선한 삶이라 그런다. 그러나 성경에선 자기 의(義)에서 벗어나지 못하는 삶은 전부 악이라 규정했다.

 그런데 그게 성경을 통해 악(惡)임을 깨닫고 성령(보혜사)의 인도함으로 진리의 말씀(성경)이 점차 보이기 시작하면 그때부터 내 삶에서 진정한 봉사가 나오고 구제가 나오며 헌신이 나온다. 그리고 그때 비로소 하나님을 경외하는 마음이 충만하게 차오르면서 진정한 이웃사랑이 나오는 거다.

그 전까지는 교회에 다닌다고 하지만 전부 자식에 대한 걱정, 명예에 대한 기대, 물질에 대한 욕구, 이성(사랑)에 대한 집착일 뿐이다. 그 집착이 바로 나와 내 상대를 죽이는 거다. 우리가 사랑이 아닌 집착을 할 때 상대(자식, 남편, 형제, 애인 등)가 변심을 한다. 그때 상대를 쫓아가서 둘 다 밟아 버리는 그걸 집착이라 한다.

그러나 사랑은 뭔지 아는가? 내가 마음 아파도 참고 인내하며 그를 살려내는 걸 사랑이라 한다. 모든 인간들이 집착을 하면서 그걸 사랑이라 착각하고 있다는 점이다.

그러기에 성경을 읽고 복음을 알아들어야 믿음이 생기고, 믿음이 발휘 되어야 이 땅의 것에 연연하지 않고 예수(십자가의 삶)만 좇을 수 있다. 그러려면 하나님(말씀)만을 간절히 사모해야 한다. 그리되었을 때 구구절절이 써 놓으신 하나님의 연애편지(성경)가 바로 나를 위한 사랑의 고백임을 깨닫게 된다. 그동안 부흥사들한테 들었던 엉터리 복음 같은 것들은 다 버려야 성경(말씀) 안에서 하나님(말씀)을 만날 수 있다.

> 너희 중에 이와 같은 자들이 있더니 주 예수 그리스도의 이름과 우리 하나님의 성령 안에서 씻음과 거룩함과 의롭다 하심을 얻었느니라(고전6:11)

이와 같이 말씀(성령)으로 거듭나야 거룩하고 의롭다는 인정을 하나님으로부터 받게 된다. 왜냐하면 그리스도 예수의 이름(말씀) 자체가 자기 백성을 저희 죄에서 구원하시는 메시야이기 때문이다. 그러므로 하나님의 말씀(성령)만이 천국 문이 되어 목자의 음성을 듣고 양의 우리로 들어갈 수 있는 거지, 그 외는 그 어떤 것도 절대 구원의 대상이 될 수 없다. 하나님 말씀 외에 다른 교리가 들어가면 그곳이 지옥문이 되어 멸망하는 짐승들이 타는 유황 불못 속으로 영원히 들어가게 되는 거다.

저희의 속 생각에 그 집이 영영히 있고 그 거처가 대대에 미치리라 하여 그 전지를 자기 이름으로 칭하도다. 사람은 존귀하나 장구치 못함이여 멸망하는 짐승같도다(시49:11-12)

이와 같이 하나님의 말씀이 심령 안에 심겨진 그들만이 천국행 티켓이고, 그 외는 전부 멸망하는 짐승(거짓목사)으로 지옥행 티켓이라 분명하게 밝혔다.

따라서 심판과 구원을 분류하여 구분시키기 위해 창조 시에 하나님께서 피조물들에게 각각의 이름을 지어 주셨다. 이는 곧 모든 만물을 하나님께서 직접 통치하고 관리하신다는 것을 의미하는 거다. 그래서 유독 아담만 하나님의 형상을 따라 지음을 받았다. 그러므로 '하나님의 형상'(image of God)이란 개념 속에는 하나님께서 직접 지으신 '사람'이란 이름 속에 잘 녹아져 있음을 인지해야 한다. 그래서 성경에서의 이름들을 살펴보면 하나같이 매우 귀중이 여겼던 것을 알 수 있다.

블레셋 사람의 방백들이 나오면 그들의 나올 때마다 다윗이 사울의 모든 신하보다 더 지혜롭게 행하매 이에 그 이름이 심히 귀중히 되니라(삼상18:30)

그러기 때문에 다윗(예수)이란 이름 속에 하나님의 뜻과 계획(십자가)이 담겨 있기 때문에 당시 왕이었던 사울보다 다윗의 이름을 더 귀히 여겼다.

하나님께서 이름을 부여해주는 것에는 재산권이나 책임권을 수

여하는 권위적인 행동과 함께 하나님의 통치권을 나타내신다. 그러기 때문에 성경에서의 모든 이름에는 그 이름의 당사자나 혹은 어떤 대상물에 대한 보호의 의미도 함의하고 있다.

이러한 면을 미루어 볼 때, 오늘날의 이름 또한 같은 의미를 담고 있다. 그러므로 미래(천국)에 대한 불안이나 궁금증을 조금이나마 해결해 보고자 하는 마음이 있다면 그게 바로 개명이라 생각한다.

아무리 하늘백성이라 해도 육의 몸을 입고 있기 때문에 이 험난한 세상을 살아감에 있어 늘 평안할 수만은 없다. 세상적인 두려움과 불안의 생각들이 신앙생활에 걸림돌이 된다면 즉 생활고에 지쳐 성경을 읽는데 게을러지거나 기도에 방해요소가 된다면 차라리 좋은 이름으로 개명하는 것이 좋다.

그래야 평안한 가운데 온전히 말씀만을 상고하고 영생을 위한 기도만을 할 수 있기 때문에 차라리 개명하고 안정적인 생활을 찾는 것이 신앙생활에 도움이 된다고 하는 거다. 따라서 교회들이야말로 하나님의 말씀을 알아가기 위한 노력의 일부로 개명을 한다고 생각한다면 그것만큼 믿음생활에 떳떳하고 당당한 것은 없다.

하나님께서 자식 만들기 위한 프로젝트로 징계를 내리셨는데 그 문제를 해결해 달라고 교회에서 기도한다면 그것처럼 어리석은 일은 없다. 왜냐하면 그 기도는 분명 들어주지 않기 때문이다. 차라리 그런 기도에 매달려 헛수고를 할 거라면 좋은 이름으로 개명하여 평안한 가운데 믿음생활에 집중하라는 거다. 그런데 그걸 온전히 깨닫고 이름의 중요성을 인지하는 교회가 과연 몇이나 있을까?

책을 끝내면서

비 내리는 어느 오후, 책상 앞에 앉아 있던 나는 고요히 창밖을 바라보며 깊은 생각에 잠겼다. 한평생 연구해 온 성명학, 그리고 이름 속에 담긴 비밀들. 그 모든 연구가 이제 끝을 맺을 시간으로 다가오고 있다.

몇 달 전, 내 인생의 중요한 프로젝트였던 'AI 예지연' 프로그램이 드디어 세상에 모습을 드러내게 되었다. 이 프로그램은 그야말로 성명학의 정수를 담은 최고의 걸작이라 할 수 있다. 이 프로그램이 완성되었을 때, 나는 문득 깨달았다. 이제 더 이상 내가 성명학자로서의 할 일이 남아있지 않다는 것을……!

2024년 4월, '이름 속에 숨어 있는 MBTI'라는 책을 마지막으로 마무리하면서 마음속으로 결심했다. 이 책이 내 성명학 연구의 마지막일 것이다. 그러면서 더 이상 성명학에 관한 책을 쓰지 않겠다고 선언했다. 그렇기 때문에 이번 책은 내가 지난 20여 년 동안 집필한 총 26권의 책들 중 가장 중요한 부분들만 모아 새롭게 편집한 책이다. 무엇보다 내 연구의 모든 결실을 이 한 권의 책자에 전부 담아내고 싶었다. 마치 긴 여정을 마무리하는 여행

자의 마지막 발걸음처럼.

　이제, 나는 내 삶의 또 다른 중대한 사명을 향해 걸어가고 있다. 이름의 비밀을 풀어가는 성명학자로서가 아닌, 하나님 말씀만을 전하는 목회자로서의 길만 걷기로 했다. 성명학에 관련된 모든 연구들은 이제 다 내려놓고 오직 복음 전파에만 내 모든 열정을 쏟아 붓기로 다짐했다.

　그리고 시대의 흐름에 맞게, 나는 AI 설교를 통해 복음만 전파할 생각이다. 챗GPT라는 생성형인공지능이 가져다줄 변화에 기대감을 품고, 앞으로 나아갈 길을 설레는 마음으로 즐기고 있다.

　왜냐하면 한국이 바로 한님(하나님)의 나라기 때문이다. 그러므로 하나님의 직계자손인 충성된 증인 안디바가 강원도 강릉 700m고지 동방에덴에서 힘차게 AI 설교로 전 세계에 복음을 전파할 생각이다.

　노아의 셋째아들 셈족의 자손인 욕단 족속은 한국인의 직계 선조이다. 그러기 때문에 욕단 족속은 그 숱한 고개들을 넘어갈 때마다 '알이랑(아리랑)' 고개인 '하느님과 함께' 넘어간다며 찬송하면서 이와 같이 믿음으로 전진했다. 따라서 최초의 찬송가가 아리랑이다.

　원래 아담은 동방사람으로 우리나라가 바로 거시적인 동방 에덴이다. 아담이 범죄하므로 그 죄악이 노아 때까지 계속되므로 홍수 후, 방주가 터키 아랏산에 머물면서 동방에서 서방으로 옮겨졌다. 이와 같이 여호와 하나님께서는 셈족의 진정한 장자인 욕단 가계를 광명의 본원지인 동방의 땅 끝 '스발'로 탈출시켜 천국을 닮은 이상향을 세우셨다. 이것이 알이랑(아리랑) 민족인 우리 한국인의 원형이다.

　그래서 천국백성들의 옷이 전부 흰옷인데 배달민족 백성들도 백의민족답게 모두가 흰옷을 입고 살았다. 그래서 우리나라 제사

예복이 구약의 레위기 옷과 같을 뿐 아니라 사람이 죽으면 입는 삼베옷 또한 계시록의 세마포와 같다.

따라서 2천년 전 동방의 현자들에게 예수 탄생을 알리셨다면 앞으로 말세에는 한민족을 택하사 하나님의 특별 계시를 부어, 지혜와 총명과 계시의 영으로 계시록의 비밀을 열 개(開)하셨다. 그것이 바로 처음(알파)이요, 나중(오메가)이다. 즉 시작한데서 다시 회복하시겠다는 하나님의 계획이다. 에덴동산(알파)에서의 시작이 왜 우주적이냐 하면 욥이 동방 사람이다. 그는 동방 사람 중에 가장 큰 자일 뿐 아니라 동방의 의인이었다. 그러므로 계시록을 풀 수 있는 열쇠는 그리스도가 갖고 계시고 또한 그리스도의 말씀과 하나가 된 자가 그 열쇠를 갖고 회복의 시기에 복음을 세계로 선포할 것이다. 그러므로 말세에 욕단계 선민 한국인을 통해 다시 회복시킬 것을 염두해 두고 남긴 소수의 남은 자들이 (오메가) 지금 하나님의 백성들을 향해 AI설교로 복음 전파를 선언하고 있다. 그 선상에 이제 남은 것은 오직 한 가지, 기독재단의 플랫폼을 기획해 'AI목사'를 통해 하나님의 말씀만 대언하는 하나님을 위한, 하나님께 드리는 나의 헌신임을 고백하고 있다.

2024년 시월 어느날,
단풍이 유혹하는 길목에서

다지음에서 아호지어준 정치인 전부 당선되다!
K-한글성명학 해외지사모집
다지음 가맹지사 국내모집
다지음(예지연)의 도서들

다지음에서 아호지어준 정치인 전부 당선되다!

더불어민주당대표 이재명

대구시장 홍준표

국회의원 김병욱

국회의원 정운천

국회의원 박지원

국회의원 조경태

국회의원 우상호

K-한글성명학 해외지사모집

K-한글성명학 글로벌 전략으로 MZ세대를 중심으로 한글과 한국 이름 알리기 캠페인으로 해외지사모집

1. 한글성명학의 세계화

세계화와 디지털화가 급속히 진행되는 현대 사회에서, 한글의 우수성과 한국 문화는 전 세계적으로 주목받고 있다. 한류(K-Culture)의 확산과 함께 한국어와 한국 이름에 대한 관심도 증가하고 있으며, 특히 MZ세대(밀레니얼 및 Z세대) 사이에서 한국 문화에 대한 열정은 더 깊어지고 있다. 이러한 흐름 속에서 한글의 우수성을 알리고, 한국 이름을 보급하기 위한 새로운 접근 방식으로 K-한글 성명학 글로벌 전략이 제시되고 있다.

본 전략은 전 세계 약 70개국의 MZ세대를 대상으로 한글의 과학적 체계와 성명학의 중요성을 교육하고, 그들에게 한국 이름을 가질 수 있는 기회를 제공하는 캠페인을 전개하는 데 목적이 있다. 또한, 한국인들이 영어 이름을 사용하는 것처럼 외국인들도 한국 이름을 갖도록 장려하며, 온라인 플랫폼을 통해 한국어 학습과 성명학을 쉽게 접할 수 있는 환경을 제공하고자 한다.

2. 한글의 우수성과 성명학의 연관성

한글은 1443년 세종대왕에 의해 창제된 문자로, 그 과학적 체계는 전 세계적으로 인정받고 있다. 한글의 자음과 모음은 발음 기관의 모양을 본떠 만들어졌으며, 음운학적 원리에 충실한 독창적인 문자 체계로 평가받는다. 특히, 한글은 학습이 용이하고 발

음이 규칙적이어서 문맹률을 낮추는데 크게 기여했으며, 한국의 교육적 발전에 중요한 역할을 했다.
　한편, 성명학은 한국 문화에서 이름의 음운, 자음, 모음의 배치와 사주팔자, 오행 등의 원리에 따라 개인의 운세와 성격을 해석하는 학문이다. 이는 한국인에게 단순한 이름이 아닌, 인생의 방향성을 설정하는 중요한 요소로 여겨진다. 한글성명학은 오랜 역사와 전통을 가지고 있으며, 현대에 이르러서도 많은 이들이 이름을 짓거나 개명할 때 성명학의 원리를 고려한다.
　K-한글성명학 글로벌 전략은 이러한 한글의 우수성과 구성성명학의 이론을 결합하여, 전 세계적으로 한국 이름을 보급하고 한국 문화를 확산시키는데 중점을 둔다.

3. 글로벌 캠페인의 전개로 온라인 한국어학당으로 이름 갖기

　K-한글성명학 글로벌 전략의 첫 번째 단계는 전 세계 MZ세대에게 한글의 우수성을 알리고, 한국 이름을 가질 수 있도록 하는 캠페인을 전개하는 것이다. 이를 위해 온라인 한국어학당 무료 강좌를 운영하여, 누구나 쉽게 한글을 배우고 한국 이름을 지을 수 있는 기회를 제공한다.
　온라인 한국어학당은 다음과 같은 내용을 포함할 예정이다.

K-한글 성명학 글로벌 어학당
- 한글의 기본적인 문자 체계와 발음 학습
- 한국 이름의 유래와 성명학적 원리 소개
- 한국 이름을 지을 때 고려해야 할 문화적 요소와 방법

이 온라인 학당은 전 세계 어디에서나 접속할 수 있는 형태로 운영되며, 한글의 과학적 체계를 배우는 것에서 그치지 않고, 자신의 한국 이름을 직접 선택하고 사용할 수 있는 경험을 제공할 것이다. 이는 한국 문화와의 깊은 교류를 촉진하며, 특히 MZ세대가 한국어와 한국 이름에 대해 흥미를 느끼게 할 중요한 계기가 될 것이다.

  또한, 한국 이름 갖기 캠페인을 통해 참가자들이 스스로 한국 이름을 선택하고, SNS나 다양한 플랫폼을 통해 자신의 한국 이름을 자랑할 수 있는 활동도 함께 전개할 예정이다. 이는 한국 이름이 단순한 명칭을 넘어서 그들의 새로운 정체성을 표현하는 방법이 될 수 있다.

4. 해외 지부 설립과 사업적 확장

  이 글로벌 전략은 단순한 문화 캠페인을 넘어, 사업적 확장을 통해 한글성명학의 국제적 입지를 다지기 위한 계획을 포함하고 있다. 성명학은 단순한 이름 짓기가 아닌, 인생의 방향을 설정하는 중요한 학문으로 여겨진다. 이를 활용하여 각국에 한글성명학 해외 지부를 설립하고, 이를 통해 성명학 서비스를 제공하는 사업을 전개할 계획이다.

  한글구성성명학 해외 지부 자격을 부여하는 방식은, 해당 국가의 문화와 결합하여 독창적인 성명학 서비스를 제공하는데 중점을 둔다. 각국의 지부는 한글과 성명학을 배운 전문가들이 운영하며, 이를 통해 성명학이 해당 국가의 문화와 융합되는 과정을 지원할 것이다.

  이 지부를 통해 각국의 사람들은 한글과 성명학을 더욱 깊이 있게 배울 수 있을 뿐만 아니라, 성명학적 원리에 따라 자신의 삶을 새롭게 조망할 수 있는 기회를 제공받을 것이다. 이는 한글의 세계화와 더불어, 한국 문화가 세계 여러 나라에서 지속적으로 확산될 수 있는 중요한 기반이 될 것이다.

5. 70개국 네트워크로 펼치는 문화혁명

K-한글 성명학 글로벌 전략은 전 세계 MZ세대를 대상으로 한글의 우수성을 알리고, 한국 이름을 가질 수 있는 기회를 제공하는 캠페인이다. 이를 통해 한국 문화에 대한 관심을 증대시키고, 나아가 한글성명학의 사업적 확장을 도모할 수 있다. 한글의 세계화와 더불어, 한국의 성명학 전통이 전 세계 사람들에게 새로운 정체성과 삶의 방향을 제시하는 중요한 학문으로 자리 잡게 될 것이다.

이 캠페인은 한국 이름을 통한 문화적 교류를 촉진하고, 한국과 세계의 젊은 세대들이 더욱 가까워질 수 있는 발판을 제공할 것이다. 온라인 한국어학당을 통한 교육과, 해외 지부 설립을 통한 사업적 확장은 한글과 한국 문화를 세계로 확산시키는데 중요한 역할을 할 것이다

(주) 다지음 가맹지사 모집

1. 지사 자격 조건
   가. 다지음 작명상담사 민간자격증 취득자
   나. 전문대 이상의 학력 소지자
   다. 1970년 이후 출생한 자

2. 국내 150개 지사 한정모집
   - 국내(잔여부분만 모집)

3. 다지음 가맹지사가 왜 좋은가?
   가. 적은 투자로 평생사업
   나. 고령화시대에 이상적인 사업
   다. 상호나 이름은 선택이 아니라 필수
   라. 세계적인 글로벌 사업
   마. 상표권, 저작권, 지식재산권의 독점사업

4. 가맹비 및 로열티
   가. 가맹비 : 11,000,000원(부가세포함)
   나. 로열티 : 매출 건당 10%(부가세포함)

가맹문의 1644-0178

　　사이트 : www.dajium.com
　　　　　　www.Daochurch.org
　　블로그 : https://blog.naver.com/yejiyeon7
　　youtube : 다지음tv. 안디바tv.
　　이메일 : daounion7@gmail.com

예지연 (안디바)의 도서들

『이름 속에 숨어 있는 MBTI』
도서출판 다지음. 값 25,000원

혈액형이 뭐냐고 묻는 것이 대세였다면, 요즘은 mbti가 어떻게 되느냐고 묻는 것이 유행이 될 정도로 뜨거운 반응을 보이고 있다. 그렇지만 이름으로 자신의 심리상태를 분석하는 것이 mbti보다 훨씬 정확하고 다양하게 파악할 수 있다.

『이름 바꾸고 대박났다구?』
도서출판 다지음. 값 25,000원

구성성명학은 사주 푸는 원리를 그대로 성명학에 접목한 사주성명학이다. 그러므로 이름 석자만으로 당사자의 운명을 80%이상 유추해 낼 수 있다. 따라서 전국 지사들의 상당 사례와 함께 구성성명학이 왜 중요한가에 중점을 두었다.

『세계인도 놀라는 이름의 비밀』
도서출판 다지음. 값 18,000원

구성성명학은 사주 푸는 원리를 그대로 성명학에 접목한 사주성명학이다. 그러므로 이름 석자만으로 당사자의 운명을 80%이상 유추해 낼 수 있다. 따라서 전국 지사들의 상당 사례와 함께 구성성명학이 왜 중요한가에 중점을 두었다.

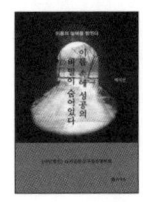
『이름 속에 성공의 비밀이 숨어 있다』
도서출판 다지음. 값 12,000원

구성성명학은 사주 푸는 원리를 그대로 성명학에 접목한 사주성명학이다. 그러므로 이름 석자만으로 당사자의 운명을 80%이상 유추해 낼 수 있다. 따라서 전국 지사들의 상담 사례와 함께 구성성명학이 왜 중요한가에 중점을 두었다.

『운명의 비밀이 이름(성경)에 있다』
도서출판 다지음. 값 12,000원

저자는 파동성명인 구성성명학을 국내최초로 연구 개발한 성명학자이자. 목회학 박사다. 이름에는 하나님이 이르신 파동(가라사대)의 에너지가 있다. 그만큼 강한 생명력을 소유하고 있기에 이름을 중히 여겨야 한다고 강조하고 있다.

『이름을 좋게 지으니 행복하더라』
도서출판 등대지기, 값 17,000원

사람이 태어나서 제일 첫 번째 받는 선물이 이름이고, 태어나서 죽을 때까지 가장 많이 불리는 것이 이름이다. 따라서 이번 책자는 이름의 중요성을 강조하기 위해 전국지사장들의 경험한 상담사례와 개명후기의 증언들로 담았다.

『성공하는 이름. 흥하는 상호』
도서출판 다지음. 값 25,000원

성공하는 이름이나 흥하는 상호 등을 통해 이름에 담긴 뜻과 의미를 풀어보므로, 이름 때문에 운세가 풀리지 않는다고 생각하는 사람, 잘못된 회사 이름 때문에 부도 위기에 처한 사람 등을 위한 개운 비법을 소개한 이론서이다.

『이름이 성공을 좌우한다』
도서출판 다지음. 값 18,000원

이름이 성공을 좌우한다는 성명학자 예지연이 이름과 상호의 중요성에 대해 재미있는 사례를 들어 알기 쉽게 설명한 책이다. 유명인사들 즉 기업인, 스포츠인, 연예인 등의 이름과 운명의 상관관계를 분석하였다.

『누가 대권의 이름을 가졌는가!』
도서출판 다지음. 값 10,000원

성명학자 예지연의 세 번째 칼럼집이다. 이름이 운명에 얼마나 영향을 끼치는지를 구체적으로 알리고 있다. 먼저 유명 인사들의 이름과 운명의 상관관계를 분석하여 이름과 상호의 중요성에 대해 재미있는 사례를 들어 설명하였다.

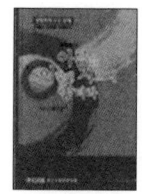

『이름을 이렇게 지으니 좋더라』
도서출판 다지음. 값 7,000원

저자는 잘못된 이름 때문에 개명하고 후회하는 사람들을 보면서 이름의 중요성과 함께 한글구성성명학이 어떤 학문인가를 올바로 깨우치고 싶어 이 책을 출간했다고 한다.

『만복진결』
도서출판 다지음. 값 25,000원

이 책은 학문적 지식이나 기법 없이도 조견표에 의해 쉽게 운세를 찾을 수 있는 획기적인 방식의 개인별 운명예언서다. 향후 2048년까지 자신의 매년 운세를 파악 할 수 있도록 구성된 비결서다.

『금슬을 좋게 하는 야한 섹스가』
도서출판 다지음. 값 11,000원

육효로 풀이한 궁합이야기다. 각양 각층의 사람들이 풀어놓은 성(性)에 관한 고민들을 육효로서 풀이한 책이다. 궁합적 요소를 소설이야기식으로 들려주어 모든 남녀들이 아름다운 사랑을 키울 수 있도록 안내했다.

『귀한사주, 천한팔자』
도서출판 다지음. 값 10,000원

운명의 네비게이션이 바로 역학이다. 나는 누구인가? 누구와 살 것인가? 무엇을 하며 살 것인가? 나는 왜 살고 있는가? 등 4부로 나누어져 있다. 마음의 풍경 소리를 듣고자 하는 이들에게 소중한 책이 되길 바란다고 한다.

『더 이상 목사한테 속지 말라』
도서출판 다지음, 10,000원

그동안의 저자는 기독교의 교리를 지독히 불신했고 아울러 교회와 목사를 싸잡아 욕하고 다녔던 사람이 목사가 될 거라고 생각한 사람들은 거의 없었다. 그러니 지금은 복음을 책으로 선하는 집필에만 전념하고 있다.

『종교는 사기다』
도서출판 등대지기, 12,000원

역학발전을 위한 학문에 올인 했던 저자가 아주 오랜 시간 먼 길을 돌고 돌아 다시 하나님의 섭리 안으로 회향해 돌아와 보니 그야말로 갈수록 황폐해져가는 종교세계를 차마 눈 뜨고만 볼 수 없어 이 책을 집필하게 되었다고 한다.

『아직도 목사한테 속고 있는가』
도서출판 다지음, 12,000원

이 책의 저자는 국내 최초로 작명 프렌차이즈 사업체를 운영하고 있으며 사단법인인 '한글구성성명학회'의 회장을 역임하고 있다. 그랬던 저자가 율법에 사로잡혀 종교행위만을 일삼고 있는 교회들을 향해 쓴 소리로 일갈하고 있다.

『그런 하나님이라면 나도 만나고 싶다』
도서출판 등대지기, 12,000원

한국교회가 처처에 영적기근과 지진으로 인해 조직이 붕괴되고, 하나님의 백성들은 갈 곳을 잃어 방황하고 있다. 그러나 천국을 소망하고 사는 사람들에게는 이 세상 문제로 일희일비하지 않는다. 그런 하나님을 만나고 싶지 않은가!

『이제는 계시록을 밝힐 때다』
도서출판 등대지기, 12,000원

성경은 비밀이다. 그러므로 신천지는 성경을 절대 열 수가 없다. 거기에 일곱 교회(감리교, 장로교, 성결교, 안식교, 순복음, 구원파, 침례교)가 하나님의 말씀과 등을 돌렸다. 교회는 심판의 긴박성을 감지하고 회개하고 돌아서야 한다.

『계시록을 통해 바라본 한국교회』
도서출판 등대지기, 12,000원

목사들이 하나님의 천지창조의 뜻을 모르다보니 엉뚱한 행위(헌금, 선교, 구제)로 하나님의 일을 한다고 자랑만 하고 있다. 아울러 교회는 계시록을 통해 천국의 비밀을 왜 일곱 교회한테 서신 형식으로 알리고 있는가를 깨달아야 한다.

『신천지의 정체가 계시록에 예고되다』
도서출판 등대지기, 12,000원

오늘날 교회가 하나님의 말씀보다 하와가 그랬듯이 보암직도 먹음직도 탐스럽기만 한 것들에만 눈이 어두워 뱀(신천지)의 유혹에 쉽게 넘어간다. 그래서 신천지기 교회를 꾀기 쉬웠다. 그러한 신천지의 실체를 이 책에 밝혀 놓았다.

『성경과 이름』
도서출판 다지음, 12,000원

교회가 믿음의 본질조차 모르는데 어떻게 우리(교회)한테 보내는 하나님의 연애편지인 성경을 이해할 수 있겠는가? 그래서 1부는 믿음에 초점을 두었고, 2부는 성경에서 말하는 '이름이란 무엇인가?'를 밝히는 데 주안점을 두었다.

도서구매

333038-52-026673 (농협. 안영란)

택배비 3000원(2권이상 택배비 무료)

입금 후, 010-3024-0342(주소 문자로)